本书得到贵州大学社科学术出版基金和贵州大学东盟研究院教育部专项资助

"保护的责任"的理论透视与实践评判

王勇 著

知识产权出版社
全国百佳图书出版单位

图书在版编目(CIP)数据

"保护的责任"的理论透视与实践评判／王勇著.—北京：知识产权出版社，2016.12
ISBN 978-7-5130-4651-0

Ⅰ.①保… Ⅱ.①王… Ⅲ.①国际公法—研究 Ⅳ.①D99

中国版本图书馆 CIP 数据核字（2016）第 313804 号

内容提要

"保护的责任"是21世纪以来全球化背景下由西方国家提出的一种新的国际干预理念，其基本含义可概括为：每个主权国家均有责任保护其人民免遭种族灭绝、战争罪、族裔清洗和危害人类罪之害，但如果这个国家"无力"或"不愿"来承担这一责任，国际社会就可以介入并以适当方式保障该国人民的人权。近年来，"保护的责任"开始由理论探讨转化为实践运作，由此引发了国际社会关于"保护的责任"相关问题的广泛争论。本著作运用中非、利比亚和叙利亚等案例验证"保护的责任"理念在理论基础、实施主体和实施的合法性问题上存在重要的漏洞，最后探讨了东盟等区域组织作为"保护的责任"制度体系构建的重要支点的必要性和可能性。本著作是国内少有的直接以"保护的责任"作为研究主题的学术著作。

责任编辑：王　辉　　　　　　　　责任出版：孙婷婷

"保护的责任"的理论透视与实践评判
BAOHUDEZEREN DE LILUN TOUSHI YU SHIJIAN PINGPAN
王勇　著

出版发行：知识产权出版社有限责任公司	网　　址：http://www.ipph.cn
电　　话：010-82004826	http://www.laichushu.com
社　　址：北京市海淀区西外太平庄55号	邮　　编：100081
责编电话：010-82000860 转 8381	责编邮箱：wanghui@cnipr.com
发行电话：010-82000860 转 8101/8029	发行传真：010-82000893/82003279
印　　刷：北京中献拓方科技发展有限公司	经　　销：新华书店及相关销售网点
开　　本：720 mm×1000 mm　1/16	印　　张：12
版　　次：2016年12月第1版	印　　次：2016年12月第1次印刷
字　　数：200千字	定　　价：38.00元
ISBN 978-7-5130-4651-0	

出版权专有　侵权必究
如有印装质量问题，本社负责调换。

目 录

第一章 引 言 ... 1
第一节 问题的缘起 ... 1
一、问题的提出 ... 1
二、选题的意义 ... 2
第二节 国内外研究现状 ... 3
一、原始文献 ... 4
二、国内研究 ... 6
三、外文文献 ... 12
第三节 研究对象与研究方法 ... 17
一、研究对象的界定 ... 17
二、研究方法 ... 19
第四节 本书结构、主要观点与创新点 ... 20
一、著作结构 ... 20
二、主要观点 ... 22
三、基本创新 ... 23

第二章 "保护的责任"的形成发展及实践 ... 25
第一节 理论演变:从"新干涉主义"到"保护的责任" ... 25
一、"新干涉主义"的困境 ... 25
二、"保护的责任"的提出和主要内容 ... 28
第二节 实践:当前西方大国对非洲的干预 ... 30
一、西方大国对非干预的过程 ... 31
二、西方大国对非干预的方式 ... 34
三、西方大国对非干预的特点 ... 37
第三节 结果:安全的复杂化与自主安全合作的弱化 ... 39
一、安全局势的复杂化 ... 39
二、自主安全合作的弱化 ... 42

— 1 —

第四节　当前"保护的责任"的发展及其争议 …………………………… 44
　　　一、当前"保护的责任"的发展趋势 ………………………………… 44
　　　二、当前"保护的责任"存在的争议 ………………………………… 46

第三章　理论基础的矛盾：主权与人权 …………………………………… 49
　　第一节　"保护的责任"下的主权 …………………………………… 49
　　　一、主权观念的演变及面临的挑战 ………………………………… 50
　　　二、"保护的责任"的主权观 ………………………………………… 53
　　　三、"保护的责任"对国家主权的影响 ……………………………… 55
　　第二节　"保护的责任"下的人权 …………………………………… 58
　　　一、人权观念的演变及面临的挑战 ………………………………… 59
　　　二、"保护的责任"的人权观 ………………………………………… 62
　　　三、"保护的责任"对人权国际保护的作用 ………………………… 64
　　第三节　"保护的责任"下的主权与人权关系 ……………………… 67
　　　一、主权与人权关系的演变及其争论 ……………………………… 67
　　　二、"保护的责任"下主权与人权的关系 …………………………… 70
　　第四节　"保护的责任"下的主权与人权问题——以中非为例 …… 73
　　　一、中非共和国的主权和人权问题 ………………………………… 73
　　　二、对中非共和国主权和人权问题的思考 ………………………… 76

第四章　实施主体的问题：国家、国际社会 ……………………………… 78
　　第一节　"保护的责任"下的主权国家 ……………………………… 78
　　　一、主权国家的对内职能与人权保护 ……………………………… 79
　　　二、主权国家的对外职能与国际干预 ……………………………… 81
　　　三、主权国家在"保护的责任"中的地位和作用 …………………… 83
　　　四、主权国家在承担"保护的责任"时存在的问题 ………………… 86
　　　五、主权国家承担"保护的责任"的途径 …………………………… 89
　　第二节　"保护的责任"下的国际社会 ……………………………… 92
　　　一、国际社会的发展演变及与国际干预的关系 …………………… 93
　　　二、国际社会承担"保护的责任"的地位和作用 …………………… 96
　　　三、国际社会在承担"保护的责任"时存在的问题 ………………… 98
　　　四、国际社会承担"保护的责任"的途径 …………………………… 101
　　第三节　叙利亚危机对"保护的责任"实施主体的检验 …………… 104

  一、叙利亚危机的由来及现状 …………………………… 104
  二、叙利亚危机中各主体的博弈 ………………………… 105

第五章 合法性的争议:武力的使用 ……………………………… 109
第一节 "保护的责任"下武力使用的合法性基础 ……………… 109
  一、国际干预的合法性阐释 ……………………………… 109
  二、"保护的责任"下武力使用的合法性依据 …………… 112
第二节 "保护的责任"下武力使用的合法性问题 ……………… 116
  一、"保护的责任"下武力使用的标准和方式 …………… 116
  二、"保护的责任"下武力使用的相关争议 ……………… 120
第三节 利比亚战争中军事干预的合法性评估及其思考 ……… 122
  一、利比亚战争的发展演变 ……………………………… 122
  二、利比亚战争与"保护的责任"下军事干预的标准 …… 125
  三、对"保护的责任"在利比亚实施的思考 ……………… 132

第六章 "保护的责任"的制度构建 ……………………………… 135
第一节 "保护的责任"制度构建的必要性 ……………………… 135
  一、当前国际社会中人权问题的严重性 ………………… 135
  二、"保护的责任"实施的重要性和局限性 ……………… 139
  三、"保护的责任"制度构建面临的问题 ………………… 143
  四、"保护的责任"制度构建的可能性 …………………… 145
第二节 "保护的责任"制度的体系构建 ………………………… 149
  一、国家:制度体系的构建 ………………………………… 150
  二、区域:制度体系的构建 ………………………………… 152
  三、全球:制度体系的构建 ………………………………… 154
第三节 "看门人":东盟"保护的责任"制度的构建及启示 …… 157
  一、东盟"保护的责任"制度构建的必要性 ……………… 158
  二、东盟"保护的责任"制度构建面临的主要问题 ……… 160
  三、东盟"保护的责任"制度构建的启示 ………………… 162

结 论 ……………………………………………………………… 166
参考文献 …………………………………………………………… 170
后 记 ……………………………………………………………… 181

第一章 引 言

本著作研究的主题是"保护的责任"问题,主要是基于原始文献与西方大国干预实践矛盾的分析。

第一节 问题的缘起

"保护的责任"是21世纪国际干预理论的新发展,并在近年来被西方大国广泛运用到对发展中国家特别是对非洲国家的干预实践之中。"保护的责任"被正式提出已15年之久,该理论得到了不断地深化和发展,并且也获得了包括中国在内的国际社会的广泛支持。但值得注意的是,"保护的责任"理论及其实践之间存在较大的逻辑问题,特别是其主要文献与西方大国干预实践之间有着较大的矛盾。这种矛盾实际上体现了"保护的责任"在理论基础、实施主体、实施方式和内容以及制度构建方面仍需要进一步的完善。

一、问题的提出

冷战结束后,随着人权国际保护理念得到世界各国的广泛支持,国际干预进入到了一个新的发展阶段。在新的历史背景下,西方的国际干预理论也不断得到丰富和充实,出现了一些新的提法和政策主张。为了给自己干预其他国家的行动制造道义和法理依据,以美国为首的西方国家炮制了"新干涉主义",它们打着"人道主义干预"的旗号频繁地插手地区冲突和介入其他国家的内部事务,遭到了国际社会的广泛谴责。1999年北大西洋公约组织(以下简称"北约")干预科索沃危机后,西方倡导的人道主义干预越来越不得人心,其在理论和实践上陷入了困境。时任联合国秘书长的科菲·安南在联合国千年大会上针对大规模侵犯人权和违反国际法的行为所面临的难题,提出各国应当在此问题上达成新的国际共识,"保护的责任"就在此背景下应运而生。2001年年底,加拿大"干预和国家主权国际委员会"(ICISS)向联合国秘书长提交了《保护的责任:干预和国家主权委员会报告》，正式提出了"保护的责任"的理念。

从表面上看，"保护的责任"既在理论上不断实现新的发展，又能取得较高的国际认可度，似乎为我们描绘了一幅宏大的人权保护的理想图景。但是当我们对"保护的责任"的实践及其后果进行考察后，却可以发现这幅图景并不是那么美好。例如，自 2011 年以来，西方大国在以"保护的责任"的名义先后对利比亚、科特迪瓦、马里和中非等非洲国家实施了军事干预，其结果并未使非洲的安全局势朝着有利于非洲和平稳定的方向发展，反而使其安全局势更加复杂。主要表现在：一是被干预国动荡尚未停止，政局持续不稳；二是新政府治理困难重重，难以维护正常的政治经济秩序；三是民族、宗教矛盾更加复杂，恐怖主义乘虚而入，人权难以保障。这就引发了一些思考："保护的责任"的具体实践结果与其理论所呈现的内容为何差别如此之大？"保护的责任"存在什么问题？是理论上的，还是实践上的，或是理论与实践的矛盾？如何将这一理论进一步完善成具有法律约束力的国际规范？本著作试图围绕这些问题进行系统的分析和论证。

二、本研究的意义

"保护的责任"是全球化背景下由西方国家提出的一种新的人权保护理念，是当前国际干预理论的重要组成部分。近年来，在联合国的推动下，"保护的责任"理念正在逐渐被国际社会所接受与认可。但"保护的责任"在内涵发展与具体适用等方面还存在诸多不确定性与分歧，尤其是在 2011 年西方大国对利比亚、科特迪瓦、马里和中非等国进行军事干预以来，"保护的责任"正面临被西方国家滥用的危险，许多发展中国家对"保护的责任"的内涵与具体实施存在诸多不信任感。作为与西方国家的人权理念和规范诉求存在诸多差异的发展中国家，需要正确回应正在发展中的"保护的责任"理念，引导其朝着有利于实现国际公平和正义的方向发展。在这种背景下，学术界对于"保护的责任"的关注和研究日益增长，本著作对"保护的责任"问题的研究也因此具有一定的理论意义和现实意义。

本研究的理论意义有二：其一，有助于加强对国际干预的理论演进和实践发展之间关系的认识。不同历史阶段的国际理论都力图论证干涉行为的正当性和必要性，但相关的实践却饱受争议。"保护的责任"理论产生的一个最重要的背景是 20 世纪 90 年代末人道主义干预在理论和实践上遭遇了困境。该理论既有对新干涉主义等原有的人道主义干预理论的继承与修正，也有对国际干预理论的创新与发展。对"保护的责任"与其他国际干预理论之间关系的梳理及对实践的研究有一定的学术意义。其二,有助于对"保护的责任"理论研究的补充和完善。当前,国际社会多数国家对"保护的责任"表达了不同程度的支持,这一方面反映了"保护的责任"在国际干预理念上具有一定的合理性,也反映了国际社会认为发展这一规范的必要性。因此需要明确的是,"保护的责任"作为发展中的国际规范尚有需要完善的空间。例如近年来西方大国以"保护的责任"名义对利比亚等国进行干预的实践表明该理论本身仍存在一定的问题。通过对"保护的责任"问题的研究,能够帮助我们进一步补充和完善"保护的责任"理论。

本研究的现实意义是:其一,有助于加强对于西方大国干预发展中国家特别是非洲国家这一问题的理解和认识。西方大国对非洲的干预在20世纪90年代后半期曾一度有所收缩。进入21世纪以来,随着非洲经济的快速发展和国际地位的提升,与其有密切历史联系的西方大国纷纷调整了它们对非洲的政策,并明显强化了它们对非洲安全问题的干预。21世纪前10年,尽管西方大国不断扩大它们在非洲的军事存在,但并未对非洲实施直接的和大规模的军事干预。而自2011年始,西方大国以"保护的责任"的名义先后对利比亚、科特迪瓦和马里等非洲国家进行军事打击,重启了西方强力干预非洲事务的传统。在此背景下,对我们关于西方大国干预发展中国家特别是非洲国家的研究具有重要的现实意义。其二,有助于认识和理解中国应对"保护的责任"这一规范时所采取的政策和立场。2005年联合国世界首脑会议后,在国际社会中坚持传统主权原则的中国对这一规范表示了有保留的支持。其原因既包括中国自身人权意识的提高和相关法律的完善,同时也受到国际社会强调人权特别是人道主义的发展实践的影响。随着当前国际政治经济格局的变化,作为崛起中的国家,中国应逐步承担起为国际社会提供公共产品的责任。中国应主动参与到"保护的责任"这一规范的完善进程当中,并为减少国际社会中的非法干预做出自己的努力。本著作会在分析中国对"保护的责任"政策的基础上对中国发展"保护的责任"规范提出一些建议,这对这一规范本身及中国外交政策的发展都具有一定的实践意义。

第二节 国内外研究现状

"保护的责任"自2001年被提出以来就引起了各国学界的关注和激烈的讨论。这15年来,国内外学界不断深化关于此问题的研究,并取得了一定的研究成果。总体来说,由于此理念为西方首创,国外学界关于"保护的责任"的研究起步早、成果也较为系统和丰富。相较而言,国内学界关于"保护的责任"的研究起步较晚,研究成果也相对较少。究其原因,是国内学者在此理念被提出时普遍将它看成是"人道主义干涉"的代名词,并未予以更多的学术关注。及至2005年联合国世界首脑会议,包括中国在内的世界大部分国家开始接受这一理念之后,"保护的责任"才算真正进入国内学者的研究视野。目前,国内外尚无真正意义上关于"保护的责任"的中文专著,虽然已有为数不少的论文专门论析这一问题,但其中多数的内容是只涉及其中的某一方面,研究的全面性和系统性有所欠缺。随着当前国际形势的不断变化,特别是近年来西方大国以"保护的责任"的名义先后对利比亚、科特迪瓦和马里等国家进行军事干预所体现的一些问题,足以表明"保护的责任"的研究需要国内外学者的进一步拓展和深化。本部分先是对与"保护的责任"相关的主要原始文献进行梳理,然后再从国内和国外两个角度来对"保护的责任"研究的现状进行分析。

一、原始文献

迄今为止,"保护的责任"还尚无专门的国际条约,但与之相关的文本已经多达10个。这些文本多是联合国大会或者是一些人权组织所发布的报告。最早也是且最重要的文本是2001年12月加拿大建立的"干预和国家主权国际委员会"所发布的《保护的责任:来自干预和国家主权委员会报告》。"保护的责任"在这个报告中被定义为"主权国家自身有责任保护本国国民免遭大规模屠杀和强奸、饥饿的侵害,但是当主权国家不愿或者无力承担这一责任之时,国际社会可以介入并承担这一责任。"[1]从内容上看,这份报告最重要的独特之处在于其修正了主权和干预的概念及它们之间的关系。干预已经由权利转化为责任,一旦某个主权国家不愿或者无力承担保护国民人权的责任之时,国际社会中的其他行为体则可以对这个国家采取干预行动。一国的主权不仅仅意味着平等且不受外部干涉,还意味着一种首要的责任,即主权国家要保护本国国民的人权。主权已经成为"作为责任的主权",而不再仅仅是"作为控制的主权"。[2] 同时,"保护的责任"包括三个要素或步骤:其一,预防的责任,即需要对冲突和危机发生的潜在因素进行预防;其二,做出反应的责任,即需要对已经或极有可能发生的人权侵害情形采取一些措施,比如经济制裁和军事打击等;其三,重建的

---

[1] ICISS. The Responsibility to Protect[R]. Ottawa: International Development Research Center, 2001:8.
[2] 韦宗友.西方正义战争理论与人道主义干预[J].世界经济与政治,2012(10):43.

责任,即需要对军事干预后的国家的重建工作提供适当的政策支持及援助。[1]预防是这三个要素或步骤中最重要的方面,一旦预防不起作用之时才能考虑军事干预等强制措施。该报告后半部分重点讨论了军事干预,认为它应当受到限制,而且只有在发生大量生命死亡和大规模种族清洗的情形下,国际社会中的其他行为体才能运用报告里提到的正当的理由、合理授权、正确的意图、最后的手段、均衡性和合理的成功机会等六条标准对无力或者不愿承担保护本国国民人权的主权国家采取军事干预行动。

第二个文本是《一个更安全的世界：我们共同的责任》报告。这一报告是联合国所设立的威胁、挑战和改革问题高级别小组(或称名人小组)于2004年12月发布。该报告对前一个报告的主要内容进行了肯定,但特别强调采取军事干预行动之前必须要经过联合国安理会的授权。

第三个文本是2005年的《大自由：实现人人共享的发展、安全和人权》报告。该报告是时任联合国秘书长的安南在第59届联合国大会上发布。该报告重点关注了人权、发展及安全三个问题。在对前两个报告进行部分肯定的同时,这一报告着重提到了联合国在实施"保护的责任"过程中的作用。

第四个文本2005年的世界首脑会议所产生的最终成果文件。该会议专门对"保护的责任"进行了讨论,并将其写入了最终通过《世界首脑会议成果》文件之中。与前三个文本相比,该文本的最大不同之处在于将"保护的责任"的实施范围限定为战争、反人类、种族清洗和种族灭绝四种罪行。随后,"保护的责任"得到世界范围内多达150多个国家的广泛认同,一些发展中国家(比如菲律宾、布隆迪和哥伦比亚)甚至在其国内法中采纳了"保护的责任"的理念。

第五个文本是2009年联合国秘书长潘基文在联合国大会上所做的《履行保护的责任》报告。该报告提出了"保护的责任"的"三大支柱",即"国家保护的责任""国际援助和能力建设""及时果断的反应"。他强调要尽快将"保护的责任"由理论探讨转化为实际行动,特别是要制定出"保护的责任"实施的具体程序、标准和限度等内容,从而防止某些国家或国际组织对"保护的责任"的曲解和滥用。

第六个文本是2010年秘书长的报告《预警、评估及保护的责任》,该报告重点提到了如何使联合国建立起对危机的预警、评估及反应的能力。

第七个文本是2011年秘书长的报告,该报告侧重关注区域和次区域组织的重大作用,认为全球及区域之间的充分合作对"保护的责任"的实施极其重要。

---

[1] ICISS.The Responsibility to Protect[R].Ottawa:International Development Research Center,2001:6.

第八个文本是秘书长在2012年所做的《保护的责任：及时果断的反应》报告。该报告对"保护的责任"的第三个支柱的各方面进行了评估，并探讨了具体的实施战略，包括如何利用《联合国宪章》及伙伴关系进行负责任的保护。2013年的《保护的责任问题：国家责任与预防》则重申了"各国有责任保护其人民免遭灭绝种族、战争罪、族裔灭绝和危害人类罪及其煽动活动"，而且在"各国明显未能保护其民众的情况下，预防工作还需要国际社会通过援助或行动进行参与"。[1] 2014年的《履行我们集体的责任：国际援助与保护的责任》概述了国家、区域和国际行为体能够在哪些方面协助各国履行其责任，重点关注了2009年秘书长关于履行保护的责任的第一次报告中所提到的第二个支柱，并为国际社会加强这个支柱提出具体的建议。这些文本都强调了预防在"保护的责任"实施过程中的重要性，特别是主权国家应提升其保护本国国民人权的意愿及能力，国际社会中的其他行为体也可通过适当的方式介入来保障各国国民的人权。

二、国内研究

1. 中文著作

目前国内尚无专门研究"保护的责任"的中文著作出版。虽然有一些著作涉及这个问题，但其中绝大多数著作是以较少篇幅论及或者在内容上间接相关，对此问题进行系统和深入的研究的著作较少。综合已有的学术成果，目前国内以较多篇幅论述此问题的著作可以从国际法和国际关系两个角度进行归类分析。

（1）国际法角度

赵洲的《主权责任论》是国内少有的从国际法角度对"保护的责任"进行集中研究的学术专著。在该书第四章"保护的责任"中，作者以较大的篇幅对"保护的责任"进行了详细的论述。作者认为，在主权责任化的进程中，从"新干涉主义"到"保护的责任"的概念转换并不能真正解决问题，我们需要对"保护的责任"的理论内涵和机制进行分析和建构。作者首先明确现代社会的基础是人权的实现和发展，而主权国家是保护人权首要且最重要的实施主体。再从承担"保护的责任"的能力来看，主权国家承担和履行着保护国内人民的首要和主导性责任，国际社会只是对此提供必要的协助和补充。由于当前西方主导的"保护的责任"的模式存在严重的弊端，我们可以应用国际法中的"回应型法"为理

---

[1] 潘基文：《保护的责任问题：国家责任与预防》，联合国文件（A/67/929-S/2013/399），第8段，2013年7月。

论分析框架建构新的"保护的责任"机制,这一机制主要着眼于国内社会的自主发展和国际社会的发展支助,从而能够有效地保护和发展人权。[1] 这一著作有助于我们更好地认识当前"保护的责任"的理论和实践,并为我们探索新的更为合理的"保护的责任"机制提供了有益的借鉴和思考。另外,杨泽伟的《主权论——国际法上的主权问题及其发展趋势研究》是国内较早地从国际法角度对"保护的责任"与国家主权的关系进行研究的专著。在该书第十五章"'保护的责任'与国家主权"中,作者先是从"保护的责任"的理论基础、主要内容和法律依据出发,认为"保护的责任"是以承认国家主权为前提,它使国家主权内涵更加丰富,并对国家主权的原则造成冲击,同时影响国家主权的因素也相应增多。[2] 这一著作的不足是对于"保护的责任"与国家主权的关系问题研究的还不够深入,并且也对当前"保护的责任"机制的弊端没有充分的认识,但作为国内的国际法学界涉及"保护的责任"研究的早期著作,其学术价值不容忽视。

(2) 国际关系角度

张蕴岭主编的《西方新国际干预的理论与现实》是目前国内较为系统和深入的论析大国干预问题并且学术水平较高的著作,该集刊中有大量篇幅涉及国内的国际关系学者对"保护的责任"的理论和实践进行的集中的探讨和研究。比如在该书中,赵怀普探讨了"冷战后欧洲人道主义干预的理论、政策与实践",认为欧洲在塑造"保护的责任"这一国际干预新理论的过程中发挥了重要的作用,从本质上讲"保护的责任"理论不过是美欧在冷战后新的国际政治结构下为维护现有西方主导的国际秩序所散步的神话,是为西方武力干涉别国内政树立理论与法理依据所做的舆论准备。而韦宗友分析了"西方国际干预理论视角下的'失败国家'问题",认为带有西方价值观色彩的"保护的责任"理论主张国际社会有权对失败国家进行干预,但干预特别是军事干预并非拯救失败国家的良方,后者需要长期的、持续跟进的社会和政治能力建设。白云真则选取欧盟对利比亚的干预作为研究主题,强调在实践上欧盟日渐将国际干预"保护的责任"规范内化,虽然欧盟在国际民族冲突管理领域做出了巨大的努力,但它实际上并没有真正采用"保护的责任"的政策。[3] 该书集中代表了中国学者对当今世界和平与安全问题的看法和思考,为我们认识和分析"保护的责任"的理论和实践提供了许多新的研究视角和研究方法。刘波的专著《秩序与正义之间——国际社会

---

[1] 赵洲.主权责任论[M].北京:法律出版社,2010:209-333.
[2] 杨泽伟.主权论——国际法上的主权问题及其发展趋势研究[M].北京:北京大学出版社,2006:250-262.
[3] 张蕴岭.西方新国际干预的理论与现实[M].北京:社会科学文献出版社,2012:1-18.

人道主义干预问题研究》以英国学派为理论载体,在第五章第二节中探讨了"保护的责任"对于人道主义干预的共有知识建构的重要意义。他认为虽然"保护的责任"理论有其缺陷性,但其有利于打破国际干预问题的僵局,并为国际人权规范保护的建构提供了一种有效的经验借鉴。[1]值得说明的是,魏宗雷与邱桂荣和孙茹等合著的《西方"人道主义干预"——理论与实践》可能是国内最早涉及保护的责任的学术著作之一,虽然在第三章"国际政治争论中的人道主义干预"中对"保护的责任"的提出过程、基本概念和主要内容进行了简要的评述,但其明确指出这一理念是西方在人道主义干预争论中所持的立场,它能否在联合国框架内建立共识及在实践中如何应用有待于时间的检验。[2]另外,2013年11月在北京大学召开的第六届"全国国际关系、国际政治专业博士生学术论坛"以"全球治理:保护的责任"为主题围绕"保护的责任"的"起源与理念、良心与现实、目标和手段及中国的作用"等多个议题进行了讨论,会后出版的论文集体现了当今中国青年研究者们关于"保护的责任"相关问题的最新成果。[3]

除此之外,其他一些涉及国际干预的著作,虽然在内容上与"保护的责任"不是直接相关,论述的篇幅也较少,但也有助于深化对此问题的理解和认识。例如杨成绪主编的《新挑战——国际关系中的"人道主义干预"》较为全面的从"人道主义干预"与世界秩序、联合国作用与国际法、冷战后的民族矛盾以及"人道主义干预"的复杂性等四个角度分析了西方国家主导的"人道主义干预"在21世纪所面临的一些问题。到目前为止,这些问题依然存在,并成为制约"保护的责任"理论发展的重要阻碍因素。盛红生、杨泽伟和秦小轩等著的《武力的边界》重点研究了武装冲突和人道主义干涉模式的发展方向和造法趋势,认为国际社会应尽可能减少人道主义干涉,防止其被滥用最好的途径是承认联合国为最重要的权威主体,让联合国对西方大国的干预的手段进行限制。而李先波的《主权·人权·国际组织》和刘杰的《人权与国家主权》都从人权国际保护的国际和国内两个层面出发,表明国家承担人权保护的主要责任,国际社会在国内措施不足以保护人权时可以依照普遍认可的正当程序进行干预。夏安凌的《西方新干涉主义研究》重点研究了新干涉主义的主要内容及其本质,提出国际社会需要在规范人权国际干预上达成基本的共识,并且应当加强合作以推进联合国在人权领域的改革,是迄今为止我国学术界系统研究新干涉主义的第一部颇具

---

[1] 刘波.秩序与正义之间——国际社会人道主义干预问题研究[M].北京:中国社会出版社,2011:154-161.
[2] 魏宗雷,邱桂荣,孙茹,等.西方"人道主义干预"——理论与实践[M].北京:时事出版社,2003:94-97.
[3] 贾庆国.全球治理:保护的责任[M].北京:新华出版社,2014.

特色的专业理论著作。因为"保护的责任"理论是在传统的人道主义干预（新干涉主义）的基础上产生和发展的,上述著作对我们全面而深入地研究"保护的责任"理论具有重要的意义。❶

2.中文论文

在论文方面,目前国内关于"保护的责任"的中文研究文献的在数量上已经达到一定的规模,其中直接相关的期刊论文已经超过四十篇,硕士学位论文也有数十篇。对这些论文的内容进行分析,可以发现国内学界对"保护的责任"的研究的兴趣主要集中在以下几个方面。

(1)"保护的责任"与人道主义干预的关系

"保护的责任"产生的重要理论背景是1999年科索沃事件后国际社会在人道主义干预问题上难以达成共识,西方国家所倡导的人道主义干预（"新干涉主义"）在理论和实践上都面临困境。如何理解"保护的责任"与人道主义干预之间的关系成为国内一些学者研究的重点。

国内许多学者认为"保护的责任"与传统意义上西方所倡导的人道主义干预（"新干涉主义"）在本质上没有明显的差别。虽然"保护的责任"在分析视角上有所变化,比如它将人们的关注点引向主权国家和国际社会分别承担的保护人权的责任,但这种变化并没有改变其与"新干涉主义"在内涵上的一致性。❷ 另外,"保护的责任"让人们不再重点关注主权与干预的关系中所能产生争议的问题,转而去关注人权侵害的受害者,从而减少大国干预时所能受到的政治批判,使以后人道主义干预行动更具道德性。❸ 因此,"保护的责任"的相关理论并不新颖,其理论内核仍然是允许外部力量特别是大国不经主权国家同意对其采取军事行动,与传统意义上西方所倡导的人道主义干预（"新干涉主义"）相比仅仅是措辞不同而已。它以道义原则作为掩护使以后的人道主义干预行动更具合法性。❹ 更进一步说,"保护的责任"可以被当作传统人道主义干预（"新干涉主

---

❶ 杨成绪.新挑战——国际关系中的"人道主义干预"[M].北京:中国青年出版社,2001;盛红生、杨泽伟,秦小轩,等.武力的边界[M].北京:时事出版社,2003;李先波.主权·人权·国际组织[M].北京:法律出版社,2005;刘杰.人权与国家主权[M].上海:上海人民出版社,2004;夏安凌.西方新干涉主义研究[M].北京:中国社会科学出版社,2013.涉及这方面内容的著作可能还包括:时殷弘.新趋势·新格局·新规范[M].北京:法律出版社,2000;刘青建.发展中国家与国际制度[M].北京:中国人民大学出版社,2010;刘明.国际干预与国家主权[M].成都:四川人民出版社,2000;罗艳华.国际关系中的主权和人权——对两者关系的多维审视[M].北京:北京大学出版社,2005;肖佳昊.国际主权论[M].北京:时事出版社,2003;俞可平.全球化与国家主权[M].北京:社会科学文献出版社,2004。

❷ 颜海燕.保护的责任解析[J].西部法学评论,2010(1):126.

❸ 邱美荣,周清."保护的责任":冷战后西方人道主义介入的理论研究[J].欧洲研究,2012(2):137.

❹ 黄海涛.人道主义干涉的历史进程评析[J].国际论坛,2012(4):5.

义")的同义词。❶

也有一些学者认为"保护的责任"与传统人道主义干预之间的差异是显著的,它不仅在表述上使国际社会更容易接受,而且其在内容上也具有进步性。"保护的责任"是人道主义干预规范被重新框定的结果,从而有效地缓解了人道主义干预规范中包含的主权与人权及干预者与受保护者之间容易产生矛盾的一些问题。❷ 而且原有的"新干涉主义"作为人道主义干预规范已经被国际社会摒弃,"保护的责任"标志着国际社会中的发达国家和发展中国家共同在干预问题上达成了脆弱的共识,是具有进步意义的。❸ 另外,与"新干涉主义"相比,"保护的责任"在内涵及外延上更为丰富,在理论基础、军事干预的前提和实施的合法性等问题上做出了新的探索。❹

(2)"保护的责任"的规范效力

当前,国内学者在"保护的责任"是否已成为约束力较强的国际规范的问题上有着不小的争议。其中大多数学者认为"保护的责任"尚需进一步的完善,还不具有国际法意义上的约束力。他们强调当前所有"保护的责任"相关文本都不具备国际法效力,因此它难以被称为一项具有强制约束力的国际法规范。❺ 而且"保护的责任"也并未成为国际习惯,它并未列入普遍意义上的国际条约,同时并未广泛应用于国际干预实践之中。❻ 但是也有一些学者认为"保护的责任"已经是国际规范。他们指出"保护的责任"在事实上已经成为国际社会应对干预问题的共识,具备了成为国际规范的基础。尤其是随着国际刑事法院及一些司法机构的建立与运行和近些年来的国际干预行动已经使得"保护的责任"在一定程度上具备了习惯性约束力。❼

(3)关于"保护的责任"在实践中存在的问题

当前,国内学者对于"保护的责任"在实践中存在的问题上的观点主要集中在三个方面:

---

❶ 宋杰."保护的责任":国际法院相关司法实践研究[J].法律科学,2009(5):56.
❷ 黄超.框定战略与"保护的责任"规范扩散的动力[J].世界经济与政治,2012(9):58.
❸ 汪舒明."保护的责任"与美国对外干预的新变化——以利比亚危机为个案[J].国际展望,2012(6):64.
❹ 蒋琳.保护的责任:利比亚问题的国际法实践研究[J].黑龙江省政法管理干部学院学报,2011(5):123-124.
❺ 黄瑶.从使用武力法看保护的责任理论[J].法学研究,2012(3):207.
❻ 杨永红.从利比亚到叙利亚———"保护的责任"走到尽头了?[J].世界经济与政治论坛,2012(5):73.
❼ 李杰豪,龚新连.保护的责任法理基础析论[J].湖南科技大学学报(社会科学版),2007(5):58.

其一,"保护的责任"在实践中破坏了国际法的相关原则。朱文奇认为西方大国运用"保护的责任"实施的军事干预"在道义上并不成立,而且它在事实上违反了国家主权平等和不干涉内政等国际法原则。[1]"保护的责任"在理论上丰富了和发展了主权的内涵和外延,使主权成为保护人权的责任。但这会导致国际社会在干预问题的逻辑上产生混淆。[2]"另外,世界各国在政治、经济和社会制度上存在巨大的差异,如果西方国家以其强大的实力对发展中国家进行干预后以其价值观重建一个不同文明的国家,势必会造成更为严重的问题。"[3]

其二,"保护的责任"在实践中可能存在被曲解和滥用的情况。例如,曲星认为"保护的责任"给予的理论解释空间较大,而且就近些年来的一些国际干预的结果来看它的确会被某些大国滥用。[4] 而阮宗泽也认为近几年来"保护的责任"在实践中造成的结果之一是一国政权发生更迭,这与国际法的相关原则及《联合国宪章》的内容产生了矛盾,其合法性遭到国际社会的广泛质疑。一国无力或者不愿承担保护的责任的情形难以客观的标准进行判定,这有可能成为大国干预小国可以利用的借口。[5] 而杨永红在比较分析了国际社会各方在利比亚、巴林和也门与等国履行"保护的责任"上的不同态度与结果后,提出"保护的责任"的实施主要是以各国的国家利益为出发点,这也能说明为什么近些年来大国只是选择性进行干预。[6]

其三,"保护的责任"在实践中并未真正有效地解决人权问题。"保护的责任"是一种问题解决路径,它侧重于如何应对严重的人权问题,并不过多探求发生人权问题的根源——不公正的国际政治经济秩序,因此难以从根本上解决人权问题。[7] 另外,它在应对人权问题时极有可能产生恶性循环:反政府力量叛乱——政府军报复——国际社会进行干预——反政府力量达到目的——刺激新的叛乱,由此使冲突进一步加剧,人权问题进一步恶化。[8]

(4)关于中国应对"保护的责任"的建议

总体而言,国内学者对于"保护的责任"的基本态度是主张以国家利益作为

---

[1] 朱文奇.利比亚战争与国际干涉的新模式[J].西安政治学院学报,2011(5):85.
[2] 刘波.国际人权保障机制中的"保护的责任"研究[J].国际关系学院学报,2011(4).
[3] 曹阳.国家"保护的责任"论论析[J].甘肃政法学院学报,2007(4).
[4] 曲星.联合国宪章、保护的责任与叙利亚问题[J].国际问题研究,2012(2):6.
[5] 阮宗泽.负责任的保护:建立更安全的世界[J].国际问题研究,2012(3):16.
[6] 杨永红.论"保护的责任"对利比亚之适用[J].法学评论,2012(2).
[7] 邱美荣,周清."保护的责任":冷战后西方人道主义介入的理论研究[J].欧洲研究,2012(2):136.
[8] 汪舒明."保护的责任"与美国对外干预的新变化——以利比亚危机为个案[J].国际展望,2012(6):77.

根本出发点,积极参与"保护的责任"理论的发展及完善过程之中。毕竟中国是联合国安理会常任理事国,其应对人权问题时有巨大的国际影响力。中国应该密切注意与人权相关的国际法的发展,以严谨的态度和恰当的方式推动"保护的责任"的发展和正确的适用。❶ 由此,国内一些学者认为在"保护的责任"理论包含的内容进行严格的限定,这样可以有效防止其在实践中被曲解和滥用。例如颜海燕提出中国在参与制定与"保护的责任"相关的国际法时必须坚持五个方面:坚持该规范实施范围的有限性;坚持国际社会作为主体的补充性;坚持国际社会在联合国框架下承担相应的责任;坚持对发展内涵的重视;坚持对国际社会往非武力手段进行干预的引导。❷ 另外,郭冉给出的建议是:中国应当强调"保护的责任"的实施仅限于《世界首脑会议成果》所提到的四种特定的罪行;中国应当强调并完善预防机制;中国应以多边主义的方式参与"保护的责任"的实施,特别是加强与区域组织的合作。❸

三、外文文献

"保护的责任"的概念为西方学者首创,经过13年的发展和完善,国外学术界对此问题的研究已经较为深入,研究视野也较为宽阔。由于国外相关学术成果甚多,笔者不可能穷尽其研究的各个方面,本部分仅选取以下三个角度来探讨国外学术界关于此问题的前沿性思考。

1."保护的责任"的内涵及其与人道主义干预的关系

就目前的情况来看,国内外学术界对于"保护的责任"的内涵并没有一个明确的界定,不过有些国外学者对此已有一些较为深刻的认识。卡登·斯塔恩(Catern Stahn)根据支持程度阐述了有关"保护的责任"内涵的五个主张:国家负有保护其国内民众人权的责任;未能有效承担"保护的责任"的国家将弱化其主权;国际社会可以非强制性措施进行干预;国际社会也可以武力手段进行干预;国际社会需要积极地承担保护的责任。同时他强调,从规范的角度来看,"保护的责任"的许多主张仍有不确定性,因此"保护的责任"更像是政治口号而不是实质上的法律规范。❹ 布瑞利和图普等学者也认为,"保护的责任"需要进一步

---

❶ 赵洲.在国内武装冲突中履行"保护的责任"的规范依据及其适用[J].法律科学,2012(4):64.
❷ 颜海燕.保护的责任解析[J].西部法学评论,2010(1):129-131.
❸ 郭冉."保护的责任"的新发展及中国的对策[J].太原理工大学学报(社会科学版),2012(5):28-29.
❹ Catern Stahn. Responsibility to Protect: Political Rhetoric or Emerging Legal Norm? [J]. American Journal of International Law,2007,101(1):118~119.

发展才能成为具有广泛束力的国际法规范。❶

由于"保护的责任"是在人道主义干预理论基础上产生和发展起来的,对两者关系的研究也成为国外学者研究的重点,从中也能认识到"保护的责任"与人道主义干预在内涵上的不同之处。一方面,有学者认为"保护的责任"明显不同于传统的人道主义干预。例如,伊夫·马辛安(Eve Massingham)就提出因为"保护的责任"确定了干预的条件,也对干预行动中武力的使用进行了限制,最关键的一条是"保护的责任"被联合国所支持,而且将干预行动置于联合国安理会的管理和控制之下。但仍然没有解决联合国安理会困境和缺乏政治意愿的问题,担忧"保护的责任"做出的一些保证会因现实难以实施。❷ 阿莱克斯·贝拉米(Alex J.Bellamy)在分析了苏丹的达尔富尔事件后,认为伊拉克战争使英美等西方大国提出的人道主义干预规范的可信度减弱,英美等西方大国必须在联合国安理会授权的范围内展开行动。其次,"保护的责任"可以限制可能发生的干预行动。"保护的责任"可以都被人道主义干预的反对者和支持者应用,主权国家保护人权的首要责任的地位限制了外部干预。❸ 多罗塔·基尔里茨(Dorota Gierycz)在比较了传统的人道主义干预和"保护的责任"的一些异同后,表明"保护的责任"不过是传统的人道主义干预的改头换面的说法是不恰当的。❹ 另一方面,不少学者认为"保护的责任"有可能只是"新瓶装旧酒"。菲利普·坎利夫(Philip Cunliffe)认为"保护的责任"同样陷入了人道主义干涉的困境,侵犯了许多发展中国家的国家主权,同时伴随着对民族自决权的破坏。"保护的责任"就像人道主义干预一样有决定的权利,却只给出模糊的承诺。"保护的责任"甚至有可能比人道主义干涉更糟糕,大国可以随意利用却很少付出应有的代价。这只会让权力的使用更不负责任,助长大国对待脆弱国家及其人民的优势地位。❺ 弗朗西斯·阿比依(Francis Abiew)则表达了对"保护的责任"是"新瓶装旧酒"的担忧,通过对"保护的责任"的论述,认为"保护的责任"是从实践的角度阐释,

---

❶ Jutta Brunnee, Stephen Toope. Norms, Institutions and UN Reform: the responsibility to Protect [J]. Journal of International Laws & International Relations, 2005, 2(1):133.

❷ Eve Massingham. Military Intervention for Humanitarian Purposes: Does the Responsibility to Protect Doctrine Advance the Legality of the Use for Humanitarian Ends [J]. International Review of the Red Cross, 2009, (876):78.

❸ Alex J Bellamy. Responsibility to Protect or Trojan Horse? [J]. The Crisis in Darfur and Humanitarian Intervention after Iraq, Ethics & International Affairs, 2005, 19(2):16.

❹ Dorota Gierycz. From Humanitarian Intervention (HI) to Responsibility to Protect (R2P) [J]. The Ethics of Intervention/Protection, 2010, 29(2):30.

❺ Philip Cunliffe. Dangerous Duties: Power, Paternalism and the "Responsibility to Protect" [J]. Review of International Studies, 2010, 36:125.

进一步发展了国际社会为了人道主义而使用武力的理念,范围要比传统的人道主义干涉要更加广泛,但也在客观上增强了人道主义干预的合法性。❶

2."保护的责任"的实施方式及内容

在"保护的责任"的实施方式和内容上,西方学术界基本上倡导带有西方价值观倾向的诸如军事和强制性制裁等干预手段的运用。例如加里斯·埃文斯(Gareth Evans,干预与国家主权国际委员会联合主席、报告主要起草人)就强调了军事干预的必要性和重要性,他强调我们永远不能犯过去的错误,与使用武力本身相比,在应当为保护人权而投身战场时选择漠视和放任才是更大的错误。❷同时他进一步强调"保护的责任"实施的问题主要包括错误的朋友、安理会和主权国家的双赢、政治意愿及能力问题等几个方面。联合国安理会存在的问题主要是,当"保护的责任"的相关决议需要在安理会通过时,需要在各国之间协商而进行妥协,结果最终报告与原报告的要求差距很大,也就起不到应有的作用。"错误的朋友"是,在实施"保护的责任"时,它会被其他国家进行利用而作为实现其自身利益的借口,结果就弱化了"保护的责任"承诺的信用。能力问题是实施"保护的责任"时缺乏应有的资源。政治意愿则是指如何动员世界各国来真正贯彻联合国的相关决议。❸ 安-玛丽·斯劳特(Anne-Marie Slaughter)则提出,如果一国不承担"保护的责任"就应该进行制裁,甚至认为与英美等西方国家入侵伊拉克相比,苏丹和朝鲜等国家虐待本国人民生命的行为更应该受到惩罚。❹另一位美国学者阿里卡·博隆(Alica L.Bannon)也认为,联合国安理会的固有的缺陷导致其不能及时有效的承担"保护的责任",因而尽管国际社会已经认识到单边主义干预的不利之处,他仍提出特殊情况下的单边干预可以更加有效地实现保护的责任的目标。❺

最近西方学者关于"保护的责任"实施的讨论较有代表性的是2013年《国际安全》春季和夏季两期的专题内容。这两期的专题集中探讨利比亚战争和人道主义干预。芝加哥大学的罗伯特·佩普教授(Robert A.Pape)首先提出国际社

---

❶ Francis Kofi Abiew.Humanitarian Intervention and the Responsibility to protect:Redefining a Role for "Kind-hearted Gunmen"[J].The Ethics of intervention/Protection,2010,29(2):74.

❷ Gareth Evans.From Humanitarian Intervention to the Responsibility to Protect[J].Wisconsin International Law Journal,2006,24:722.

❸ Gareth Evans.From Humanitarian Intervention to the Responsibility to Protect[J].Wisconsin International Law Journal,2006,24:726.

❹ Anne-Marie Slaughter.Security,Solidarity,and Sovereignty:the Grand Themes of UN Reform[J].American Journal of International Law,2005,99(5):631.

❺ Alica L Bannon.the Responsibility to Protect:the U.N.World Summit and the Question of Unilateralism[J].The Yale Law Journal,2006,115:1157-1160.

会进行人道主义干预要有更为实际且有效的标准,这些标准能尽可能的拯救更多的生命,而且不应当仅仅局限于"保护的责任"所确立的标准。对此,埃文斯、贝拉米和撒库尔等学者纷纷对其观点进行了批评,认为其脱离了现实的情况。❶ 除此之外,阿兰·库普曼(Alan J.Kuperman)认为北约干预利比亚为人道主义干预和保护的责任的发展提供了很好的经验,这些经验足以形成一种新的国际干预模式。❷

3."保护的责任"机制的构建与完善

前文提到,预防的责任是"保护的责任"实施过程中最重要的方面。根源预防意味着要优化法律制度,可能也意味着要对国家一些机构进行改革。因此,对国际社会来说,应将其思维的模式从"反应文化"转为"预防文化"。❸ 埃文斯强调,"保护的责任"是一个复合的概念,预防和重建的责任是传统人道主义干预所忽略的方面。"'保护的责任'包括多种干预的方式,它被拓展了多个实施主体及其义务,即三个方面,即预防、反应和重建的责任。"❹克里斯托弗·乔伊勒(Christopher Joyner)也认为:"'保护的责任'包括多个方面,因为它不仅包括有武力使用的反应的责任的阶段,而且也包括有效预防和干预后重建的责任等阶段。预防的责任表明需要采取行动减轻国内民众的不满和危及人民生命和财产安全的根源。这需要利用各种手段,包括政治、外交、司法和经济等手段以及必要时的使用武力。"❺

有学者认为,从预防、反映到重建等三个阶段的完整程度及由政治外交等非强制性措施到军事干预的逐步演变的选择,"保护的责任"制度貌似已经相当完善,但实际上它回避了一些更为复杂的关键问题。例如,卢克·格兰维尔(Luke Glanville)在论述了"保护的责任"中的"责任"——国家的责任和国际社会的责任之后,提出责任与义务两者之间关系没有得到明确,"责任"不应被视为必需的,其

---

❶ Robert A Pape.Humanitarian Intervention and the Responsibility to Protect,International Security.2013,37(4);Alex J Bellamy,Robert A Pape.Reconsidering the Cases of Humanitarian Intervention [J].International Security,2013,38(2);Gareth Evans,Ramesh Thakur.Humanitarian Intervention and the Responsibility to Protect [J].International Security, 2013,37(4).

❷ Alan J Kuperman. A Model Humanitarian Intervention? [J]. International Security,2013,38(1):133-136.

❸ ICISS.The Responsibility to Protect[R].Ottawa:International Development Research Center,2001:6,19-21.

❹ Gareth Evans.From Humanitarian Intervention to the Responsibility to Protect [J].Wisconsin International Law Journal,2006,24:709.

❺ Christopher Joyner.the Responsibility to Protect:Humanitarian Concern and the Lawfulness of Armed Intervention [J].Virginia Journal of International Law,2007,47:708-709.

原因在于理想与现实总有差距。而且当前缺乏惩罚的制度迫使国际社会承担责任。[1] 杰雷米·李维特(Jeremy Levitt)则认为"'保护的责任'报告并没有澄清'保护的责任'的三个要素应该如何相互产生影响,每个要素要求不同但又相互作用的制度。没有分析当前治理制度体现的结构是很难从根源上承担预防的责任。"[2]

有不少学者认为经济和社会发展对主权国家履行"保护的责任"有着重要的意义,建立和提升国家履行"保护的责任"的能力可以从根本上消除各种人权问题的根源。比尔·理查德森(Bill Richardson)指出美国等西方国家都应承担起国际保护的责任,并且美国在这方面应带头发挥作用。应当减轻发展中国家更多的债务并对其进行资金扶持,以实现整个社会稳定、经济增长和人自身的发展。[3] 维林(J. Welling)在论证了经济发展与安全问题两者之间的关系后,认同国际援助是预防的责任的重要方面。[4]

也有学者认为"保护的责任"机制的完善需要"保护的责任"发展成为完整的国际法规范。"保护的责任"制度的存在和发展不应仅仅局限于种族灭绝和反人类等人特殊情形,它应当成为一种全新的国际法规范,需要对其进行拓展并适用于和人的安全和社会发展相关的更为广泛的人权保护领域的问题,因而避免使"保护的责任"变为对发展中国家进行军事干预的借口,要促使"保护的责任"机制成为优化当前国际政治经济秩序的重要力量。[5]

在此,笔者认为,国际社会要实现其基本思维模式从"反应文化"到"预防文化"的转变,要从两个方面进行探索:一是促使"保护的责任"向实现国际援助为内容的方向进展,二是促使"保护的责任"成为全新的有约束力的国际法规范。国际社会应当完善"保护的责任"制度,并为发展中国家提供有效的帮助,从根本上解决这些国家所存在的与人权相关的问题。

通过对研究文献的回顾和梳理,我们可以对国内外学界关于"保护的责任"的研究形成一个总体的认识。从研究的规模看,虽然国内关于此问题的研究成

---

[1] Luke Glanville.On the Meaning of "Responsibility" in the "Responsibility to Protect" [J]. Griffith Law Review,2011,20(2):49.

[2] Jeremy Levitt,the Responsibility to Protect:a Beaver Without a Dam?,Michigan Journal of International Law,Vol.25,Fall,2003,P.164.

[3] Bill Richardson,a New Rights Agenda for the United States:New Realism,Human Rights,and the Rule of Law,Harvard Human Rights Journal,Vol.21,Issue 1,2008:303-304.

[4] Welling J.Non-Governmental Organizations,Prevention,and Intervention in Internal Conflict:Through The Lens of Darfur [J]. Indiana Journal of Global Legal Studies,2007,14(1):161-163.

[5] Michael Newman.Revising the Responsibility to Protect [J].The Political Quarterly,2009,80(1):92-100.

果已不少,但其中大部分集中在期刊论文,直接相关的著作十分稀少,而且目前国内尚无集中研究此问题的专著出版。相比之下,国外学术界的相关研究已经十分丰富。从研究的内容看,国内学界关于"保护的责任"的研究多集中于宏观层面的分析,而国外学者则表现出对机制拓展等更深层次问题的兴趣。

通过文献比较不难发现,国内学者对于"保护的责任"的研究总体上显得比较悲观,认为其存在很多问题,甚至与传统的人道主义干预无异,对其能否发展成国际法规范持怀疑的态度;而国外学者对"保护的责任"的研究总体上比较乐观,虽然也有不少学者批评这一理论,但这些学者不仅仅停留在争论上,而在"保护的责任"机制的建立和完善方面做出探索和努力,因此可以推动这一理论的研究不断深入和发展。

无论是国内学者还是国外学者,对于"保护的责任"的研究多只是集中于某一个或某几个角度,对"保护的责任"理论本身存在的逻辑问题未有质疑,对其运用到实践造成的后果,特别是在实施程序、规则及制度建构方面未能做深入细致的探讨。本著作试图运用国际关系理论及国际法的相关知识对"保护的责任"的理论及与此相关的实践问题进行探讨,以期对该理论的完善有所贡献。

第三节 研究对象与研究方法

一、研究对象的界定

本著作的研究对象是"保护的责任"理论研究,侧重对与"保护的责任"相关的主要文献与西方大国对非洲干预实践的矛盾进行分析。"保护的责任"是于2001年被正式提出,21世纪后的这十余年是本著作研究的重点时段。该研究主要涉及以下学术术语。

1. 保护的责任

在2001年年底加拿大创立的"干预和国家主权国际委员会"(ICISS)向联合国秘书长提交的《保护的责任:干预和国家主权委员会报告》中,"保护的责任"被定义为"主张主权国家有责任保护本国公民免遭可以避免的灾难——免遭大规模屠杀和强奸、免遭饥饿,但是当它们不愿或无力这样做的时候,必须由更广泛的国际社会来承担这一责任。"就目前来看,这一西方大国首创的概念并没有得到国际社会的普遍承认。国际社会对"保护的责任"的概念有两种普遍且基本的理解:一种是过于狭隘地看待"保护的责任"概念,认为它仅仅是强制性的军事干预;另一种误解是过于宽泛地看待该概念,将之延伸至任何平民处于危机的形势,从自然灾害到气候变化和艾滋病等。这也直接反映了"保护的责任"理论尚不够完善,国际社会关于其概念及内容仍存在不小的争议。目前关于"保护的责任"的各种文献中以《2005年世界首脑会议成果》最为权威,笔者倾向于采用该文件对"保护的责任"所下的定义:"国家有保护国民不受到诸如种族灭绝、战争罪行、种族清洗、反人类罪行的严重伤害的责任,在国家无能力或不愿意保护国民的情况下,国际社会便承担了干预的责任,并在万不得已的情况下采取军事干预。"

2. 西方大国

"西方"一词目前通用的含义主要是指美国为首的欧美发达国家。欧美发达国家中,美国和法国是近些年来对干预非洲较为频繁的两个国家。21世纪前10年,西方大国不断扩大它们在非洲的军事存在。而自2011年以来,美、法等国家以"保护的责任"的名义先后对利比亚、科特迪瓦和马里等非洲国家进行军事打击,重启了西方强力干预非洲事务的传统,对非洲地区甚至全球安全形势产生了重要的影响。

目前国内外学者对大国的概念尚无一致的界定。赫德利·布尔认为,大国包含了三层意思:一是指两个或者两个以上地位差不多的国家,它们组成一个具有某种入会规则的俱乐部;二是这个俱乐部的成员在军事实力方面远远超出其他国家,并且被称为大国的国家的军事实力差不多,不存在军事实力上明显占据优势地位的国家;三是指其他国家承认大国拥有某些特殊权利与义务,或者大国的领导人和人民认为本国应该或已经具有了这样的权利与义务。马丁·怀特则指出,大国的定义应当是从历史角度下的定义,并且必须符合两个要求:一是我们必须对它做出确切评价而不是根据其传统可定论,二是我们还必须根据它与国家体系整体的关系,而不是其实力的大小或实力的构成成分来看待它。因此,大国是具有普遍利益的国家,即它拥有同国家体系本身一样广泛的利益,这在今天意味着世界范围的利益。以此为基础,笔者认为大国应当包括强大的综合国力,在区域及国际体系中有着重要的影响力,并且在世界范围内有着广泛的利益。从历史和现实的角度来看,当前例如美国、英国、法国、俄罗斯等都可以称之为大国。在本著作中所涉及的大国主要是美国、英国和法国等西方发达国家。近年来,它们对利比亚、马里、科特迪瓦和中非共和国等非洲国家进行了军事干预,并对叙利亚和乌克兰局势产生重要的影响。

3. 干预与国际干预

本著作所涉及的干预是国际政治意义上的干预。针对干预的概念,国内外学界仍存争议。詹姆斯·罗西瑙认为,干预时外部力量为改变现状而对其他国家施加影响的行为。时殷弘则指出,一个国家的对外干预,一般是指该国的两种对外行为:①蓄意制约或侵扰其他国家的国内政策或国内政治进程(包括对外政策决策过程),而未经后者完全自愿的允许;②主动介入并非与该国接壤或邻近、亦不包括其属地的地理区域内的国际政治问题,而未经该区域内所有有关国家的一致赞同。以这些学者的观点为基础,本著作所指的干预涉及外部力量对一国的内政和外交施加的影响,更确切地说是国际干预。

需要指出的是,该概念在西方语境中有"Intervention"和"Interference"两种表述,许多学者常常将两者混用。实际上,前者通常表示使用政治和军事力量介入他国事务,多数情况下翻译成"干涉";后者则通常表示可以使用多种手段,达到对于他国事务的妨碍、干扰和介入的目的,所以往往翻译成干预。干涉和干预在中文中是有不同含义的两个词汇。首先,干涉的语气比干预要强烈,并且带有贬义。而干预一词相对中性,国际组织和地区组织发起的维护行动因合法性较高往往用干预进行描述;其次,干预比干涉的使用范围要广。干涉常常具有政治含义,而干预在政治、经济、文化和宗教等领域都可以使用。本著作选择使用"干预"一词,因为考虑到当前诸大国越来越倾向于用多元化的手段对发展中国家施加影响,并且使用多边联合的方式使行为更为合法,如果使用"干涉"一词已不恰当。

二、研究方法

1.历史分析法

历史分析法是指"以历史事实,包括人物行为、历史事件、历史关系作为素材,进行分析、加工、并运用到一定的理论分析框架中,得出作者观点或看法的方法"。本著作通过对西方大国运用"保护的责任"对非洲进行干预的历史进行简要的回顾,以此为基础对当前西方大国干预非洲所存在的问题进行分析。

2.文献分析法

文献分析法主要指搜集、鉴别、整理文献,并通过对文献的研究,形成对事实科学认识的方法。笔者先对保护责任主要文献进行归纳和分析,然后再参考国内外学界有关"保护的责任"的著作、论文和互联网上的相关数据和资料,以提炼出一些观点为文章的每部分内容提供理论支撑和现实依据。

3.比较分析法

比较分析法是对两个或多个事件进行对比性研究的方法。本著作通过西方大国运用"保护的责任"对非洲进行的干预与历史上传统的人道主义干预进行对比,以此得出前者所包含的新的变化。同时,本著作也会对主权和人权以及国家与国际社会等关系进行集中分析和比较。

第四节　本书结构、主要观点与创新点

本书的章节结构是根据前述的近年来"保护的责任"的理论和实践存在矛盾的问题展开。为了更好地对这一问题进行研究,本书在行文逻辑上做出了如下的安排:首先是提出问题,通过对"保护的责任"理念的形成发展和近年来西方大国对非洲的干预实践及后果的分析,来说明"保护的责任"的理论和实践存在矛盾的这一问题;其次是分析问题,通过对"保护的责任"的理论基础(主权与人权的关系)、实施主体(国家、国际社会)和合法性(武力的使用)等三个问题的剖析来论证"保护的责任"的理论和实践存在怎样的矛盾;最后是解决问题,即探讨如何构建起完整的"保护的责任"的制度体系以解决"保护的责任"的理论和实践存在矛盾的问题。本书的主要观点及创新点也是在这一行文逻辑的基础上得以形成。

一、著作结构

本书主要由导论、正文和结论三部分组成,其中正文部分共分为五章。

第一章为"保护的责任"的形成发展及实践。本章主要是对"保护的责任"产生的背景、内容及其在实践中运用的效果等进行简要的回顾与分析。"保护的责任"产生的一个重要背景是21世纪之初西方倡导的"新干涉主义"在理论和实践中陷入了困境。"新干涉主义"陷入困境的原因在于:主权和人权关系的颠倒、道义的丧失和干预缺乏充分的法理依据。自2001年联合国采纳了由西方国家首倡的"保护的责任"的理念以来,该理论不断取得发展,并得到了世界上多数国家的认可。2011年以来,美法等西方大国以"保护的责任"的名义先后对利比亚、科特迪瓦、马里和中非共和国等非洲国家进行了军事打击。西方大国对非洲的干预使得非洲国家及地区安全局势复杂化,同时弱化了非洲国家之间自主安全合作,因此总体上呈现负面的效果。通过对"保护的责任"的实施结果进行理论反思,可以发现它在理论与实践上存在严重的矛盾,这主要体现在理论基础、实施主体和实施的合法性三个方面。

第二章为理论基础的矛盾:主权与人权。本章是对国际干预的理论基础——主权与人权的关系进行分析。为了缓和当前人权和主权之间的张力,

"保护的责任"理论在主权方面提出"责任的主权"的概念,在人权方面开始注重"人的安全"的理念,对原有的人权与主权的关系进行了修正。虽然它巧妙的规避或弱化了人权与主权关系的冲突,但通过考察"保护的责任"对人权国际保护和国家主权的影响,可以发现其并未真正解决被干预国所存在的问题。应当在《联合国宪章》和国际法有关原则的指导下看待人权与主权的关系,把人权问题放在主权的框架下进行解决,从而为"保护的责任"的实施提供有力的理论支撑和制度保障。

第三章为实施主体的问题:国家、国际社会。本章主要是对"保护的责任"的实施主体进行分析。上一章论述了人权问题应当在主权框架下解决,同时保护的责任的报告以及联合国的相关文件都说明了只有在被干预国失去"保护的责任"能力前提下进行军事等强制性的干预,因此被干预国应当是"保护的责任"实施的首要主体,而国际社会承担的国际"保护的责任"只能起到补充和协调的作用。主权国家在承担"保护的责任"时存在的问题是:由于被干预国都是发展中国家甚至是脆弱国家,并且"无力或不愿"作为国际社会介入的标准难以判定,这就促使它们在"保护的责任"中处于被动的地位。而国际社会承担"保护的责任"的存在问题主要是因为其涉及多种实施主体,一旦要国际社会实施干预时,往往会演变为大国进行干预,而且其采取的方式最终是军事干预。西方大国使被干预国政府能力弱化,具体说来就是西方大国对非洲被干预国进行干预后使得原有的强政府变弱,而原有的弱政府更弱。同时西方大国的干预也弱化了联合国和非盟等全球或区域组织在"保护的责任"实施中的作用,这就进一步增加了"保护的责任"被大国滥用的危险。

第四章为合法性的争议:武力的使用。本章是对"保护的责任"实施的合法性问题进行的分析。"保护的责任"实施的合法性问题涉及国际法相关原则、联合国宪章、联合国安理会的授权以及"保护的责任"所确定的干预的标准等方面的内容。实际上,这些方面都存在争议,也就是说"保护的责任"下武力使用的合法性存疑。特别是联合国安理会作为授权军事干预的合法性来源本身可能都不合法,以及"保护的责任"所涉及的干预的标准在实践中也缺乏操作性。在西方大国对利比亚、马里、科特迪瓦和中非等非洲国家进行干预的过程中,除了"正确的授权"从表面上看较为合法外,国际社会对干预行为是否符合其他标准则难以判定。

第五章为"保护的责任"的制度构建。本章是对"保护的责任"的制度构建进行分析。由于冷战结束后人权问题的严重性日益增加,人道主义干预发生的频率上升,特别是近几年来涉及"保护的责任"相关的四种特定罪行的干预案例有明显增加的趋势,"保护的责任"作为一种人道主义干预规范显得越来越重要。但由于受概念含义、实施合法性依据及政治意愿等问题,"保护的责任"制度建构及完善受到限制。当前,"保护的责任"制度体系的构建和完善可以通过国家、区域和全球等三个层次得以实现。当前区域组织作为"看门人"可以为"保护的责任"的制度构建提供重要的支点。只有区域组织和联合国、其他国际组织、区域内的主权国家及民间组织等实现了多层次互动并能兑现其承诺,"保护的责任"制度才能得到不断地完善和发展。

二、主要观点

本书试图在"保护的责任"理论产生的背景、内容及在实践中运用的基础上,分析"保护的责任"在理论基础、实施主体和实施合法性三个方面所存在的问题,并围绕这些问题对"保护的责任"制度体系的构建进行探索。由此,本书所形成的观点主要包括以下三个方面。

第一,"保护的责任"的理论与实践存在严重的矛盾。自2001年"保护的责任"概念产生以来,由于联合国的推动和世界大多数国家的支持,围绕这一概念所建立的理论体系一直在不断发展和完善。目前,"保护的责任"的相关文本已经多达十个,尤其是2005年世界首脑会议将其写入最终会议成果,并获得了150多个国家的认可。近几年来,"保护的责任"由理论探讨转化为实践运用。2011年以来,西方大国以"保护的责任"的名义对利比亚、马里、科特迪瓦和中非共和国等非洲国家采取了军事干预行动。在理论上,"保护的责任"的首要目的是保护人权。它确认了主权国家自身负有保护其本国民众的人权的首要责任,当主权国家国内出现特定的罪行(种族灭绝、族裔清洗、战争和反人类)且其政府无力或不愿承担保护人权的责任时,国际社会可以介入并替代其承担这一责任。但在实践中,西方大国以"保护的责任"的名义采取的军事干预行动却呈现负面的效果,它们并没有实现保护被干预国民众人权的目标,反而使该国和所在地区安全局势的复杂化和自主安全合作的弱化。由此,"保护的责任"的理论与实践产生了严重的矛盾,这也引发了国际社会关于"保护的责任"的更深层次的争论。

第二,"保护的责任"的理论与实践存在的矛盾主要体现在三个方面:理论基础,实施主体和实施的合法性。"保护的责任"的理论基础(主权和人权的关系)的矛盾主要体现在:虽然其在理论上采用"负责任的主权"的概念,强调主权对人权保护的责任,但在实践中被干预国的主权被进一步弱化,人权难以得到有效保障。"保护的责任"的实施主体(国家与国际社会)的矛盾主要体现在:在理论上,主权国家本身承担保护其国民人权的首要责任,在发生四种特定罪行的情况下各国家无力或不愿承担这一责任时,国际社会可以介入并承担保护人权的责任。但在实践中,由于被干预国都是脆弱国家,它们通常难以承担保护人权的首要责任。而国际社会一旦介入,往往会演变为大国的干预,并且其采取的方式最终是军事干预。"保护的责任"的实施的合法性(武力的使用)的矛盾主要体现在:在理论上,国际法的相关原则和《联合国宪章》都为武力的合法使用提供了充分的理论支撑。但在实践中,作为实施军事干预的两大前提(联合国安理会的授权和干预的标准)本身都存在合法性的问题。

第三,由于"保护的责任"的理论与实践存在严重的矛盾,再加上当前国际社会中人权问题日益突出,"保护的责任"实施的重要性增加,因此有必要构建完整的"保护的责任"制度体系。"保护的责任"制度体系的构建可以通过国家、区域和全球等三个层次得以实现。在国家层面,主权国家应加强人权的立法保护,并能促进国家机构切实执行人权的相关法律,同时还能使媒体和非政府组织发挥有效的监督功能。在区域层面,区域和次区域组织应更好地充当"看门人"的角色,在更好地参与"保护的责任"三大支柱的建设的同时,提高其人道主义干预的意愿和能力。在全球层面,理论上要进一步完善"保护的责任"的概念以及相关的国际法,在实践中最关键的是要加强联合国在"保护的责任"制度体系中的作用。要对联合国安理会进行改革,并且要提升其对四种特定罪行提出预警和进行评估的能力及对危机的反应能力。尤其是要重视区域组织作为"看门人"(其地理范围内制度实施的有效监督者、评判者甚至是执行者)可以成为"保护的责任"制度构建与实施的重要支点的作用。只有区域组织和联合国、其他国际组织、区域内的主权国家及民间组织等实现了多层次互动并能兑现其承诺,"保护的责任"制度才能得到不断地完善和发展,才能将其拓展成能够广泛实施并能解决更多问题的国际规范。

三、基本创新

本书的基本创新之处主要体现在三个方面。

第一,本书的选题较为新颖。虽然"保护的责任"的概念已提出有13年之久,国内外学术界已经产生了不少相关的学术成果,但国内尚无研究此问题的博士论文出现。本书试图从这个方面做出努力,以为"保护的责任"的研究做出自己的一份贡献。

第二,虽然国内外学界关于"保护的责任"的研究成果已经较为丰富,但其中大多数是集中于该问题的某一个或某几个方面,缺乏对"保护的责任"所存在的问题的整体性研究。本书在分析"保护的责任"问题的基础上探索"保护的责任"制度构建的途径,有一定的新意。

第三,本书从理论和实践的结合上探讨和分析了"保护的责任"存在的矛盾和问题。"保护的责任"的理论和实践存在矛盾是全书的逻辑主线。首先是通过"保护的责任"在理论内容与当前西方大国干预实践存在矛盾以提出问题,然后是通过对"保护的责任"在主权与人权、实施主体和合法性三个方面的理论和实践上存在的矛盾以分析问题,最后是探讨如何在理论和实践上构建完整的"保护的责任"的制度体系以解决问题。这一分析逻辑或研究视角是本书在写作方式和观点上得以实现创新的基础。

第二章 "保护的责任"的形成发展及实践[1]

"保护的责任"被正式提出已15年之久,其理论得到了不断地深化和发展,但近几年才被真正付诸实践之中。尤其是自2011年以来西方大国在"保护的责任"的名义下先后对利比亚、科特迪瓦、马里和中非等非洲国家施行的军事干预,不仅对非洲地区安全局势产生了重要的影响,而且也对未来10年西方国家对非洲乃至广大发展中国家的干预模式都会产生重大影响。本章从理论演变、实践特点、结果以及论争等几个方面来解析"保护的责任"的形成发展及实践中所存在的问题。

第一节 理论演变:从"新干涉主义"到"保护的责任"

冷战结束后,随着人权国际保护理念得到世界各国的广泛支持,国际干预进入了一个新的发展阶段。在新的历史条件下,西方国际干预的理论出现了一些新的提法和政策主张。为了给自己干预他国的行动制造道义和法理依据,以美国为首的西方国家炮制了"新干涉主义"。进入21世纪以来,"新干涉主义"的推广遭遇了严重的障碍。为了解决国际社会在人道主义干预问题上的分歧,联合国采纳了由西方国家首倡的"保护的责任"的理念,随后发展成被大多数国家认同的基本理念。这一理念已经成为当前国际干预的基本理论。

一、"新干涉主义"的困境

新干涉主义理论最早是由美国学者斯特德曼和格莱农于1993年提出的。随后被西方的学者和政治家们不断阐释,形成了冷战结束后西方实施国际干预

---

[1] 本章的前三节内容曾以《当前西方大国对非洲干预的新变化:理论争鸣与实证分析》为题公开发表,纳入本章时做了部分修改,特此说明。参见:刘青建,王勇.当前西方大国对非洲干预的新变化:理论争鸣与实证分析[J].西亚非洲,2014(4):43-63.

的基本理论。他们认为,随着新千年的到来,国际社会应当改变传统的国际关系准则,"必须对不干涉内政原则的重要方面加以限制";"国家主权不及人权重要";"我们不是为土地而战,而是为价值观而战"。同时他们还强调,军事干涉是一种重要手段,要大力扩充军备,强化军事联盟。他们把自己的一套理论和策略称之为"新干涉主义"。❶ 该理论"以人权高于主权"和"捍卫人类普遍价值观"为理论基础,以武力干涉他国内政为主要手段,并且以推行霸权主义和构建西方主导的国际秩序为目的。自20世纪90年代该理论一问世,西方大国就打着"人道主义干预"的旗号推行新干涉主义,并频繁地插手地区冲突和介入其他国家的内部事务。作为某些西方大国自认为的"后院",非洲一开始就成为西方大国实施新干涉主义的试验场。1993年美国就在联合国安理会第一次出于人道主义原因采取宪章第七章所述的干预措施的授权下对索马里实施了干预行动。这次行动被看成是人道主义干预拓展出新标准的一个里程碑。❷ 其结果是干预的失败,美国付出了18名士兵死亡的惨痛代价,并撤出了在非洲的维和部队。随后,其他西方大国也开始减少对非洲的干预。以至于1994年4月在卢旺达发生自第二战世界大战结束以来最严重的种族大屠杀问题时,西方大国也采取了旁观的漠视态度。然而,在拉美地区,1994年10月美国出兵海地,更换了该国政府;1998年10月英国引渡了智利前总统皮诺切特。这成为新干涉主义实践的成功案例。此后,1999年3月,以美国为首的北约在科索沃危机中大行新干涉主义之道,不仅投入了大量的人力、物力和财力,而且对南斯拉夫这个主权国家实施了强力的军事打击,甚至不惜炸毁中国驻南大使馆。新干涉主义在科索沃的实践遭到了国际社会的广泛谴责,该理论也深陷困境。其原因在于:

其一,人权与主权的关系的颠倒。新干涉主义以"人权高于主权"作为理论基础,大力鼓吹"主权有限论""主权过时论""人权无国界"等谬论,搞乱了人权与主权的基本关系。从常理上讲,人权与主权的关系应当是相辅相成的,人权的保护和主权的维护是不可分割的。而西方国家推行的新干涉主义却坚持人权高于主权论,将西方人权标准绝对化,一方面将本国人权作为内政,绝不允许别国过问;另一方面,它们却利用手中的国家权力去干涉其他国家的人权,侵犯他国的主权,给被干预国及其人民造成了极大的损害。❸ 科索沃战争让人权高于主权的原则的运用受到了国际社会更为严格的检视,西方大国所推行的新干涉主

---

❶ [美]理查德·哈斯.新干涉主义[M].殷雄,徐静等,译.北京:新华出版社,2000:5.
❷ [英]尼古拉斯·惠勒.拯救陌生人——国际社会中的人道主义干涉[M].张德生,译.北京:中央编译出版社,2011:184.
❸ 杨成绪.新挑战——国际关系中的"人道主义干预"[M].北京:中国青年出版社,2001:8-9.

义在实践中越来越不得人心,并遭到了世界广大发展中国家的强烈反对。另外,从政治理论上讲,人权不仅是主权国家政治发展的终极目标,而且归根结底是主权国家政府管辖的内政事项。没有了主权,如西方对亚非拉的殖民统治时期,人权保护只能是空中楼阁。历史上谁见过殖民时期的西方国家关注过亚非拉国家的人权?现在谁又见过流离失所的难民在他国享受过与该国国民同等的人权?因此,主权国家的富强才是解决国民人权不受侵犯的坚实基础。因此,人权怎能高于主权?人权怎能无国界?主权又怎能过时呢?在实践上,以人权高于主权的新干涉主义在索马里的实践、在科索沃的实践不仅没有让这些国家的人权得到改善,反而使这些国家失去了主权管理人权和改善人权的有效性。

其二,人道、道义的丧失。"新干涉主义"的核心是"人道",其干涉的目的是要"捍卫人类普遍的价值观",建立以西方价值为基础的民主与良治国家。在这一问题上西方大国和非洲国家有难以弥合的分歧。这可以从两个方面进行理解。第一,西方大国是以"道义"或"人道主义"为借口推行的"新干涉主义",但它们所进行的人道主义干预的道义基础本身就存在是否值得信赖的问题。这些国家坚持人权高于主权,通过对其他国家的干预来追求带有西方价值观特征的国际道义。但众多发展中国家尤其是非洲国家认为使用"人道主义"这个形容词并不合适。在一个曾多次遭受干涉的大陆,把某种军事行动看作"人道主义"会偏离它的真正本质。❶ 况且从现实上看,西方大国进行人道主义干预并不是为了改善特定人群的生活,其最终目的只是为本国利益服务,客观上并不是值得信赖的政策。"新干涉主义"在科索沃等地的实践并没有实现西方所说的"人道主义"结果,也没有建立一个民主与良治的国家,反而造成了更大的人道主义的灾难。❷ 不仅在科索沃,在所有西方国家实施了人道主义干预的地方(索马里、阿富汗、伊拉克),人们根本看不到干预后的"人道""道义"、民主和良治。

其三,干预没有法理依据。国际干预可以被简单地理解为是在一个主权国家领土上发生的任何其他国家的行动,但涉及"人道主义干预"则可以被区分为广义和狭义的两种含义。从广义上看,人道主义干预是指以非军事人员为主体向处于窘态下的人民及机构提供援助,这个在当代国际关系中是以联合国维持和平的行动为代表;从狭义上看,人道主义干预最典型的就是目前西方的"新干涉主义"。❸ 就拿非洲国家来说,它们作为一个整体是欢迎人道主义干预原则

---

❶ 魏宗雷,邱桂荣,孙茹.西方"人道主义干预"——理论与实践[M].北京:时事出版社,2003:86.
❷ 落墨."科索沃战争:完全是一场人道主义灾难"[EB/OL].http://bbs.xinjunshi.com/zhuanti/20131228/132317.html.
❸ 杨成绪.新挑战——国际关系中的"人道主义干预"[M].北京:中国青年出版社,2001:184.

的，尤其是联合国和地区组织进行的干预。由于长年冲突频仍，非洲国家的确需要外部的军事干预，但它们更希望得到的是包括提供援助和减轻债务的干预。因为受到殖民历史的影响，非洲国家一直对西方大国运用军事手段干预非洲地区安全问题上仍保留谨慎和怀疑的态度。"新干涉主义"受到批评的最关键的问题是合法性问题。它与现行国际法中所规定的国家主权原则的冲突，违背了《联合国宪章》中国家主权独立和不干涉内政原则。为实施干预，以美国为首的西方国家在得不到联合国授权的情况下，绕开联合国，采取了单独的干涉行动。这实际上就是它们肆意干涉别国内政的霸权主义和强权政治的行径。这种干涉行径不仅干预了主权国家独立自主处理自己内部事务的最高权力，而且破坏了主权国家政府自主恢复正常秩序的能力。另外，由于许多非洲国家缺少充分的政治或军事能力来确保自身的主权独立和领土完整，它们更希望其他国家在对其进行干预时能遵守国际法的准则，并且它们视这些准则为实现自身独立的唯一的有效的保障。而西方大国进行的人道主义干预在联合国和一般国际法准则中根本找不到法理依据。❶ 因此，新干涉主义干涉的合法性无法获得各国的认可。

二、"保护的责任"的提出和主要内容

1999年，美国及北约盟国凭借自身强大的实力，抛开联合国安理会的授权，以"拯救人道主义灾难"的名义对科索沃危机进行了军事干预，由此将国际社会关于主权与人权的关系、人道主义干预的合法性等问题的讨论推向了白热化的程度。西方大国所推行的新干涉主义陷入了理论和实践的困境，并遭到了世界广大发展中国家的强烈反对。时任联合国秘书长的科菲·安南在联合国千年大会上针对在大规模侵犯人权和违反国际法的行为面临的难题，提出各国应当在此问题上达成新的国际共识。

为了弥合国际社会在这些问题上的分歧，以及为西方国家在建立新的国际共识的过程中争取主动权，加拿大创立了"干预和国家主权国际委员会"（ICISS），并于2001年年底向联合国秘书长安南提交了《保护的责任：干预和国家主权委员会报告》，"保护的责任"作为一种理念被正式提出。该报告发布后受到国际社会的广泛关注。2004年12月，联合国秘书长安南任命组成的"威胁、挑战和改革问题高级别小组"（又称"名人小组"）发表了《一个更安全的世

---

❶ Stanlake Samkange, African Perspectives on Intervention and State Sovereignty [J]. African Security Review, 2002(11):2.

界——我们的共同责任》,对"干预和国家主权国际委员会"的报告进行了部分肯定。2005年安南在联大的报告《大自由:实现人人共享的发展、安全与人权》不仅肯定了前两个报告有关"保护的责任"的理念,而且进一步对"保护的责任"的范围和程序进行了确认。2005年10月24日,第60届联合国大会把"保护的责任"写入了《世界首脑会议成果》文件,并得到世界上150多个国家的认可。值得注意的是布隆迪、哥伦比亚、菲律宾和斯里兰卡等发展中国家已经在其国内法中采纳了这个理念。非洲联盟也一改其前身非洲统一组织对成员国一贯的"不干涉"原则转而坚持对大规模犯罪采取"非漠视"的新原则,并成为第一个支持"保护的责任"理念的区域国际组织。❶ 自2009年开始,联合国秘书长潘基文在每年的联合国大会上都会发表一篇与"保护的责任"相关的报告。他一直强调国际社会要把《2005年世界首脑会议成果》文件中提到的"国家保护的责任""国际援助和能力建设"和"及时果断的反应"等三大支柱联系起来,重视通过预防性外交手段来解决问题。

在这些文献的论述中,"保护的责任"被定义为主权国家有责任保护本国公民免遭可以避免的灾难——"种族灭绝、战争、族裔清洗和危害人类""但是当它们无力或不愿这样做的时候,必须由更广泛的国际社会来承担这一责任。"❷这种被国际社会承担的责任被称为"集体国际保护的责任"。❸

"保护的责任"与"新干涉主义"最大的不同是其对干预和主权的关系的修正,即干预不是权利而是"保护的责任"。它是能承担保护责任的国家为了人道主义或保护的目的对不负责任或无力负责任的国家采取的行动。而主权不仅仅意味着国家是国际体系中的平等一员,还意味着对本国人民保护的责任,"任何国家都负有保护其国内人民的首要责任"。这样,主权已经从"作为控制的主权"转化为"作为责任的主权"。❹ 当主权国家"无力或不愿"承担"保护的责任"时,就由国际社会来承担"集体国际保护的责任"。这个责任包括三个要素(相应的也要经历这样三个发展阶段):其一,预防的责任,即关注内部冲突的根源、直接原因及其他行为的危机。其二,做出反应的责任,即对涉及人类紧迫需要的局势采取适当措施,诸如采取制裁、国际公诉及军事干预等。其三,重建的责任,

---

❶ 卢静."保护的责任":国际关系新规范?[J].当代世界,2013(2):47.

❷ ICISS.The Responsibility to Protect[R].Ottawa:International Development Research Center,2001:8;UN Doc.A/59/565,A More Secure World:Our Shared Responsibility:66;UN Doc.A/59/2005,In Larger Freedom:Towards security,Development and Human Rights for All:35.UN Doc.A/RES/60/12005,World Summit Outcome:30.

❸ UN Doc.A/59/2005,In Larger Freedom:Towards security,Development and Human Rights for All,p35.

❹ 韦宗友.西方正义战争理论与人道主义干预[J].世界经济与政治,2012(10):43.

即在军事行动后对恢复、重建及和解提供充分的援助。❶ 在这三个要素中,第一个最为重要,只有在预防失效后,才能采取军事干预。而军事干预只有在发生"灭绝种族、战争罪、族裔清洗和危害人类"等四种罪行的情况下,国际社会才能运用合理授权、正当理由、正确意图、最后手段、均衡性和合理的成功机会等六条行动准则对不负责任或无力负责任的国家进行军事干预。

"保护的责任"理论在其发展进程中逐步对干预的范围与程序进行了明确的限定。加拿大"干预与国家主权国际委员会"《保护的责任》的报告认为:在需要进行军事干预而安理会和联合国大会又无法及时授权的情况下,可由个别国家或者临时性国家联盟进行军事干预。对此,联合国名人小组报告强调安理会授权的极端重要性,反对个别国家单方面采取军事行动。❷ 联合国秘书长安南的报告赞同"干预与国家主权国际委员会"和名人小组的意见,但对"保护的责任"进行了使用范围和程序的明确限制:即"保护的责任"的范围是针对"种族灭绝罪、战争罪、族裔清洗和危害人类罪",在军事干预的程序上强调"我们的任务不是寻求取代安全理事会的权力来源,而是要安理会更好地发挥作用。"❸ 也就是说安南强调的是军事干预不应绕开安理会。《世界首脑会议成果》不仅将"保护的责任"的范围排他性地限定在使人民免遭"灭绝种族、战争罪、族裔清洗和危害人类罪"等四种罪行上,而且将军事干预也严格限定在《联合国宪章》第七章的范围之内,即在联合国集体安全制度的框架下,强调联合国的主导地位。❹ 从而明确了"保护的责任"的两个基本原则:实施军事干预的前提必须是四种罪行和安理会授权。

第二节 实践:当前西方大国对非洲的干预

近年来西方大国以"保护的责任"的名义对发展中国家进行干预。特别是自 2011 年以来,西方大国真正地将"保护的责任"理念应用到利比亚、马里、科特迪瓦和中非共和国等国家的实践当中。就目前的情况来看,西方大国仅仅是对这四个非洲国家采用了"保护的责任"名义进行的干预。虽然国际社会对西方大国的干预行动是否符合这一理念的问题上仍有争议,但从西方对干预采取

---

❶ ICISS.The Responsibility to Protect[R].Ottawa:International Development Research Center,2001:6.
❷ UN Doc.A/59/565,A More Secure World:Our Shared Responsibility.
❸ UN Doc.A/59/2005,In Larger Freedom:Towards security,Development and Human Rights for all:33.
❹ UN Doc.A/RES/60/12005,World Summit Outcome:30.

的方式看,它们确受到了"保护的责任"的影响。当前西方大国对这些非洲国家的干预包括了政治与外交、经济、司法和军事干预。其干预都是在联合国的授权下进行的。在军事干预方面,主要有两种类型:一是多个西方大国联合干预,如美、英、法等国 2011 年对利比亚的军事打击;二是某个西方大国主导的单边干预,如法国在科特迪瓦、马里和中非等国的军事行动。与西方之前的干预相比,这些干预行动显现了一些不同的特点。

一、西方大国对非干预的过程

2011 年以来,西方大国以"保护的责任"进行的干预主要包括四个典型的案例:利比亚战争、科特迪瓦危机、马里内战和中非兵变。

1.利比亚战争

当前以"保护的责任"名义对非的干预是从 2011 年 2 月对利比亚的干预开始的。2010 年 12 月突尼斯发生骚乱后,其邻国利比亚很快受到冲击。2011 年 2 月 15 日,利比亚爆发了大规模的反对卡扎菲统治的抗议活动,要求执政 42 年的卡扎菲下台。政府动用武力加以镇压,进而发生了反政府力量与政府军之间的激烈武装冲突,骚乱不断升级。西方媒体迅速对利比亚局势做出反应,谴责卡扎菲政府的行为。随后,在美、法等西方大国的推动下,2011 年 2 月 26 日,联合国安理会通过了 1970 号决议,宣布对卡扎菲政府实施制裁,包括武器禁运、禁止卡扎菲及其家庭主要成员出国旅行和冻结卡扎菲及其部分家庭成员的资产等非军事的强制手段。[1] 同时阿拉伯国家联盟(以下简称阿盟)决定暂停利比亚参加阿盟会议的资格,随后联合国大会通过决议中止了利比亚作为联合国人权理事会成员国的资格(有史以来第一次)。3 月 17 日,联合国安理会在中国、俄罗斯两个常任理事国和印度、德国和巴西三个非常任理事国弃权的情况下通过的 1973 号进一步确认利比亚境内存在的针对平民的攻击行为已构成危害人类罪,要求卡扎菲政府采取措施承担其保护平民的责任。决议决定对利比亚实施比第 1970 号决议更为强硬的武器禁运和财产冻结的制裁措施,其中包括冻结利比亚中央银行和利比亚全国石油公司等利比亚实体的财产;决定在利比亚设立禁飞区,并要求有关国家采取一切必要措施保护利比亚平民和平民居住区免受武装

---

[1] The Security Council, Expressing grave concern at the situation in the Libyan Arab Jamahiriya [EB/OL]. S/RES/1970 (2011) * Resolution 1970 (2011), Adopted by the Security Council at its 6491st meeting, on 26 February 2011, http://www.un.org/zh/documents/view_doc.asp?symbol=S/RES/1970(2011)&referer=http://www.un.org/zh/sc/documents/resolutions/2011.shtml&Lang=E.

袭击的威胁。❶ 3月19日,法国在巴黎召开落实联合国安理会有关利比亚决议的国际会议。20日凌晨,美、法、英等西方大国出动战机打击该国政府的有关目标。3月31日,北约正式从美国手中接过对利比亚实施军事打击的指挥权,开始了代号为"联合保护者"的军事行动。西方大国的军事干预行动很快改变了利比亚国内的局势。反对派武装在北约强大的空中掩护下,逐步向政府军控制的城镇推进,并占领和控制了这些城镇。卡扎菲政府处境堪危。4月到6月,非盟、联合国以及南非等四个非洲国家和中、俄两个安理会常任理事国针对北约军事打击伤及无辜平民的人道主义问题,相继提出通过谈判解决利比亚问题,卡扎菲政府也多次表示接受"和平路线图",但北约拒绝停火和上述任何和平解决问题的提议。6月27日,国际刑事法院发布逮捕令,以反人类罪通缉卡扎菲、其子赛义夫及其政府情报负责人阿卜杜拉·塞努西。7月底,美英法等西方大国明确要求卡扎菲下台,并相继承认利比亚反对派组成的"全国过渡委员会"为利比亚合法代表,同时驱逐卡扎菲政府的外交官。8月22日,在北约的军事支持下,反对派武装控制首都的黎波里。9月16日,第66届联合国大会接受利比亚"全国过渡委员会"为利比亚在联合国的唯一合法代表。10月20日,利比亚执政当局武装占领苏尔特城中卡扎菲支持者的最后一块阵地,卡扎菲被俘获,随后因伤重死亡。以此为标志,利比亚大规模的军事干预行动结束。因此,西方大国借重"保护的责任",终于颠覆了蓄谋已久且被它们视为心腹大患的卡扎菲政权。

2. 科特迪瓦危机

对科特迪瓦的干预是在2011年3月,但其所涉及的反人类罪则源于2010年11月选举争议所引发的内战。科特迪瓦的两位总统候选人瓦塔拉和巴博都宣布在大选中获胜。独立选举委员会和宪法委员会分别承认瓦塔拉和巴博当选,两人各自在北方和南方宣誓就职,科特迪瓦陷入内战。法、美等西方大国以及西非经济共同体、非盟和联合国等国际组织相继承认瓦塔拉为唯一合法总统并积极进行斡旋,但巴博拒绝下台。内战持续到2011年3月底,瓦塔拉的支持者占领了科特迪瓦大部分地区,并向巴博的据点阿比让进军。3月30日,法、美等西方大国推动联合国安理会通过了1975号决议。该决议认为巴博的针对平民的攻击行为构成反人类罪,并授权科特迪瓦国内联合国驻科特迪瓦维和部队(联科部队)及法国军队"采用一切必要手段执行任务,在其能力范围和部署地

---

❶ United Nations.The Security Council, Resolution 1973 (2011), S/RES/1973 (2011), Adopted by the Security Council at its 6498th meeting, 17 March 2011 [EB/OL]. http://www.un.org/zh/documents/view_doc. asp? symbol = S/RES/1973 (2011) &referer = http://www.un.org/zh/sc/documents/resolutions/2011. shtml&Lang=E.

区内保护面临迫在眉睫的人身暴力威胁的平民,包括防止对平民使用重型武器。"❶4月1日,瓦塔拉的支持者受到巴博武装的强烈抵抗,不得不撤退。4月3日,联合国秘书长潘基文写信给法国总统萨科齐,请求动用法国的军事力量,得到了萨科齐政府的同意。4月4日,法国驻科特迪瓦的"独角兽部队"和联科部队配合瓦塔拉的武装力量,与巴博的武装力量在南部城市阿比让交战。4月11日,巴博被抓捕。至此,法国作为主要力量参与此次科特迪瓦局势的军事干预行动结束。

3. 马里内战

对马里的军事干预发生在2013年1月,但该国的灾难却是民族问题、军事政变和恐怖主义等多种问题交互发展的结果。2012年1月17日,该国北部的图阿雷格人组成的解放阿扎瓦德民族运动(简称"解阿民运")要求实现阿扎瓦德地区独立。这导致了他们与马里政府的冲突。3月21日,部分军人在首都巴马科发动军事政变推翻总统杜尔,并宣布组建"民主复兴和国家重建全国委员会",代行政府职责。政变造成政府军在北方全面溃退,4月初北部势力宣布成立"阿扎瓦德国"。然而独立后的阿扎瓦德不仅未获国际承认,还受到伊斯兰马格里布基地组织、"信仰捍卫者"及"西非统一与圣战运动"等极端势力的威胁。❷北部各方经过军事较量,7月中下旬时极端宗教组织和恐怖势力已基本控制了北部地区。随着北部反政府势力的不断壮大,马里政府和西非国家经济共同体先后请求国际社会干预。2012年12月20日,联合国安理会通过了法国起草的2085号决议,决定批准向马里派驻一个非洲主导的国际支助团用以协助马里过渡当局打击恐怖主义和履行保护居民的责任等。❸ 以此为依据,2013年1月11日,法国总统奥朗德应马里过渡当局的要求正式宣布出兵马里,实施"薮猫行动"。法国先出动空中力量对北部恐怖势力和极端组织的据点进行轰炸,随后向该地区派出约4000名军人,实施地面行动。法国的军事干预得到了美国、英国以西共体的军事援助和支持。马里政府军在法国军队的帮助下重新夺回了北

---

❶ Security Council.Resolution 1975 (2011), Adopted by the Security Council at its 6508th meeting, 30 March 2011, United Nations, S/RES/1975 (2011)[EB/OL]. http://www.un.org/zh/documents/view_doc.asp?symbol=S/RES/1975(2011)&referer=http://www.un.org/zh/sc/documents/resolutions/2011.shtml&Lang=E.

❷ 潘琼华.马里剧变:一波三折,前景堪忧[M]//张宏明.非洲发展报告2012-2013.北京:社会科学文献出版社,2013:259.

❸ Security Council.Resolution 2085 (2012), Adopted by the Security Council at its 6898th meeting, on 20 December 2012, United Nations, S/RES/2085 (2012)[EB/OL]. http://www.un.org/zh/documents/view_doc.asp?symbol=S/RES/2085% 20(2012)&referer=http://www.un.org/zh/sc/documents/resolutions/2012.shtml&Lang=E.

部地区的控制权。2013年6月,马里过渡当局和北部图阿雷格部族武装代表签署了瓦加杜古停火协议,但后者数月后宣布暂停执行协议。目前,马里局势的前景仍不明朗。自2014年年初以来马里北部的武装冲突又在升级,该地区的安全局势令人担忧,人道主义状况也变得扑朔迷离。

(4)中非兵变

法国对中非的出兵行动发生在2013年12月,而该国局势陷入无序和人道主义灾难的根本原因则是2012年12月以来国内政治和解进程的逆转。2012年12月中下旬,中非反政府武装联盟"塞雷卡"与掌权的博齐泽政府发生军事冲突,并迅速控制了中非北部和中部的绝大多数地区。2013年1月11日,双方在非盟、中非经共体及有关国家的斡旋下签署了停火协议。3月21日,"塞雷卡"武装以博齐泽总统未能履行有关和平进程为由发动进攻,并成功夺取了政权。法国、美国及联合国、非盟等都对"塞雷卡"武装夺取政权的行为表示谴责,并拒绝承认其领导人多托贾组建的联合政府为中非的合法政府。自"塞雷卡"掌权以来,法治缺乏,派系关系紧张,秩序完全失控,安全局势持续恶化。同时随着上帝抵抗军等恐怖主义组织的壮大,对中部非洲区域内外的安全都造成极大的威胁。为此,2013年12月5日,法国等国推动联合国安理会通过了有关中非局势的第2127号决议。该决议授权部署中非国际支助团,并授权中非境内的法国部队在其能力范围和部署区内临时采取一切必要措施,支持中非国际支助团完成人道主义和稳定秩序等任务。[1] 12月6日,法国立即启动了代号为"红蝴蝶"的出兵中非的军事行动。根据安理会决议,法国在中非共和国部署了1600名士兵,实施干预行动。2014年2月13日,法国总统奥朗德要求联合国秘书长潘基文加快联合国在该国部署维和部队。3月,潘基文向安理会建议设立联合国驻中非共和国维和部队以取代中非支助团。当前,联合国维和部队尚未到来,由于宗教冲突和恐怖主义势力作祟,中非的人道主义局势仍存在恶化的趋势。

二、西方大国对非干预的方式

根据"干预和国家主权国际委员会"的报告和联合国的相关文件,"保护的责任"的实施需要经历预防、反应和重建等三个阶段:首先是预防,使人民远离冲突和危险,消除造成危机的根源;预防失效时应做出反应,满足紧急情势下人

---

[1] Security Council.Resolution 2127(2013),Adopted by the Security Council at its 7072nd meeting,5 December 2013,United Nations,S/RES/2127(2013)[EB/OL]. http://www.un.org/zh/documents/view_doc.asp?symbol=S/RES/2127(2013)&referer=http://www.un.org/zh/sc/documents/resolutions/2013.shtml&Lang=E.

民的迫切需要,在极端情况下可以采取强制措施进行军事干预;最后承担危机解决后的重建责任。在这三个阶段中,只有在第二个阶段西方国家才采取了干预行动,其干预方式主要涉及以下四个方面。

其一,政治和外交干预。根据"干预和国家主权国际委员会"的报告,在政治和外交领域实施"保护的责任"可以采取的干预方式包括:限制外交代表权,包括驱逐外交工作人员;限制旅行特别是限制特定领导人及其亲属前往主要国际购物目的地购物;中止制裁对象在国际或区域机构中的成员资格或将其驱逐出上述机构;拒绝接纳一个国家加入某个机构。❶

2011年美英法等北约国家在取得联合国安理会授权后对利比亚的联合干预行动在政治和外交领域都基本采用了以上的方式。2011年年初,美英法等国相继关闭其驻利比亚的大使馆,并驱逐在本国的利比亚外交官,并表示卡扎菲政府已失去合法性。2011年2月底,联合国安理会通过的1970号决议发布了对卡扎菲及其政府的16名高官的旅行禁令。同时阿盟决定暂停利比亚参加阿盟会议的资格,随后联合国大会通过决议中止了利比亚作为联合国人权理事会成员国的资格。

在对非单边干预行动中,美国对达尔富尔危机的干预及法国对科特迪瓦、马里和中非的干预部分采取了以上的方式。以美国为首的西方大国都对达尔富尔地区的阿拉伯民兵领导人、科特迪瓦的前总统巴博及马里政变军人首领萨诺戈实施了旅行禁令;非盟在科特迪瓦、马里和中非发生冲突期间中止了它们的成员国资格。

其二,经济干预。根据"干预和国家主权国际委员会"的报告,在经济领域实施"保护的责任"可以采取的干预方式包括:金融制裁,主要针对某个国家或某个叛乱运动或恐怖组织在外国的资产或特定领导人在外国的资产;对于各种产生收入的活动(比如开采石油、钻石和木材采运及贩毒等)的限制,这被视为一种最重要的有针对性的制裁;限制获得石油产品的机会,这可能是限制军事行动的重要办法;在若干情况下可使用航空禁飞,这种做法通常是禁止往返于特定目的地的国际空中交通。❷

2011年美英法等北约国家在取得联合国安理会授权后对利比亚的联合干预行动在经济领域都基本采用了以上的方式。联合国安理会通过的1970号决议对卡扎菲及其5名亲属在利比亚境内的资产进行了冻结;西方国家纷纷对利

---

❶ ICISS.The Responsibility to Protect[R].Ottawa:International Development Research Center,2001:31.
❷ ICISS.The Responsibility to Protect[R].Ottawa:International Development Research Center,2001:30.

比亚进行军事制裁,并停止从利比亚进口石油;联合国安理会通过的1973号决议决定在利比亚领空禁止一切飞行,以帮助保护平民。

在对非单边干预行动中,美国对达尔富尔危机的干预也都基本采取了以上的方式。美国对苏丹的金融和石油工业进行了制裁,并促进联合国安理会通过1556号决议在达尔富尔地区设立了禁飞区。而法国对科特迪瓦、马里和中非在经济领域的干预主要是对它们在金融和贸易上进行制裁。

其三,司法干预。虽然ICISS的报告和联合国的相关文件都没有对司法领域的具体干预形式进行详细的论述,但都明确了国际公诉是在紧急的情势下采用的一种重要的强制性措施。国际刑事法院等国际司法机构可以就某个国家或联合国的请求就种族灭绝罪、危害人类罪、战争罪和侵略罪对某些特定的国家领导人进行审判并给予法律制裁。

2011年美英法等北约国家在取得联合国安理会授权后对利比亚的联合干预行动在司法领域进行的最重要的一步就是促使联合国安理会将利比亚局势问题移交给国际刑事法院的检察官,这一内容被包含在联合国安理会通过的1973号决议中。这一决议还认为目前利比亚发生的针对平民人口的大规模、有系统的攻击可构成危害人类罪,再加上国际刑事法院只能追究个人的责任,所以实际上是针对卡扎菲个人的国际起诉。

在对非单边干预行动中,国际刑事法院于2009年4月以涉嫌在苏丹达尔富尔地区犯有战争罪和反人类罪为由,正式对苏丹总统巴希尔发出逮捕令。2011年11月,科特迪瓦前总统巴博被移交到国际刑事法院,以反人类罪出庭接受审判。马里过渡当局也在2012年7月向国际刑事法院起诉马里北部叛乱武装。

其四,军事干预。根据"干预和国家主权国际委员会"的报告,在军事领域实施"保护的责任"可以采取的干预方式包括:在发生冲突或威胁发生冲突时武器禁运,这是安全理事会和国际社会的重要工具;终止军事合作和培训计划,这是各国为了促使国际准则得到遵守而使用或威胁使用的另一种常见但激烈程度较低的措施;在极端和非同寻常的情况下做出反应的责任可能涉及需要诉诸军事行动。❶

2011年美英法等北约国家在取得联合国安理会授权后对利比亚的联合干预行动在军事领域都采取了以上的方式。在联合国安理会通过的1970号和1973号决议中都包含了对利比亚实行武器禁运的内容,并谴责和阻止对利比亚

---

❶ ICISS.The Responsibility to Protect[R].Ottawa:International Development Research Center,2001:29-30.

的军事援助与合作的行为。在此基础上,2011年3月19日,美英法等北约12个成员国开始对利比亚进行了长达7个月的军事打击行动。

在对非单边干预行动中,美国对达尔富尔危机的干预和法国对科特迪瓦、马里和中非的干预也都基本采取了以上的方式。2004年联合国安理会通过的1556号决议就决定对达尔富尔地区的阿拉伯民兵实施武器禁运,并防止外部势力与其进行军事合作和技术培训。美、英、法等国先后提案促使联合国通过了向达尔富尔地区派遣联合国维和部队的1706号和1769号决议,使苏丹最终接受联合国和非盟混合维和部队进驻达尔富尔地区。由于多年动乱,联合国在21世纪初就通过诸多决议对科特迪瓦、马里和中非相继实行了武器禁运。作为这些国家前宗主国的法国,一直支持这些国家的政府打击叛军和恐怖主义势力,并越来越倾向于与非盟及西共体等非洲区域组织合作来对这些国家的安全问题进行军事干预。

三、西方大国对非干预的特点

与之前"新干涉主义"的干预相比,在"保护的责任"理念引导下的西方大国对非洲的干预具有了如下新的特点。

第一,争取联合国授权,获得干预的合法性。无论是联合进行的干预,还是单边主导的干预,西方大国都力争获得联合国的授权。它们采取这种策略的主要目的是利用联合国的权威来获取干预的合法性,从而得到国际社会的支持,避免军事干预带来的道义和法律成本。联合国是当今世界最大最具权威性的政府间国际组织,它的权威并非以强制性的力量作为基础,而是出于其作为合法性运用者的角色。合法性的作用在于其是连接权威的行使与权力的运用的一个环节。唯有这种权威的合法代理人才能尝试强制行使权威。因此,得到联合国正式授权的干预被国际社会视为合法的干预,而未得到其授权的干预则被认为是非法的干预。例如,1999年北约对科索沃危机的军事干预之所以遭到国际社会的一致反对,最重要的原因就是西方国家实施"新干涉主义"的行为未得到联合国的授权便采取了绕开联合国进行单方面的军事行动。当前西方大国对非洲的干预都有联合国安理会的授权:如关于利比亚的1970号和1973号决议,关于科特迪瓦的1975号决议,关于马里的2085号协议和关于中非的2127号决议。西方国家之所以能够如此多的争取到联合国的授权,其中最重要的原因就是以"保护的责任"的名义对非洲进行干预获得了正当性的认可。"保护的责任"不是寻求各方在主权的理解上达成共识,而是将主权的理念变成一种责任。❶ 这样,联合国安理会决议的达成就顺理成章了。

第二,寻求干预理由的正当性,赢得道义的支持。西方大国在"保护的责任"理念引导下的对非干预都有正当的理由。这主意表现在三个方面:其一,寻求充分的证据显示一国或地区存在着肯定会给人类造成严重和不可挽救的伤害,或者此种伤害的发生可能迫在眉睫。如在2011年美、英、法等北约国家对利比亚进行联合军事干预之前,联合国人权调查委员会向利比亚紧急派遣了一个独立调查委员会。根据调查结果,联合国安理会认定利比亚正在发生针对平民人口的大规模、有系统的攻击构成了危害人类罪,并授权主权国家或区域组织采取一切必要的措施保护利比亚境内的平民免受攻击。其二,受到被干预国政府的请求,使军事干预有了被干预国"授权"的正当理由。如法国对科特迪瓦、马里的单边军事行动都得到了被干预国合法政府的请求。这也与"人道主义干预"不管被干预国是否同意,一国或国家集团就能以人道主义之名对其进行干预明显不同。其三,寻求符合国际社会认可的实施武力干预的条件。2011年北约多国对利比亚采取的联合干预行动之所以被视为"保护的责任"理念应用于实践的典范,其中最重要的原因是1973号决议的"禁飞区"方案符合2005年"成果文件"中所隐含的关于国际社会实施武力干预的所有条件:反人类罪、和平手段无效、安理会授权、地区性国际组织支持、集体行动。❷ 而"人道主义干预"则忽视了制裁、调节和谈判等预防性措施,而这些措施却是"保护的责任"理念的重要内容。此外,西方大国运用"保护的责任"实施对非干预也比此前的"人道主义干预"的理由更为明确。"人道主义干预"是为了阻止大规模伤害,这比"保护的责任"所要阻止的灭绝种族、战争罪、族裔清洗和危害人类等四种特定的罪行要宽泛的多。❸ 由于四种特定罪行比较明确,因此容易赢得国际社会道义上的支持和认可。

第三,采取多边合作方式,减少干预成本。西方大国越来越倾向于采取多边合作方式对非洲进行干预。虽然美国对达尔富尔危机的干预以及法国在科特迪瓦、马里和中非开展的军事打击是西方大国主导的单边干预行动,但它们都十分

---

❶ Francis Mading Deng,Sadikiel Kimaro,Terrence Lyons,et al,Sovereignty as Responsibility:Conflict Management in Africa[M].Washington,DC:Brookings Institute Press,1996:29-33.

❷ 汪舒明."保护的责任"与美国对外干预的新变化——以利比亚危机为个案[J].国际展望,2012(6):71.

❸ Simon Adams.Libya and the Responsibility to ProtectWashington[M].New York :The Global Centre for the Responsibility to Protect,2012:12.

重视与联合国、非盟和西共体等国际和区域及次区域组织的合作,特别是它们最后的军事行动也采取的是有限参与的方式。它们之所以采取这样的策略主要是基于两种考虑:一是减少干预的成本,能够以较小的代价获得较大的利益;二是降低干预的风险,一旦出现对其不利的状况能够及时抽身。

第四,利用大众传媒,引导民心民意。在2011年中东北非动乱中,西方国家通过各自的媒体发挥了引导民心民意,推波助澜的作用。以脸谱(Facebook)、推特(Twitter)为代表的社交媒体及西方各大媒体通过传播信息、"草根动员"等方式深入地介入了发生乱局的中东北非国家的内部事务,引导民众向执政当局施压促变。造成了突尼斯、埃及等国政治领导人的倒台。对此,时任美国国务卿的希拉里对互联网的作用给予了高度的赞扬。[1] 此后,美国总统奥巴马非常精辟地说明了信息的力量对西方国家干预这些国家的重要作用。他说:"在21世纪,信息就是权力,我们必须支持互联网的自由开放,将通过互联网、卫星电视等信息手段支持中东北非的政治变革。"[2]

第三节 结果:安全的复杂化与自主安全合作的弱化

进入21世纪以来,非洲大陆发生的冲突数量呈现下降的大趋势,总体安全形势明显好转。但在非洲内部由于的殖民遗产的复杂性、大部分非洲国家的脆弱性、部族问题根深蒂固的存在以及资源能源开发所蕴含的种种矛盾与问题,非洲的冲突趋势并不是没有可能不发生逆转。[3] 特别是近年来西方大国借助"保护的责任"加强了对非洲安全问题的干预,其结果并未使非洲的安全局势朝着有利于非洲和平稳定的方向发展,反而使其安全局势更加复杂。与此同时,非洲的自主安全合作遭遇挫折,甚至出现了区域组织被边缘化的危险趋势。

一、安全局势的复杂化

就实践效果来看,西方大国对非洲进行的干预明显超出了"保护的责任"理

---

[1] Hillary Rodham Cliton. Internet Rights and Wrongs: Choices & Challenges in a Networked World", George Washington University, DC, February15, 2011[EB/OL]. http://www.state.gov/secretary/rm/2011/02/156619.htm.

[2] Barack Obama.Remarks by the President on the Middle East and North Africa[M].Washington DC:Office of the Press Secretary,2011.

[3] 王学军.当代非洲冲突的新趋势与非洲主要冲突(2012-2013)[M]//刘鸿武.非洲地区发展报告(2012-2013).北京:中国社会科学出版社,2013:110.

念使用的范围。正是西方大国对这一理念的滥用,导致非洲地区的安全局势的走向存在不小的变数。非洲安全局势的复杂化在非洲内部主要表现在以下三个方面。

第一,动荡尚未停止,政局持续不稳。西方大国对非洲的实施干预之后,并没有承担恢复正常政治经济秩序、完善司法制度和重建国家等责任。这就直接导致了那些被西方大国实施了军事干预的非洲国家的安全局势到目前为止仍不稳定。如利比亚战争结束后,由于国内势力整合困难,武器四处流散,各部族武装冲突时有发生,民主重建举步维艰。而马里和中非的安全局势仍在动荡,对该区域及国际和平和安全都构成了极大的威胁。

第二,新政府治理困难重重,难以维护正常的政治经济秩序。西方大国对非洲的实施干预之后,原来已经很脆弱的行政当局全面崩溃,新的过渡当局的治理能力受到极大的限制。过渡当局上台的首要工作是恢复民主治理和宪政秩序,包括举行自由、公平、透明和包容性总统选举和立法选举,以及开展包容各方和透明的宪法起草工作和全国对话。利比亚虽在2012年7月举行了全国大选,2014年2月又举行了制宪委员会的选举,并进入了宪法起草工作阶段,但由于其国内安全局势的不断恶化,包容性政治对话和政治进程的推进仍没有取得较大的进展。马里于2013年7月举行了全国大选,中非的大选则要推迟到2015年2月举行。两国的政治稳定仍十分脆弱。利比亚、马里和中非等国的经济则处于混乱的状态,金融业受到严重的破坏,能源出口也面临中断的问题。

第三,民族、宗教矛盾更加复杂,恐怖主义乘虚而入,人权难以保障。西方大国对非洲的实施干预之后,被干预国的前政权人员或暴力极端主义团体利用本国和周边国家的领土,筹划、资助、实施暴力或其他非法行为,制造了一系列基于族裔或宗教的报复性袭击,民族和宗教矛盾仍在加深。近两年在利比亚东部地区和南部边境沿线的此类冲突一直在不断升级。此外,由于被干预国前政权的倒台或现政府治理失灵,其境内武器和弹药的扩散导致武器弹药被恐怖主义和极端暴力团体获得。它们为筹集资金或赢得政治利益制造绑架和劫持人质等恐怖事件,威胁着该地区百姓的人身安全,其人权状况堪忧。利比亚侵犯和践踏人权的行为时有发生,马里和中非则存在潜在的人道主义危机。而武装团体、恐怖主义及犯罪网络的存在和活动、地雷以及小武器在该地区仍在泛滥,威胁着该区域各国的和平、安全与稳定。

当前非洲内部局势的复杂化与西方大国对非以"保护的责任"的名义实施的军事干预不无关系。其原因在于:

"保护的责任"成为西方实现自身利益,干预非洲国家的冠冕堂皇的新借口。联合国之所以授权一些国家或地区组织对一国或地区以"保护的责任"的名义进行军事干预,目的是为了保护其境内的平民。但对西方大国对非洲进行干预的几个案例进行分析后可以发现,西方大国却是出于一己私利在被干预国滥用武力。这主要表现在:其一,在军事干预中刻意支持冲突中的一方,违反了客观和中立的原则,对冲突的最终解决极为不利。[1] 无论是北约对利比亚的联合干预行动,还是法国对科特迪瓦、马里和中非等国的干预,它们都没有坚持客观和中立的原则。其二,根据自己的利益来选择支持或反对被干预国的反政府势力。如在对利比亚的干预中,西方大国违反联合国的相关决议,向反对派武装提供武器和军事指导,甚至在军事行动后期与反对派联合作战以击败卡扎菲政府军。这些行动违反了联合国安理会 1970 号和 1973 号决议。其三,实行双重标准。西方大国往往只对关乎自身重大利益的国家或地区进行有选择的干预。如法国干预科特迪瓦、马里和中非等国的原因在于维护自己作为前宗主国在这些国家的经济利益及历史影响力。而对非洲的其他地区同样棘手的安全问题,诸如民主刚果和索马里的武装冲突,西方大国却视而不见。再者,我们可以看到西方大国选择进行干预的这些国家都是小国,如果未来非洲的地区大国如尼日利亚也遭受西方国家的干预,那势必会引发严重的国际冲突。

第二,西方大国没有承担全面的"保护的责任"。如前所述,全面的"保护的责任"包括预防的责任、做出反应的责任和重建的责任。全面的"保护的责任"是一个有始有终的过程。除了干预前的预防,还有干预后的重建。这样才能防止四种罪行的再度发生,真正实现非洲人权的改善,国家的发展。然而,西方大国对非洲的实施军事干预之后,并没有承担重建的责任。而把军事干预后的烂摊子留给了仍然处于虚弱状态的现政府。以利比亚为例,由于国内势力整合困难,武器四处流散,各部族武装冲突时有发生,从利比亚内战结束至今,利比亚民主重建仍然举步维艰。这也从侧面证明了西方大国只是把"保护的责任"当作对非洲国家进行干预的借口,在实践上与之前推行的"新干涉主义"并无两异。与此同时,平民却遭受极大的伤害,联合国一个独立调查委员会后来调查了 20 起北约在利比亚展开的空袭行动,其中 5 次空袭就造成 60 位平民死亡,55 位平民受伤。[2] 这与西方大国想运用"保护的责任"进行干预以保障人权的初衷是相背离的。

第三,西方大国实施"保护的责任"的最终目的仍然是维护和实现自身的利

---

[1] 黄瑶.从使用武力法看保护的责任理论[J].法学研究,2012(3):202.
[2] Report of the International Commission of Inquiry on Libya, A/HRC/19/68, March 2,2012:163-170.

益。西方大国以"保护的责任"名义的对非洲干预成为各自继续扩大它们在非洲的军事存在的契机。在对非干预后,西方国家继续扩大了它们在非洲的军事存在。近几年来,法国参加全球维和行动的军队中有一半是部署在非洲,并且在吉布提、塞内加尔和加蓬等国建有军事基地。❶ 而美国在"9·11"事件之后就以"反恐"的名义逐年向非洲增派军队。如今美军在非洲已至少拥有10处军事基地,约5000名军事人员部署在非洲各国,美国陆军司令部初步定于2014年在非洲再增加两个旅。并且美国还一直在寻找机会将2007年建立的非洲战区司令部移至非洲大陆。

当前,由于非洲地区安全形势的复杂化,非洲国家面临西方大国干预的可能性仍在增大。这将会在以下四种情况下发生:一是非洲国家内部由于大选和权力更迭出现政局不稳和冲突,大规模民运引起社会动荡和骚乱,外部势力借机卷入和干预非洲国家内部事务;二是非洲国家间发生利益冲突,特别是资源纠纷的激化,催生非洲国家间的矛盾和冲突,从而引发复杂的国际卷入;三是国际恐怖主义活动从非洲北部向非洲萨赫勒地带漫延、扩散,增添了非洲安全的变数和危险,将破坏非洲国家的和平建设,并可能引起外部的军事干预;四是海域安全和由此可能带来的冲突引起的国际干预。❷ 非洲国家面临外部大国干预的威胁日益增大,这不仅不利于非洲国家的主权独立,也会对非洲的自主安全合作产生不利的影响。

二、自主安全合作的弱化

非洲是世界上经济和社会发展水平最低的地区,非洲大多数国家的经济和军事能力有限。在历史上,非洲几乎从来不能凭借自己的力量独立完成平息和解决非洲冲突的任务。❸ 21世纪以来,非洲安全合作主要通过非盟和一些次区域组织(如西非国家经济共同体、南部非洲发展共同体和中部非洲国家经济共同体等)进行。虽然近些年来这些区域组织都在努力争取实现自主安全合作,但由于西方大国的强力干预,其自主性受到极大的限制,非洲整体的自主安全合作也被弱化。这种弱化主要体现在两个方面:

其一,非洲自主安全合作受制于非洲国家自身能力不足,对西方援助的依赖弱化了自主合作能力。西方大国就利用这种依赖性对非洲的区域组织进行控

---

❶ Helen Scanlon, Ahunna Eziakonwa, Elizabeth Myburgh. Africa's responsbility to protect [M]. South Africa:Center for conflct resolution,2007:34.

❷ 杨立华,等.中国与非洲经贸合作发展总体战略研究[M].北京:中国社会科学出版社,2013:11-12.

❸ 莫翔.当代非洲安全机制[M].杭州:浙江人民出版社,2013:313.

制。根据《欧盟-非洲战略伙伴关系》行动计划,欧盟在 2008—2013 年向非洲国家提供总额为 80 亿欧元的援助,主要支持欧非在和平与安全等领域的合作。❶而美国在 2008—2009 年仅向撒哈拉非洲国家提供的关于国家军事教育和训练计划的援助就高达 1300 万美元。❷ 这些援助是许多非洲区域组织运作的主要来源。目前,西方大国对非洲安全干预的一个重要趋势是幕后主导和有限参与。当它们与非洲的区域组织有一定的共识时,就会通过合作来进行干预。这样,既可以获得合法性来源,又能降低干预失败的风险。当它们与非洲区域组织产生分歧时,就会无视甚至破坏非洲区域组织为解决冲突做出的努力。早在 2011 年 3 月北约对利比亚刚开始进行空袭时,非盟及一些非洲国家就开始多次在卡扎菲政权与反对派之间调解,希望以政治方式解决危机。5 月至 6 月,中俄等国及联合国,甚至意法等北约国家都要求停火进行谈判,但美国仍然主张卡扎菲必须下台,否则不会停止空袭。国际社会促进双方和解的努力一次次失败,其结果是非盟作为该区域最重要的国际组织的公信力严重下降和非洲次区域组织的行动力失效。

其二,非洲国家之间的矛盾和分歧及西方大国利用这种矛盾和分歧破坏了非洲自主安全合作。任何跨国组织的发展都要求成员国让渡一部分的主权,这个问题对于非洲国家来说比世界上其他地区的国家更为敏感。因为就国家的建构和巩固而言,非洲很多国家还处于部族社会向民族国家转型的时期,再加上它们在历史上长期遭受西方国家的殖民统治,使得它们在国家主权上让步显得尤其困难。非洲自主安全合作除了受到非洲国家自身能力的限制外,内部矛盾和分歧也弱化自主合作的氛围,特别是这种矛盾和分歧被西方大国利用时更是导致非洲国家合作受挫的重要原因。非洲国家之间的分歧对本地区的自主安全合作产生着重大的影响。例如,2011 年 3 月在联合国安理会讨论是否在利比亚设立禁飞区的决议问题时,尼日利亚、加蓬和南非等来自非洲的非常任理事国投了赞成票,而非盟却不支持在利比亚实施禁飞区的决定,并且坚决反对任何外国势力对利比亚进行军事干预。❸ 这样的不一致,非洲国家的合作根本不能实现,何谈自主?此外,非洲次区域组织与非盟之间也常常发生分歧导致合作的受挫。例如非盟作为非洲整体上的区域组织,它在处理非洲地区安全问题时就要与该

---

❶ The Africa-EU Strategic Partnership: A joint Africa-EU Strategy and Action Plan, Dec.8-9, 2007.

❷ Lauren Ploch. Africa Command: U.S.Strategic interests and the role of The U.S.Military in Africa[R]. CRS Report for Congress, Oct.2, 2009:22.

❸ 人民网:非洲联盟反对在利比亚实施禁飞区决议[EB/OL]. http://world.people.com.cn/GB/14270311.html.

国家所在地区的次区域组织展开协调与合作,否则它与次区域组织之间就有一个可能被边缘化。在参与解决科特迪瓦问题的过程中,西共体就面临了被非盟边缘化的危险。西方大国乘机利用非洲国家之间或区域组织之间的矛盾不断扩大其在非洲的影响力,并对一些国家进行干预。

进入21世纪以来,联合国安理会通过的绝大部分决议是关于非洲地区安全问题。笔者认为,这至少能说明三个问题:第一,说明非洲安全形势虽有好转,但仍然是世界上最不稳定的地区之一;第二,说明随着非洲经济实力的增长,国际地位的提升,大国愈加重视非洲,尤其是关注非洲的地区安全问题;第三,说明当前非洲仍然不处于国际政治军事冲突的核心,大国更容易在此地区的安全问题上达成共识,而反观朝核问题和伊朗伊核问题却鲜有联合国安理会通过的相关决议。由此可见,非洲已经并且在未来很长的一段时间内都会是大国进行干预的主要场所,而探讨"保护的责任"在该地区的实践问题则显得愈发重要。

第四节 当前"保护的责任"的发展及其争议

综合前文所述可知:近年来,西方大国对发展中国家特别是对非洲国家的干预在理论上摒弃了"新干涉主义"而采用了"保护的责任";在实践上,注重运用在政治、外交、经济、司法及军事领域以更合法、正当和多边合作的方式进行干预;在结果上干预行动总体上呈现负面的效应。当前,正是西方大国在对发展中国家的干预问题上出现了这些新的变化,导致"保护的责任"出现了新的发展趋势,其在理论上和实践中所凸显的一些问题也引发了诸多争议。

一、当前"保护的责任"的发展趋势

2011年3—10月,以美英法等为首的北约国家在取得联合国安理会授权后对利比亚采取了联合干预行动,这次行动被国际社会公认为"保护的责任"理念的首次实践。自利比亚战争后,"保护的责任"真正实现了从理论探讨到实践运用,并进入了一个新的发展阶段。

一方面,联合国正在不断丰富和深化"保护的责任"的理论内涵,并试图提升其国际法地位。现任联合国秘书长潘基文是"保护的责任"理念的坚定支持者,虽然自利比亚战争后"保护的责任"受到国际社会的广泛质疑和批判,但他仍然坚持每年在联合国大会上做出一份与"保护的责任"有关的报告。2009年《履行保护的责任》是他第一次做的有关于这一主题的报告,该报告提出"保护

的责任"的"三大支柱",即"国家保护的责任""国际援助和能力建设""及时果断的反应",实际上是与"保护的责任"的三个责任要素——预防的责任、重建的责任和反应的责任——相对应的。2012年他针对第三个支柱所做的《保护的责任:及时果断的反应》报告审议了三个支柱间的关系,认为应当将三大支柱联系起来构成反应的多种实施战略,但他建议不要过度强调预防和回应工作间的区别。另外,该报告还考察了所采用的、以《宪章》为基础的工具和迄今已利用的伙伴关系,强调会员国之间以负责任地进行保护的方式进行合作是"保护的责任"成功实施的关键。❶ 2013年他针对第一个支柱所做的《保护的责任问题:国家责任与预防》重点关注了各国有责任保护和预防其人民免遭灭绝种族、战争罪、族裔清洗和危害人类罪及其煽动活动,报告评估了肇因及违法行为的起因和发展,并审查了各国防止这些暴行罪行可以采取诸如建设国家复原力、促进和保护人权和建立伙伴关系等各种结构措施和行动措施。❷ 2014年他针对第二个支柱所做的《履行我们的集体责任:国际援助与保护责任》在核心部分详细介绍了第二支柱方面提供支持的三个主要形式,即鼓励、能力建设和保护援助,并指出国家、区域和国际行为体应遵循哪些原则和方法能够有助于推动履行协助的责任。❸ 值得注意的是,这三个报告也反映了联合国越来越重视"保护的责任",并赋予其越来越高的地位。在2012年的报告中,潘基文提到"现在,推行这一概念的时机已经成熟"。而到2014年的报告中,保护责任原则已成"全世界脆弱群体免遭最严重国际罪行和违法行为之害所提供保障的核心组成部分"。❹

另一方面,西方国家和非西方国家关于"保护的责任"的实施问题的分歧正在逐步加大,并且影响到一些地区冲突的解决。在利比亚干预问题上,西方国家和非西方国家呈现不同的立场。美法英等西方大国是"保护的责任"的坚定支持者,并直接参与了对利比亚的军事打击。加里斯·埃文斯(干预与国家主权国际委员会联合主席、报告主要起草人)就声称对利比亚的干预是"'保护的责

---

❶ 潘基文:《保护的责任:及时果断的反应》,联合国文件(A/66/874-S/2012/578),第8段,第14段,第23段,第38段,第61段,2012年7月。
❷ 潘基文:《保护责任问题:国家责任与预防》,联合国文件(A/67/929-S/2013/399),第8段,2013年7月。
❸ 潘基文:《履行我们的集体责任:国际援助与保护责任》,联合国文件(A/68/947-S/2014/449),摘要部分,2014年7月。
❹ 潘基文:《保护的责任:及时果断的反应》,联合国文件(A/66/874-S/2012/578),第61段,2012年7月;潘基文:《履行我们的集体责任:国际援助与保护责任》,联合国文件(A/68/947-S/2014/449),第80段,2014年7月。

任'理念正确付诸实践的典型案例"。❶潘基文作为联合国秘书长也表示对利比亚的干预"已经可以明确'保护的责任'已经成功的达到了目的"❷。而在西方大国主导的对利比亚进行军事干预后,包括中国在内的广大发展中国家对"保护的责任"的态度转为强硬。在潘基文提交给联合国大会的报告中提到,"一些会员国辩称,人们并没有给非胁迫性措施以足够时间,来证明其在利比亚的结果。其他会员国表示,那些负责执行安理会第1973(2011)号决议者,超出了安理会的授权。"这实际上反映了非盟和东盟等对"保护的责任"的广泛质疑,而该报告所做的回应是"国际社会应当考虑到这些会员国所表示的关切"❸。当前西方国家和非西方国家关于"保护的责任"的最大分歧是要不要以干预利比亚的相同方式来解决其他地区冲突问题。叙利亚危机是目前双方关注的一个焦点。美英等西方大国主张应运用"保护的责任"对叙利亚危机进行干预,而中国与俄罗斯联手在安理会多次否决了针对叙利亚的提案,在联合国大会和联合国人权理事会的多次相关投票中,中国、俄罗斯和其他一些国家也都明确表达了反对的立场。国际社会的严重分歧表明叙利亚危机已经不太可能复制西方大国干预利比亚的模式,"保护的责任"在叙利亚危机中似乎已经陷入困境。❹

二、当前"保护的责任"存在的争议

"保护的责任"作为一种理念自提出以来就引起了各国学界的关注和激烈的讨论。经过十多年的发展和完善,这一理念不仅得到了西方主要国家的坚定支持,而且很多发展中国家也对此观念持肯定的态度。布隆迪、哥伦比亚、菲律宾和斯里兰卡等国已经在其国内法中采纳了这个理念。成立于2002年的非洲联盟一改其前身非洲统一组织对成员国一贯的"不干涉"原则转而坚持对大规模犯罪"不漠视"的新原则,成为第一个支持"保护的责任"理念的区域国际组织。❺但是由于"保护的责任"是在人道主义干预基础上发展起来的,因此很多发展中国家对这一理念是否会被滥用深存疑虑,担心它会变成某些大国强化使

---

❶ Greath Evans.The RtoP Balance Sheet after Libya[EB/OL].[2016-09-02]. http://www.gevans.org/speeches/speech448%20interview%20RtoP.html.

❷ Ban Ki-Moon, Remarks at Breakfast Roundtable with Foreign Ministers on "The Responsbility to protect: Responding to Inninent Threats of Mass Atrocities"[EB/OL].[2016-09-23]. http://www.un.org/apps/news/infocus/sgspeeches/search_full.asp? statID=1325.

❸ 潘基文:《保护的责任:及时果断的反应》,联合国文件(A/66/874-S/2012/578),第54段,2012年7月。

❹ 罗艳华.保护的责任的发展历程和中国的立场[J].国际政治研究,2014(3):16.

❺ 卢静."保护的责任":国际关系新规范? [J].当代世界,2013(2):47.

用武力的工具。特别是2011年以美国为首的北约国家对利比亚进行军事打击以来,国际社会对于"保护的责任"的实施问题上存在诸多争议,"保护的责任"理念面临着前所未有的挑战。对此,众多著名学者提出了不同的见解。

艾丹·赫尔(Aidan Hehir)指出2011年以来国际社会对于"保护的责任"的批评主要集中在三个方面:其一,能充分说明其有效性的证据是缺乏的;其二,各个国家对"保护的责任"的职权和范围有着广泛且不同的理解,这种模糊性减少了其作为一种理念的公信力;其三,"保护的责任"并没有促进事实上的法律改革,因此它所建立的系统和原来并没有什么差别。❶

芝加哥大学的佩普教授2013年年初在《国际安全》上专门撰文提到了"保护的责任"的局限性。这种局限性体现在:首先,"保护的责任"缺乏一个明确的标准来证明人道主义军事干预是正当的,这种标准所指向的是暴行发生的程度;其次,"保护的责任"难以确定伤害的程度,这种程度必须是干预者或潜在的干预者在干预前必须要接受的;最后,"保护的责任"必须使国际社会承担干预后的重建的工作。❷

纵观以上著名学者及其他一些研究者的观点,笔者认为当前国际社会关于关于"保护的责任"所存在争议的问题研究比较分散,其研究深度也有所欠缺。笔者试图以"保护的责任"理论本身所包含的问题为出发点,同时考察近几年国际社会关于"保护的责任"的实践,以期得到一种新的框架来对"保护的责任"的理论进行解构,在此基础上对其具体实践进行评判。这一框架主要包括四个部分:

其一,理论基础问题。"保护的责任"的理论基础是主权和人权的关系。在此部分,笔者将试图弄清以下问题:"保护的责任"持有怎样的主权观和人权观?这会对国家主权和国际人权保护产生怎样的影响?由此,"保护的责任"下主权和人权之间是什么样的关系?

其二,实施主体问题。"保护的责任"的实施主体主要包括两个层次,一是各个主权国家自身,二是国际社会。国际社会涉及"保护的责任"的实施主体又可以进一步被分解为联合国、区域组织、大国及非政府组织。在此部分,笔者将试图弄清以下问题:主权国家及国际社会中其他行为主体在"保护的责任"中的地位和作用是什么?它们在承担或实施"保护的责任"的过程中存在着哪些问

---

❶ Aidan Hehir.The Responsibility to Protect and the Future of Humanitarian Intervention[J].Palgrave Macmillan,2013:8.

❷ Robert A Pape. When Duty Calls? [J]. A Pragmatic Standard of Humanitarian Intervention, International Security,2013,27(4):51-52.

题? 为了更好地承担或实施"保护的责任",它们可以采取哪些途径?

其三,实施合法性问题。"保护的责任"实施的合法性问题主要涉及武力是否被合法地使用,它是当前国际社会关于"保护的责任"争论的焦点。在此部分,笔者将试图弄清以下问题:"保护的责任"下武力使用的合法性基础是什么?"保护的责任"下武力的使用应遵循什么标准和采取何种方式?当前"保护的责任"下武力使用的有关争议有哪些?

其四,制度构建和拓展问题。2005年世界首脑会议之后,国际社会关于"保护的责任"的制度已经得到初步的建立。为了更好地完善和发展"保护的责任"的制度,需要将其进一步拓展。在此部分,笔者将试图弄清以下问题:为什么要构建"保护的责任"的制度?"保护的责任"制度的拓展有可能吗?"保护的责任"制度构建和拓展存在哪些问题?想要克服这些问题,需要主权国家及国际社会做出哪些努力?

为了更好地阐述和分析以上所提到的四个问题,笔者在每一部分都设计一个案例进行深入的研究。关于"保护的责任"主权和人权的关系,笔者以中非共和国为例,该国发生的人道主义灾难极为严重但却最容易被忽视,西方大国以"保护的责任"名义实施的军事干预对其主权和人权的影响也较为明显。关于"保护的责任"的实施主体,笔者选取了叙利亚危机的例子。当前叙利亚危机之所以会陷入僵局,国际社会中的各主体特别是大国间的博弈在其中起着重大的作用。关于"保护的责任"实施的合法性,笔者以利比亚战争为例。近几年来,国际社会关于"保护的责任"武力使用合法性的相关争议主要是围绕利比亚战争展开的。关于"保护的责任"的制度构建和拓展,笔者选取了东盟的案例。当前已经有众多学者探讨以区域组织作为"保护的责任"的制度构建和拓展的重要载体,而东盟的确在这一问题上也做出了一些探索。总体而言,这些案例符合典型案例的要求,即"基于对某种现象的某些一般性理解而选择的具有一系列典型特点的案例"。[1] 这些典型的案例有助于解释"保护的责任"本身所包含的问题,同时也能为国际干预的实践提供更广泛意义上的政策建议。

---

[1] 田野.国家的选择——国际制度、国内政治与国家自主性[M].上海:上海人民出版社,2014:17.

第三章 理论基础的矛盾：主权与人权

"保护的责任"作为国际干预理论的一部分，其理论基础是主权和人权的关系。自"二战"结束以后，它们两者之间的关系问题一直都是国际关系和国际法研究中争论的焦点之一。特别是冷战结束后，众多发展中国家和发达国家围绕这一问题的争论愈加激烈，双方在此问题上的分歧一度导致了20世纪90年代末期西方大国的国际干预在实践中陷入了困境。值得注意的是，主权和人权都是历史性的概念，其内涵及特点等经历数个世纪的发展演变产生了很大的变化。特别是在当前全球化的背景下，众多发展中国家在应对主权和人权问题时面临着种种的挑战。"保护的责任"作为一种新的国际干预理念，其对主权观念和人权观念的发展也产生了重要的影响。本章将对"保护的责任"下的主权和人权及其两者的关系的相关内容进行梳理和分析，以期发现"保护的责任"在理论基础上所存在的问题。

第一节 "保护的责任"下的主权

如果从其包含的内容来看，"保护的责任"是一种限制国家主权原则的理论主张。因为"保护的责任"涉及国际干预，而干预必然会削弱其中一国或多国的主权。而再结合"保护的责任"的理论表述来看，则可以说它是对传统主权观念的发展。它实现了从"作为控制的主权"（sovereignty as control）到"作为责任的主权"（sovereignty as responsibility），并从表面上较为成功地消解了"新干涉主义"那种在主权和人权之间极为紧张的关系。但不可否认的是，"保护的责任"的主权观也有一定的局限性或者说是欺骗性。综合这几个方面，"保护的责任"对国家主权带来的一些新的影响因素，这也促使国家主权观念发生了一些新的变化。

一、主权观念的演变及面临的挑战

主权,在国际关系和国际法领域通常也被称为"国家主权",是一个在学界争议颇多的概念。❶ 迄今为止,国际社会并没有任何权威的国际性文件准确的界定过国家主权的内涵。虽然该概念比较模糊,但有关的国际法的原则和规则都从不同的角度确定了国家主权在国家关系中的核心地位。正是因为如此,不同的国家在认识和理解国家主权时常常以自身的利益为出发点来采取不同的政策。例如,采取实用主义的态度,只在对本国有利时才强调国家主权;或者制定双重标准,只强调自己的国家主权,对别国的主权则肆意加以轻视和践踏。❷

长期以来,中国国际关系和国际法研究领域的研究者们通常都采用的是著名国际法学家周鲠生先生关于主权的定义。他认为,主权是国家具有的独立自主地处理本国的对内和对外事务的最高权力。❸ 这一定义是建立在众多权威学者关于主权的研究基础之上的,反映了主权是国家的固有的属性且具有两重性。其两重性即主权的对内属性和对外属性,也称对内主权和对外主权。❹ 16 世纪下半叶,法国的自然法学家让·博丹首次提出了国家主权的概念,并将其界定为一个国家"超乎公民与居民之上,不受法律限制的最高权力"。由于当时提出这一概念的背景是欧洲诸国要摆脱罗马教廷的束缚并树立自身封建专制王权的最高权威,因此他侧重的是从对内主权的角度阐释主权的权威属性。❺ 到了 17 世纪,由于格劳秀斯从新的角度来理解和阐释国家主权,主权观念逐渐具有了另一层的含义,即对外主权,指的是不受外部干涉独立自主地处理内部事务的权力。以上两位学者的经典表述奠定了日后研究者关于国家主权的基本界定思路。1648 年的《威斯特伐利亚和约》确认了国家主权及其相关的原则,以主权平等和独立自主为特征的近代民族国家体系开始建立。值得注意的是,博丹和格劳秀斯所关注的国家只是封建专制下的王权国家,并不是现代意义上的主权国家,直到 17 至 18 世纪后,随着资本主义革命的兴起和启蒙思想的传播,国家主权理论

---

❶ 尽管我们谈主权时常常把它与国家联系到一起,但是"主权"和"国家主权"并不是同一个概念。事实上,国家主权只是主权主体性的表现形式之一。其他表现形式还包括教皇主权、君主主权和人民主权等。虽然"国家主权"在当前国际关系现实中占有极其重要的地位,但从学理上看这一点体现了我国学者在研究上存在严重的认识误区。
❷ 黄仁伟,刘杰.国家主权新论[M].北京:时事出版社,2004:2.
❸ 周鲠生.国际法(上册)[M].北京:商务印书馆,1976:75.
❹ 王沪宁.国家主权[M].北京:人民出版社,1987(11).
❺ 刘杰.经济全球化时代的国家主权[M].北京:长征出版社,2001:54-55.

才在批判封建王权的基础上为资本主义国家提供合法性依据。洛克的"议会主权"首次打破了君主主权论的禁忌,明确了主权的议会主体性。而卢梭的"人民主权"则成为西方不可逾越的主权理念,卢梭以后的西方学者在基本的价值理念上都没有超出他所构建的思维框架,自然法—社会契约—人民主权构成西方经典的三位一体的国家主权理论。[1]此后,经过一个多世纪的丰富和发展,国家主权观念成为近现代国际关系和国际法研究的基础理论部分,几乎所有关于国际关系理论的阐释都是以国家主权为其出发点和落脚点。这里值得一提的是国际关系研究中现实主义学派的代表人物——汉斯·摩根索。他是第一个突破国际法的视野而从国际关系学的角度研究主权,完整的提出了基于国家主权的现实主义六原则。正是由于他及后来一些学者的努力,再加上基辛格等外交家在国际关系中的灵活运用和实践,使得国家主权观念更具有实质性的价值。

20世纪90年代,随着经济全球化的到来,民族国家及国家主权受到了极大的冲击,国家主权面临着前所未有的挑战。经济全球化改变了过去那种国家在内政、外交、军事上享有至高无上的主权观念,加深了国家之间、国家和国际组织之间的相互依赖的关系,形成了各种纵横交错的相互影响和相互制约的关系。[2]而正是这种状况造成了民族国家及其主权在政治、经济和文化等领域的权威受到不同程度的侵蚀与限制。在这之前,众多国家主权的研究者比较一致的看法是:主权对内是最高的,对外是独立的、平等的,主权是一种绝对的、永久的、不可分割的、不可让渡的权力。[3]而经济全球化到来之后,它使得民族国家,尤其是广大发展中国家特别是不发达国家的国家主权受到限制、侵蚀和分隔,直到部分被让渡。除此之外,科学技术的飞速发展、国际组织和非政府力量的逐步壮大以及国际干预的加强对国家主权的制约也是客观存在的。与此同时,一些贬低甚至否定国家主权的理论和社会思潮甚嚣尘上。如果对其内容进行具体区分,可以将目前这方面流行的理论和思潮归纳为经济制约论、道德制约论、制度制约论、生存制约论和行为制约论五个方面。其主要区别如表3-1。

---

[1] 黄仁伟,刘杰.国家主权新论[M].北京:时事出版社,2004:15.
[2] 刘青建.发展中国家与国际制度[M].北京:中国人民大学出版社,2010:119.
[3] 徐晓明.全球化压力下的国家主权——时间与空间向度的考察[M].上海:华东师范大学出版社,2007:51.

表 3-1 否定国家主权的五种理论和社会思潮

	表现	主张
经济制约论	全球化理论	全球化的后果是主权不再重要,国家也不再需要主权
道德制约论	"人权高于主权"论	人权是跨越国界的,并且是普遍的,国家不能侵犯人权
制度制约论	国际机制论	国家主权应当受到限制,国际机制和国际规制会削弱国家主权
生存制约论	"人类安全"论	认为不再需要国界,并应重新制订全球性的"社会契约",在全球的范畴内保障人类安全,而限制甚至否定国家主权是其内在要求
行为制约论	"新干涉主义"	四条法则:1.国际社会有责任对难以保障民众人权的国家进行干预;2.各国政府的权力应当在人权问题上受到控制;3.国际社会的人道主义的要求要与联合国解决争端的意愿相结合;4.主权属于国家的人民,不再属于国家

资料来源:罗艳华.国际关系中的主权与人权[M].北京:北京大学出版社,2005:11.

在这里特别要强调行为制约论。这一论调所涉及的是出于维护人权、国际公正和正义等道义理由而进行干涉的"新干涉主义"理论及其实践。因为"保护的责任"是在继承许多"新干涉主义"相关内容的基础上丰富和发展起来的,因此有必要对"新干涉主义"的主权观进行简要的剖析。

新干涉主义者提出的一系列理论主张主要包括:内乱"溢出"论,即内乱非内政,其"溢出"可能威胁国际和平与安全;国家主权过时论,即国家主权不及人权重要;人权高于主权论和人道主义干涉合法论,即人权问题不再是一国主权管辖的事项,国际社会可以一国内部所谓"侵犯人权"的事件进行干涉;西方价值观优越论,即为拯救人道主义灾难实施的强制干预是为了维护西方普遍的价值观;《联合国宪章》过时论,即西方某些领导人或学者意图修改《联合国宪章》中的不干涉内政原则和主权平等原则。❶ 综合以上新干涉主义的基本理论主张,笔者认为新干涉主义的主权观可以概括为两个方面:人权高于主权和国家主权过时。这两个方面是新干涉主义理论最为核心的内容,以美国为首的北约国家在1999年空袭南联盟时主要以此作为干预的依据。从实质上看,新干涉主义的主权观是想以"人权高于主权"和国"家主权过时"等论调构建新的国际关系准

---
❶ 夏安凌.西方新干涉主义研究[M].北京:中国社会科学出版社,2013:59.

则,直接挑战公认的国际法所规定的国家主权原则。而这一原则被广大发展中国家视为维护自身独立和发展的唯一的有效的保障。这就注定"新干涉主义"理论在实践中必然走向失败。而"保护的责任"的主权观就比"新干涉主义"高明的多,下面就此问题进行叙述和分析。

二、"保护的责任"的主权观

通过对包含有"保护的责任"的文件和报告进行分析,可以发现其中关于主权内容的叙述多集中在第一份文本——干预与国家主权国际委员会在2001年撰写的《保护的责任》报告之中。其后的文件虽然也有涉及,但内容较为分散,少有对主权做系统且深入的分析。综合这些文本的主要内容和基本精神,笔者认为"保护的责任"的主权观主要体现在以下两个方面:

一方面,国家主权意味着责任。这种责任包含两方面的内容:即对外是尊重别国的主权,对内是尊重国内所有人的尊严和基本权利。在国际人权公约中,在联合国的实践中及在国家本身的实践中,主权现在被理解为含有这种双重的责任。[1] 实际上,这体现了主权国家的主权在内外两个层面都要从"作为控制的主权"转化为"作为责任的主权"。

传统意义上,主权是一种权力,它可以被理解为一国最高的、独立的、绝对的和不受外部控制而进行统治的权力。这种权力对国内享有最高的权威,对外则强调不干涉内政原则,这使得这一原则长期以来成为国际社会共同遵守的主导规范。1996年,弗朗西斯·邓(Francis Deng)和罗伯特·科恩(Robert Cohen)等学者创造了"作为责任的主权"的概念。他们起初创立这一概念是为了劝说冷战结束后的非洲国家的政府加强保障其本国的人权。他们认为在武装冲突的情况下,一国经常会面临主权和合法性的问题(伴随着外部干预),主权的有效性应当由一国的人民而不是由政府或军阀来判断。[2] 2001年干预与国家主权国际委员会的报告认同并采用了这些学者的说法,并将"作为责任的主权"的这一概念进一步向前推进,认为其具有三种意义:第一,它意味着国家权力当局对保护国民的安全和生命以及增进其福利的工作负有责任;第二,它表示国家政治当局对内向国民负责并且通过联合国向国际社会负责;第三,它意味着国家的代理人要对其行动负责就是说他们要说明自己的授权行为和疏忽。[3]

---

[1] ICISS.The Responsibility to Protect[R].Ottawa:International Development Research Center,2001:8.

[2] Francis Deng.Protecting the Dispossessed:A Challenge for the International Community[A].from Brookings Institutio,1993:19.

[3] ICISS.The Responsibility to Protect[R].Ottawa:International Development Research Center,2001:13.

当前国际关系的现实是,各国在权力和资源分享的问题上所处的地位是不平等的。单从实力对比和掌握的资源来看,广大发展中国家尤其是最不发达国家难以与欧美等发达国家相抗衡。考虑到发展中国家所具有的这种总体脆弱性,强大的外部行为体(西方发达国家)无须付出大量资源就能对当地的安全关系产生重大的影响,因此应对外部干预不可避免地成为了发展中国家的重要难题。对于众多的发展中国家而言,主权原则是实现其独立自主发展最好的保障。因此,这就明确了主权国家承担了保护本国人民的首要责任,当一国缺乏能力或意愿保障其民众的人权之时,国际社会就应当介入以防人权问题进一步被恶化。

另一方面,国家主权应当被加强而不是被削弱。2014年联合国秘书长潘基文所做的《履行我们的集体责任:国际援助与保护责任》报告则直接而明确地阐述了"保护的责任"这一主权观。该报告提到,"保护的责任的目的是加强而不是损害主权。此原则并非旨在建立一个等级结构,让国际社会向各国提出要求或强加解决办法。相反,它重申了《联合国宪章》第二条所申明的主权平等基本原则。各国具有地位,相互拥有权利和承担责任,作为同侪参与建立和维护国际规则、准机构。保护责任原的宗旨在于鼓励致力保护人民免遭暴行罪的各种行为体开展合作。"[1]

如果从干预与国家主权的基本关系来看,可以明确的是,一旦国家受到外部的武力或非武力干预,其国家主权必然受到损害,除此之外由此衍生的国家尊严及掌握本国或本民族人民命运的权利也会得不到相应的保证。"保护的责任"作为一种新的国际干预理念,从表面上看,它的确带有损害国家主权的内容。但值得注意的是,"保护的责任"的发明者们对其逻辑进行了转换,"保护的责任"变成了加强主权而不是损害主权。

其一,通过理论的纵向比较可知,"保护的责任"比"新干涉主义"更注重国家主权。通过对"保护的责任"与"新干涉主义"的对比,前者认为干预是权利,后者则强调是责任。早在1987年,马里奥·贝纳蒂(Mario Bettati)和伯纳德·库什内(Bernard Kouchner)提出和论证了"干预的权利"(right to intervene)的概念。这一概念冷战结束之初被发展成"人道主义干预的权利",认为国际社会在进行人道主义干预要注重合法性问题。[2] "保护的责任"与"新干涉主义"有一脉相承之处,即都强调干预人道主义危机的必要性。但它们的论证逻辑有根本不

---

[1] 潘基文:《履行我们的集体责任:国际援助与保护责任》,联合国文件(A/68/947-S/2014/449),第12段,2014年7月。

[2] Gareth Evans.The Responsibility to Protect:Ending Mass Atrocity Crimes Once and For All[M].Washington,D.C.:Brookings Institution Press,2008:32-33.

同,简单来说,前者是一种权利逻辑,后者是一种责任逻辑。"新干涉主义"成为大国推行霸权主义和强权政治的重要工具,而"保护的责任"则试图将干涉所带来的"道德风险"降到最低限度,特别强调预防的重要性,尽量减少对国家主权的损害。

其二,通过对其实施依据的分析可知,外部干预并没有使"保护的责任"削弱了国家的主权。"保护的责任"是以《联合国宪章》为其指导原则,就其对干预与主权的关系的理论表述来看,两者并不是冲突的关系。《联合国宪章》第二条第一款规定:"本组织系基于各会员国主权平等之原则"❶。"保护的责任"使得一国的主权在内部功能和外部责任上从"作为控制的主权"到"作为责任的主权",其仍然摆脱不了《联合国宪章》所规定的会员国自愿承担的国际义务。这种涉及主权的义务主要包括:一方面,在给予联合国会员资格的时候,国际社会欢迎签署国作为国际社会负责任的一员;另一方面,该国本身签署宪章时,即承认由此产生的成员的责任国家主权没有任何转移或减弱。❷

其三,通过"保护的责任"实施所要达到的目的可知,为了保障被干预国的人权,国际社会必须施以援助以增强该国自主治理国家的能力,而要加强这种能力,国家主权就必须相应得以加强。国际社会的援助包括鼓励、能力建设和保护援助等三种方式,具体说来包括:通过开展伙伴合作鼓励国家履行其首要保护的责任;协助它们增强建设的能力,使其更能应对暴行罪的风险因素;增强其在新发危机或已有危机中的保护能力。❸

必须要指出的是,以上内容只是"保护的责任"的相关文本所体现的主权观,或者说是"保护的责任"关于国家主权的理论表述。如果对其逻辑进行分析,可以发现从根本上讲它与"新干涉主义"相比并没有太多的新意。它强调主权国家保护本国公民首要的责任,只是把"新干涉主义"关于国家主权的观点进行纠正,使国际社会的干预观念回到原本正确的轨道。再结合上一章对"保护的责任"的实践效果来看,"保护的责任"带给被干预国的国家主权的一些消极影响也不容忽视。下面就对"保护的责任"对国家主权的影响进行分析。

三、"保护的责任"对国家主权的影响

"保护的责任"对国家主权的影响主要体现在:"保护的责任"在理论表述和

---

❶ 联合国宪章.http://www.un.org/zh/documents/charter/chapter1.shtml[2014-08-11].
❷ ICISS.The Responsibility to Protect[R].Ottawa:International Development Research Center,2001:13.
❸ 潘基文:《履行我们的集体责任:国际援助与保护责任》,联合国文件(A/68/947-S/2014/449),第4段,2014年7月。

实践表现上存在不小的矛盾,这也直接影响到国家主权在理论和实践上也相应地出现了矛盾。正是这种矛盾促使"保护的责任"下的国家主权问题向着更为复杂的方向发展。

其一,从理论表述上看,或者说从"保护的责任"下国家主权体现的本质来看,"保护的责任"使得国家主权的内涵更为丰富,并且它对国际社会行使了数个世纪的绝对主权观念的修正,并促使主权国家进一步关注和重视公民的人权。

当前人们关于国家主权及其内涵的基本共识是:它是国家间关系得以正常维持的基本理念,也是国际法得以推行的基本原则,更是联合国宪章得以存在的基础。❶ 那当前我们所尊重的国家主权的本质是什么? 根据史蒂芬·克拉斯纳(Stephan Krasner)的观点,国家主权的内涵至少包括四个方面的内容:一是威斯特伐利亚式的主权,可以被理解为一国拥有的排除外部行为体干涉内部事务的能力;二是国内主权,即一国控制和维持其内部政治制度和社会秩序的能力;三是国际法主权,是指国家之间能够互相承认;四是独立主权,表明一国控制跨境行为的能力。这实际上就意味着国家主权的本质是一国作为国际法层面上独立的实体能得到其他国家广泛的承认,并且其内政不受他国干涉,以及控制法律规则和保障人权的权威和能力。❷ 其中,国家主权得到广泛的承认是首要的。当前的国际法、国际组织及其他的规则和制度得以在国际社会得以运行的基本前提是各个国家相互尊重其他国家的主权。

值得注意的是,"保护的责任"作为一种国际干预理念,是以承认国家主权为前提的。并且它发展了传统意义上的主权的内涵,提出了"作为责任的主权"的概念,这是对传统的绝对主权观念的重要修正。这一概念所关注的是主权本身所赋予的内容,其本质不再是过去那种把控制作为主权,也不是把控制作为承担责任的体现。这种"作为责任的主权"由国家对其国民享有,国际社会也能通过国际组织的授权在一定时期内获得被干预国让渡的部分主权。换句话说,国家再也不能像过去那样躲在国家主权的后面对其公民的权利进行侵害,它必须承担保护本国公民的首要责任。

其二,从实践表现上看,或者说从"保护的责任"下主权行使的状况来看,"保护的责任"在实践中与国家主权的上述理论存在较大的矛盾。这主要表现在国家内部和国际关系两个层面上。

---

❶ Mohammed Ayoob.Humanitarian Intervention and State Sovereignty[J].The International Journal of Human Rights,2002,6(1):81-102.

❷ Stephan Krasner,Sharing Sovereignty:New Institutions for Collapsed and Failed States[J].International Security,2004,29(2):85-120.

在国家内部层面,"保护的责任"在实践中与国家主权理论存在的矛盾主要体现在两个方面。一是国家能力对"保护的责任"的作用。"保护的责任"文本的相关规定表明外部的干预须以提高被干预国保护其公民人权的能力为重要目标,被干预国提升国家能力的根本途径在于增强自身的实力。但是在实践中,"保护的责任"的实施对于被干预国的国家能力的提升作用并不显著,并且在总体上对被干预国(基本都是发展中国家)的国家能力建设带来了负面的效应。二是国家的发展状况对"保护的责任"实施的制约。"保护的责任"文本规定国际社会在干预后要通过援助促进被干预国重建工作的顺利进行,但在实践中国际社会的援助往往是口惠而实不至,从而使该国的经济及社会走向不稳定。

在国际关系层面,"保护的责任"在实践中与国家主权理论存在的矛盾主要体现在三个方面。

一是国际关系中的权力政治对"保护的责任"的影响。在理论上,虽然"保护的责任"尝试以"作为责任的主权"强调主权国家在处理自身存在的人权问题优先性,但在实践中,西方大国往往打着"保护的责任"的旗号实现自身利益,由此它并没有改变众多发展中国家在国际体系中的弱势地位。西方发达国家依然能够以自身利益偏好来决定是否对脆弱性高的不发达国家的人权问题进行干预。也就是说,"保护的责任"并未使众多发展中国家摆脱现有不平等的国际政治经济体系的制约。

二是"保护的责任"与不干涉内政原则的矛盾。这主要体现在:"保护的责任"对不干涉内政原则的冲击主要体现在:当一国缺乏能力或意愿保障其民众的人权之时,国际社会就应当介入以防人权问题进一步被恶化。不干预内政原则在理论和实践上都被弱化了,其他国家及国际组织开始干涉一国国内管辖的事项,不干预内政原则面临前所未有的挑战。

通过文本分析可知,"保护的责任"是承认《联合国宪章》第二条第七款关于不干涉原则的规定,并认为"其他国家有不干涉一个主权国家内部事务的相应责任"[1]。但我们要注意到这样一个事实,那就是尽管不干涉内政原则是国际法中最重要和最基本的理念之一,但众多大国或强国在过去及当前仍对其他国家的内部事务进行了干预。这些干预可能基于多种原因,包括战略利益,领土安全及人道主义问题等。在历史上,不干涉内政原则从来没有在实践中得到切实的

---

[1] ICISS.The Responsibility to Protect[R].Ottawa:International Development Research Center,2001:9.

贯彻执行。[1] 从上一章对"保护的责任"的实践效果的分析来看,"保护的责任"也并未在此问题上做出改变。相反,实施"保护的责任"的美法等西方大国利用联合国的授权,按照《联合国宪章》第二条第七款规定的以宪章第七章关于维持国际和平及安全所采取的执行办法,合法地、粗暴地并且实质地干涉了众多发展中国家的内政。

三是"保护的责任"与国家主权平等原则矛盾。这主要体现在:其他国家或国际组织在以"保护的责任"的名义对当事国进行干预时,在一定程度上中止了当事国行使主权的权力。

通过文本分析可知,"保护的责任"把《联合国宪章》第二条第一款关于国家主权平等原则的规定作为其阐述国家主权含义的基本出发点。但我们也应当注意到"保护的责任"最为核心的概念——"作为责任的主权"的出现对国家主权平等原则产生了一些不良的后果。国家主权是发展中国家特别是不发达国家抵御外来强力干预的唯一保障,削弱这些国家的主权必然会引起国际社会的失序。并且国家主权平等原则对国际法的实施极为重要。[2]"作为责任的主权"强调当一国难以保障本国人民的权利时,其他国家或国际组织要承担国际保护的责任,而当事国在干预期间就丧失了事实上的主权,虽然还法律意义上的主权还有所保留。另外,还需要注意到的一个重要的国际关系现实是,在历史上,不同国家的主权从未在真正意义上实现平等。大国或强国明显比发展中国家享有更多的主权,而且因其强大的实力能比后者更有能力保障自身的主权。而"保护的责任"也并未能在此问题上实现超越,这也从根本上难以改变其国家主权平等原则的破坏作用。

第二节 "保护的责任"下的人权

"保护的责任"是一种人权国际保护的理念。它关注的是其他国家或国际组织基于"人道"而对发生人道主义灾难的国家进行的干预,其最终目标是促进和保障世界各国特别是广大发展中国家的人权。冷战结束之初,欧美等西方国家大肆推行"新干涉主义",对南联盟等国进行军事干预,对被干预国公民的人

---

[1] Ramesh Thakur.The United Nations,Peace and Security:From Collective Security to the Responsibility to Protect[M].Cambridge:Cambridge University Press,2006:253.

[2] David Chandler,From Kosovo to Kabul:Human Rights and International Intervention[M].London:Pluto Press,2002:136-137.

权造成了粗暴和系统的侵犯。与此同时,它们却对发生在卢旺达和斯雷布雷尼察的大屠杀漠视不管。人权的国际保护因此遭遇严峻的挑战,"保护的责任"就在此背景下产生并逐步取得发展。与传统人权观不同的是,"保护的责任"的人权观更强调把人权的保护与安全和发展联系起来,使其互相推动,实现真正的"大自由"。"保护的责任"对人权的国际保护的影响体现在:在理论上为其发展注入了新的活力,但却在实践中并没有缓解甚至加重了被干预国的公民所遭受的人道主义侵害。

一、人权观念的演变及面临的挑战

根据国际人权法律文件的相关内容,人权可被理解为"属人的权利",即作为一个人应当享有的基本权利。这些基本权利既包括关于个人的政治、经济、社会、文化及安全等方面的"个人人权",同时也包括着眼于保障群体利益而设置的"集体人权",体现了对人的自然属性和社会属性的诉求。虽然人权的定义并不复杂,但因其在符号和语义上具有开放性,使得人权这个词成为内容最为混乱的概念之一。人权是以"人"为出发点,但"人"作为符号来指向权利是浮动的、模糊的,而不是确定性的。由此,"人权"往往成了一个证据不足以说明的单薄的概念。其具有广阔的范围和跨度,在语义上包含了许多不同的甚至互相冲突的理论内容和实践表现。因此,虽然世界各国都保有促进和保障人权的信仰,但各国基于自身的情况而有不同的主张,也使得人权被广泛地阐释和理解。当前,发达国家和发展中国家在人权上产生了激烈的争论,国际社会的人权之争已经成为人们难以解决且无法回避的重大问题。

人权观念起源于人对权利的认识,而谈及权利就得追溯到古希腊哲学家们的宇宙论和自然法的理念。苏格拉底、柏拉图、亚里士多德及智者派学者构筑了一种理性的"天性"理念来说明不同的人可以享有不同的权利。受当时的社会背景的影响,它们所享有的权利是不平等的,并且也只停留在道德层次。而古罗马时期的斯多葛学派及西塞罗关于自然法的思想对古罗马的《万民法》产生了极大的影响,该法对个人的权利做出了明确的规定,权利平等观念上升到法律规范的层次。到了欧洲中世纪时期,虽然权利平等观念受到了宗教神学的极大压制,但通过阿奎那等经院哲学家的努力还是流传并得到了发展。特别值得一提的是,正是在这个时期,英国于1215年颁布的自由大宪章在历史上首次确立了个人的权利及自由。至14—16世纪,欧洲文艺复兴和宗教改革运动兴起,人权观念得到了长足的进步。前者提倡人本主义,是"资产阶级人权观形成的直接思想渊源"❶,后者则强调人们应追求俗世的信仰自由和权利平等。17~18世纪,在英国、法国和美国爆发的资产阶级大革命在制度层面上确立了现代意义上的人权观念。在理论上,格劳秀斯、霍布斯、洛克及卢梭等学者提出自然权利学说和"天赋人权"说,用自然理性和自然法将个人的权利从"神权"和"君权"那里分离出来,使人真正因为"人性"而享有平等的权利和自由。至此,西方的人权观念发展成为系统的理论体系。在实践中,这一时期西方国家的一系列历史文件,诸如1776年美国《独立宣言》、1787年美国《宪法》和1789年法国《人权与公民权宣言》使得人权观念在国家政治和法律层面得到确认。特别是在法国的《人权与公民权宣言》中,人权原则被列入国内法,从而使人权第一次具备了法律的效力。在此之后,众多国家跟随法国和美国在国内法中涉及个人权利。但不过直到第一次世界大战爆发之前,人权始终没有脱离出国内法的范畴。

20世纪20年代,世界政治开始涉及人权问题,但仅集中在少数民族权利、宗教权利和劳工权利等几个非常有限的领域,没有形成普遍性的人权保障机制。1945年,50个主权国家一致通过的《联合国宪章》首次在国际法领域确立了人权保护的原则,宪章第1条就把尊重人权列为设立联合国的三大目标之一。值得指出的是,由于当时各方在人权概念及内容的讨论过程中产生了较大的分歧,该宪章只是抽象地强调了对人权问题的重视。随后,1948年《联合国普遍人权宣言》(《世界人权宣言》)则对人权的具体内容进行了详细的论述,是人权进入国际关系领域的里程碑。此后,国际社会以这两个文件为基础又产生了一些新的国际人权法律文件,随着时代变化所带来的一些新任务,人权的权利内容也在不断地丰富和发展。"二战"结束后几十年,国际社会已经形成了较为完善的国际人权制度(如图3-1)。这一制度的实施主体主要是联合国和多数区域性组织为代表的政府间组织,当然也包括人权观察和大赦国际等非政府组织。其中联合国及其专门机构是该制度的核心,它不仅发展大多数的国际人权准则,而且通过其专门机构的活动来监督各国对人权的遵守。大多数的区域性组织集中于对人权条约或宣言的实施,非政府组织则在背后推动和监督政府间人权组织的运作。

1991年,苏联宣布解体,标志着持续近半个世纪的冷战结束。这一事件促使西方国家至今"几乎没有面对过挑战其重新定义和推广普世价值的力量"❷。

---

❶ 韩德培.人权的理论与实践[M].武汉:武汉大学出版社,1995:6.
❷ David Chandler, From Kosovo to Kabul and Beyond: Human Rights and International Intervention[M]. London and Ann Arbor, MI: Pluto Press, 2006:62.

图 3-1 国际人权制度结构

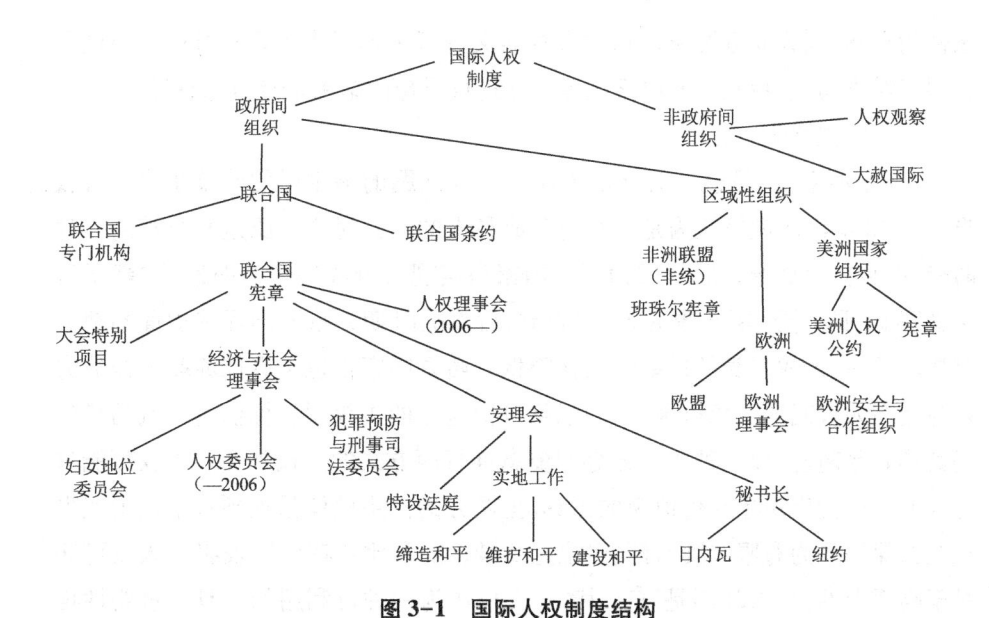

资料来源:[奥]曼弗雷德·诺瓦克.国际人权制度导论[M].柳华文,译.北京:北京大学出版社,2010:67.本图对原图进行了部分修改。

西方国家借机大肆宣传其人权保护观念,人权问题在国际关系中的重要性日益凸显。其原因在于:一是在国际政治格局的变化中,人权问题成为西方全球战略的重要组成部分。在西强东弱的局势下,西式人权和民主化的推广使南北矛盾也逐步加剧。二是国际人权法虽然有了较大的发展,但北方国家和南方国家在人权理论和实践上产生了激烈的争论。其争论的焦点是主权与人权、集体权利与个人权利及经济权利和政治权利等关系上谁更优先考虑的问题。尤其是在尊重主权和保护人权的关系上,国际法没有明确的规定,这也为西方国家以保护人权名义干预发展中国家的内政提供了可乘之机。三是北方国家利用国际政治经济中的地位和国内人权已经取得的成果,把人权作为其推行对外战略的工具。虽然北方国家在历史上有过殖民侵略和肆意掠夺殖民地人民的财产及生命等人权劣迹,但经过几百年的发展,北方国家的国内人权的极大改善使其能卸下在人权问题上的沉重包袱。它们可以大举保护人权的旗帜来对发展中国家的人权问题进行指责,充当所谓的"人权卫士"。四是南方国家本身的人权问题成为北方国家的干预提供了借口。[1] 由于众多发展中国家受到自身政治、经济和社会等

---

[1] 刘青建.当代国际关系新论——发展中国家与国际关系[M].北京:清华大学出版社,2004:132-138.

条件的限制,则为北方国家以保护人权名义进行干预提供了现实基础。但就北方国家对索马里、卢旺达和科索沃等国家进行干预的结果来看,它们却使这些国家的人权问题严重恶化。

"新干涉主义"是这一时期西方应对人权问题的最主要的政策主张。人权自17—18世纪起就被认为是应对公共或私人的权力对个人压迫和统治的一种防御,而它在冷战结束后却成为西方国家为实现自身战略利益而推行"新干涉主义"的工具。受"新干涉主义"的影响,后冷战时期人权的国际保护面临两大挑战。其一,人权自身的重要性正在降低。西方国家再也没有像苏联那样的力量与之在人权问题上相抗衡,它们就趁机把自己的人权观念标榜为主流的且宣扬其具有普遍性,以一种非常强势的姿态推行西方式的人权外交。人权可能只是西方大国输出民主和价值观的工具,把西方的民主政体强加到被干预国似乎比人权保护更为有限。阿富汗、伊拉克及最近的利比亚都可以表明,"人权可能是至高无上的,而人却不是"[1]。其二,人权作为一种可利用的工具的重要性再增加。当前,人权的内容正在不断丰富和发展,但其反映的主要还是西方发达国家的价值观念。西方发达国家依旧把持了人权的标准的解释权和人权管理机构的控制权,藐视西方发达国家的行动即藐视普遍性的人权准则,他们就有"合理"的理由进行军事干预。为了应对这两大挑战,联合国倡导国际社会采取"保护的责任"作为新的人权国际保护的理念,它体现的也是一种完全不同于"新干涉主义"的人权观。

二、"保护的责任"的人权观

通过对包含有"保护的责任"的文件和报告进行分析,可以发现它们几乎都涉及了人权国际保护的相关内容。不过由于每一份文本所涉及的主题不尽相同,"保护的责任"的人权观从整体上体现的不够系统而全面。综合这些文本的内容,再与之前"新干涉主义"进行对比,笔者认为"保护的责任"的人权观包含以下三个方面。

其一,人权具有"普遍性、不可分割性、互相依存性及相互关联性"[2]。这是冷战结束后联合国一直所倡导的基本人权理念。1993年,伴随着国际人权保护运动的高涨,170多个主权国家和1500多个非政府组织在维也纳召开了世界人

---

[1] [美]科斯塔斯·杜兹纳.人权与帝国—世界主义的政治哲学[M].辛亨复,译.南京:江苏人民出版社,2010:36.

[2] 世界首脑会议成果,联合国文件(A/RES/60/1),第13段,2005年。

权大会,会议通过的《维也纳宣言和行动纲领》提出"人人享有所有人权",强调公民的政治、经济、文化和社会等方面的权利是不可分割且相互影响。该会议的重要意义是对人权问题进行了重要的定位:它不仅仅是国际社会的一项合法的关注,还是联合国的一个重要目标。由此,联合国在关于人权国际保护领域的地位得以提升,并在国际人权保障制度中发挥核心作用。2006年,在"保护的责任"被正式提出五年之后,联合国对其人权保护制度进行了重大改革,用人权理事会取代一直遭受批评的人权委员会。值得指出的是,人权委员会是受经济和社会理事会管辖,而人权理事会则直接对联合国大会负责,这就赋予了人权机构更高的地位,体现了联合国对人权问题的重视。近几年来,人权理事会在"保护的责任"的实施过程中发挥了举足轻重的作用。例如,在2011年3月初,联合国大会以协商一致的方式通过决议,决定暂时中止利比亚的人权理事会的成员国的资格。取消成员国的人权理事会的资格成为"保护的责任"实施中重要的一环。

其二,人权与发展和安全有着更为紧密的联系。换句话说,人人都要有发展权和安全权。2005年,时任联合国秘书长的安南在联大所做的《大自由:实现人人共享的发展、安全与人权》的报告对它们之间的关系进行了较为详细的论述:"发展、安全和人权不仅都有必要,而且互为推动……因此,没有发展,我们就无法享有安全;没有安全,我们就无法享有发展;不尊重人权,我们既不能享有安全,也不能享有发展"[1]。由此可以表明,世界各国在制定外交政策时越来越重视人的因素,国际关系中的人的问题越来越成为国际关系的本质。[2] 国际社会在发展和安全问题上的关注点逐渐从国家转到了公民个人,人权在与发展和安全的关系中也逐渐居于核心的地位。

自20世纪70~80年代起,发展中国家和发达国家就在发展权问题上展开了激烈的争论。发展中国家希望发达国家承担保证其实现发展权的义务,而发达国家只想通过合作促进发展权。1993年的《维也纳宣言和行动纲领》使双方在此问题上暂时达成了妥协。它是冷战后联合国人权纲领的基础,强调发展权是基本人权之一,同时指出人是发展的中心主体。联合国就此采取了一系列旨在减少贫困和推动繁荣的发展措施,诸如千年发展目标、2015年后发展议程以及可持续发展、气候变化和减少灾害风险等。在促进许多欠发达国家的经济和

---

[1] 科菲·安南:《大自由:实现人人共享的发展、安全与人权》,联合国文件(A/59/2005),第16、17段,2005年。
[2] 朱锋.人权与国际关系[M].北京:北京大学出版社,2000:101.

社会发展的同时,这些措施也客观上改善了当地居民的人权状况。在落实"保护的责任"的过程中,三大支柱中的"国家保护的责任"和"国际援助和能力建设"涉及干预前的预防阶段和干预后的重建阶段,这要求当事国为更好地保障本国人民的人权需要在国际社会的帮助下实现自身的发展。

　　人的安全权涉及人类安全的概念。该概念最早是联合国开发署于1994年在《人类发展报告》中提出,该报告认为,国际社会应该从原来单独地强调国家安全向更多地关注人类安全进行转变,各国可以通过可持续的人的发展来获得安全,安全的最终目的是为了使人免于贫困和恐惧。❶ 2001年,干预和国家主权国际委员会《保护的责任》的报告采用了这一概念,随后被联合国确认并在"保护的责任"的过程中得到广泛的运用。人权的概念的范围得到扩大,更多的行为者开始参与到保障人权的机制中。

　　其三,尊重人权是负责任主权的一个要素,主权国家必须承担保障本国公民人权的首要责任。上文提到,负责任的主权或"作为责任的主权"是"保护的责任"的核心概念,其重要意义之一是,它意味着国家权力当局对保护国民的安全和生命以及增进其福利的工作负有责任。这里的"国民的安全和生命及其福利"恰恰是公民享有的最基本的几个权利。"保护的责任"涉及的是国际干预问题,而干预不仅直接影响某一国或地区的安全,更会深刻地影响当事国国民的人权。保护本国公民人权首要的责任应当也必须是当事国,因为其对本国国民的人权有最大的利害关系。换句话说,当事国是"保护的责任"的基本主体,而国际社会最多只能发挥补充作用。❷ 当事国最有条件且最有意愿应对本国潜在的冲突,当本国出现人权侵害时才能够最有效地解决问题。

　　必须要指出的是,以上内容只是"保护的责任"的相关文本所体现的人权观,或者说是"保护的责任"关于人权的理论表述。然而就"保护的责任"在实践中的效果来看,它并没有达到向在危险中的人民提供生命支持保护的目的,甚至造成了更多的人道主义侵害。下面就对"保护的责任"对当前人权国际保护产生的影响进行详细的论述。

三、"保护的责任"对人权国际保护的作用

　　"保护的责任"对人权国际保护的作用主要体现在:一方面,从理论表述上看,"保护的责任"对人权国际保护有着积极的作用;另一方面,从实践表现来

---

❶ UNDP.Human Development Report 1994[R].New York:Oxford University Press,2004:1-2.
❷ 潘基文:《履行保护的责任》,联合国文件(A/63/677),第13、14段,2009年1月。

看,"保护的责任"对人权国际保护造成了较多消极的作用。这些影响实际上反映了"保护的责任"和人权各自都在理论和实践上存在不小的矛盾。正是这种矛盾促使"保护的责任"下的人权问题向着更为复杂的方向发展。

其一,从理论表述上看,"保护的责任"对人权的国际保护有着积极的作用。这种积极作用主要表现在两个层面:

一是"保护的责任"促进了冷战结束后人权国际保护规范的发展和广泛传播。"保护的责任"在2001年被干预和国家主权委员会正式提出,而到2005年就被写入《世界首脑会议成果》获得全世界范围内150多个国家或地区的广泛承认和认可,只用了不到四年时间,其作为规范发展和传播的速度令人称奇。[1] 自1993年维也纳第二次世界人权大会以来,国际社会所形成的人权观念的范围比之前更为宽泛。同时加上人权国际化程度的不断加深,促使人们比原来更加关注人权问题。自"保护的责任"被提出以来,各国在联合国多种场合下对此进行了讨论,同时联合国秘书长每年都会出一个以此为主题的报告,并在很多联合国决议中体现出来,对国际社会产生了巨大的影响。这里特别值得一提的是2005年的《世界首脑会议成果》,这是目前涉及"保护的责任"的诸文本当中权威性最高的文件。在该文件的138、139段,分别明确提出了国家保护的责任和国际保护的责任,它们在不同情况下有"保护人民免遭灭绝种族、战争罪、族裔清洗和危害人类罪之害的责任"[2]。虽然这一文件是不具国际法效力,但它使国际社会所倡导的主权更多的带有了"保护的责任"所定义的特征。近几年来利比亚、马里和科特迪瓦等国发生的干预正是以此名义而采取的行动,当前联合国所主导的合法干预也必须局限在发生上述四种罪行的情况下进行。

二是"保护的责任"越来越注重广大发展中国家在人权国际保护问题上的立场及其影响。在这里首先要明确一点,发展中国家对"保护的责任"的产生及发展做出了很大的贡献。提出这一概念的"干预与国家国际主权委员会"中有来自南非、菲律宾、瑞士、危地马拉和印度等发展中国家的成员,而且该委员会在提出此概念之前也在包括广大发展中国家在内的世界各地广泛征求了意见。[3]

---

[1] 当前学界对于"保护的责任"是否是一种国际规范存在争论。根据美国学者玛莎·芬尼莫尔的观点,并不是所有的规范都会经历一个完整的"生命周期",许多新兴的规范没有到达倾斜点就告夭折。经验研究表明,在国际体系1/3的国家接受了规范之后,规范倾斜点才有可能出现,规范也才能进入到扩散阶段。而"保护的责任"已经被150多个国家或地区广泛承认和认可,已经过了所谓的倾斜点,因此笔者赞成它已经成为一种国际规范。参见:玛莎·芬尼莫尔,凯瑟琳·斯金克.国际规范的动力与政治变革[M]//彼得·卡赞斯坦,等.世界政治理论的探索与争鸣[M].上海:上海世纪出版集团,2006:310.

[2] 世界首脑会议成果,联合国文件(A/RES/60/1),第138、139段,2005年.

[3] 罗艳华."保护的责任":概念发展与现实问题[J].国际政治研究,2014(3):10.

虽然广大的发展中国家对"保护的责任"持谨慎和保留的态度,但在与此相关的联合国大会的辩论及安理会决议投票问题上,发展中国家在整体上对"保护的责任"是赞成和支持的。例如,联合国于2009年专门以"保护的责任"为主题举行了一场前后为期三天的辩论会,会后绝大多数的国家都声称支持"保护的责任"的基本原则和核心内容。❶ 当然不可否认的是,"保护的责任"主要体现的是西方发达国家的价值观,但当前发展中国家对这一关于其自身命运的问题的密切关注和参与促使"保护的责任"越来越带有发展中国家的特征。这显然是有利于人权国际保护的发展的,因为其越来越能代表更多主权国家及其人民的利益。

其二,从实践表现上看,"保护的责任"对人权国际保护有着消极的作用。这种消极作用也主要表现在两个层面:

一是"保护的责任"从客观上并没有达到保障当事国国民的人权的目的,反而甚至造成了更大的人道主义灾难。以2011年3月美国为首的北约国家对利比亚的军事干预来看,它们实施地面打击的首日就造成了利比亚的210多平民的死伤,这已经超出了干预行动前利比亚内战死伤的规模。❷ 当前,虚弱的利比亚政权正面临分裂的危险,同时利比亚人民在政治腐败、经济停滞、武器泛滥和恐怖主义盛行的恶劣环境中甚至都很难享受到一些基本的人权。可以说,这次干预造成了严重的人道主义灾难,而这是对国际社会所追求的人权的最大侵犯。由此就形成了一个矛盾:旨在保障人权但最终却对人权造成了更大的侵害。这一矛盾实际上反映了"保护的责任"本身所存在的问题。

二是"保护的责任"在实践中的运用已经超出了当前以联合国为主导的国际人权制度框架的范围。这一尚不成熟的规范有被西方大国歪曲和滥用的危险。上文提到,联合国是国际人权制度框架中处于核心的地位。在当事国发生了灭绝种族、战争罪、族裔清洗和危害人类罪等四种情形时,该国的政府无力或不愿承担国家保护责任的情况下,应当是由联合国主导进行干预。而且在非武力手段诉诸无效的情况下才能使用武力。但现实情况是,联合国并没有足够能力来主导进行干预,它只能授权更有能力的国家或组织特别是有意愿干预的大国参与其中。世界范围内有不少国家和地区存在人道主义危机,而大国干预只能而且必然会以自身的利益为出发点选择某些国家进行干预。同时,还有一个

---

❶ Aidan Heir.The responsibility to Protect in international Political Discourse:Encourging Statement of Intent or History Platitudes? [J]. International Journal of Human Rights, Vol.15.no..8,pp.1329-1346.

❷ 谁还记得利比亚? [EB/OL]. [2014-08-20]. 凤凰网, http::// news.ifeng.com/mil/special/libiyazhanzheng/.

值得注意的现实是,由于力量弱小且被分散,联合国专门的人权机构在发生人道主义灾难的地方并没有发挥实质性的积极作用。这也说明当前以联合国为主导的国际人权制度存在不小的缺陷,而"保护的责任"在实践中的运用暴露了甚至可以说强化了这一制度的缺陷。要克服"保护的责任"在实践中被西方大国歪曲和滥用的危险,联合国必须增强其自身的能力,并且要调整和完善其人权国际保护的结构。

第三节 "保护的责任"下的主权与人权关系

从历史的发展来看,主权观念和人权观念在相当长的时期内是各自发展的。17—18世纪资产阶级大革命才将两者真正的联系起来成为人类社会发展中一项重要的议题。但由于人权一直是主权国家管辖的内部事务,因此两者并无矛盾。第二次世界大战结束后,随着人权国际化的发展,人权才真正进入国际关系领域。但此时两者的矛盾并不突出。直到冷战结束后,传统的主权观念受到极大的挑战,西方国家借助人权干预主权,才使主权和人权之间的矛盾日益突出,成为国际关系的一个重要的问题。尤其是在如何应对国际干预问题上,西方发达国家和发展中国家对主权和人权关系采取了不同的立场:西方发达国家重点关注人权,强调"人权高于主权";而发展中国家则坚持国家主权原则,认为"人权绝对不能高于主权"。"保护的责任"作为21世纪国际干预理论的重要组成部分,试图消解主权和人权这种紧张的关系,并寻求使两者之间达到一种适当的平衡。近年来,随着西方大国对非洲几个发展中国家进行军事干预,"保护的责任"正从理论变为现实。如何化解"保护的责任"下主权与人权的关系,本部分尝试探析这个问题,并在最后用中非共和国的案例对"保护的责任"对被干预国造成的影响进行评估。

一、主权与人权关系的演变及其争论

通过对主权和人权的历史发展进行比较和比较,笔者认为两者关系的演变历经了三个阶段:

第一个阶段是17世纪至第二次世界大战结束之前。在17世纪之前,主权观念和人权观念是各自独立发展的,虽然思想家们有时会将主权和人权联系到一起,但由于当时的人权与主权的概念尚不成熟,其认识也是较为粗浅和直观,并不是现代意义上的主权与人权的关系。而到了17世纪,人权开始一直从属于

主权,并被局限在一国范围之内,是一国内部管辖的事项。1648 年的《威斯特伐利亚条约》是主权和人权开始产生联系的标志。该条约首先确立了现代意义上的主权原则,表明主权——即主权者在既定领土上拥有的排他性权利——已经得到了普遍的接受。主权国家在各自地理范围内拥有全面管辖权,同时不应当干涉其他国家的内部事务。[1] 除此之外,该条约也明确涉及了保障人权的内容。最重要的一条是,德意志、法国等信奉新教地域的民众的宗教信仰是自由且平等的。随后,洛克和卢梭等"自然权利学说"的集大成者在他们的著作中也重点论述了国家和个人的自然权利之间的关系。特别是卢梭的《社会契约论》所阐述的"人民主权"思想,认为"国家的主权在人民,人民是主权者"[2],使主权和人权的关系进入到了一个新的发展阶段。该思想直接影响了美国和法国资产阶级革命,使主权观念和人权观念首次被结合起来应用于实践。776 年美国独立革命期间发表的独立宣言是人类历史上首个将维护主权和独立与保障人权这两者有效联系起来的宣言[3],该宣言首次指出了主权国家的重要义务是保障人权。而1789 年法国的《人权与公民权宣言》则首次将保障人权引入到国内法领域,"人民享有国家主权,主权国家保障国内人权"从此在法律层面上得以确定。到第一次世界大战结束之初,人权的国际保护开始有从国内领域发展到国际领域的趋势,但仅仅限制在宗教权利和劳工权利等分散且相对次要的问题领域,影响不是很大。而二战期间德意日等法西斯粗暴侵犯人权的罪行真正促使人权走向国际化。实际上,在这一阶段人权开始对主权进行限制。因为主权在 1648 年的《威斯特伐利亚和约》被确立为国际法的基本原则,远比人权在 1789 年法国的《人权与公民权宣言》被确立为国内法原则要早,作为法律意义上的人权必然对主权构成挑战。当然,由于此时人权尚未真正进入国际法领域,它只能对国家主权中的对内主权形成限制,即要求主权国家采取措施以更好的保障人权。

第二个阶段是冷战期间,人权开始真正地进入国际法领域,主权和国际人权保护的法律体系平行发展,人权仍从属于主权。1945 年,50 个主权国家共同签订的《联合国宪章》对人权和主权都有所涉及,它们分别是联合国设立的主要宗旨和遵循的主要原则[4]。《联合国宪章》是当前国际社会同时规定主权原则和人

---

[1] [美]卡伦·明斯特.国际关系精要[M].潘忠岐,译.上海:上海世纪出版集团,2007:25-26.
[2] [法]让·雅克·卢梭.社会契约论[M].何兆武,译.北京:商务印书馆,1997:35.
[3] 刘杰.经济全球化时代的国家主权[M].北京:长征出版社,2001:200.
[4] 《联合国宪章》第一条"联合国之宗旨"第 2 款:"发展国际间以尊重人民平等权利及自决原则为根据之友好关系",第二条"应遵循的原则"第 1 款:"本组织系基于各会员国主权平等之原则"。参见《联合国宪章》:http://www.un.org/zh/documents/charter/chapter1.shtml。

权原则的权威性最高的法律性文件。此后,在联合国的主导下,各国又共同通过了一些具体涉及主权和人权的解释性的文件和条约。主权方面的文件和条约主要包括:《国际法原则宣言》(1970)、《各国经济权利和义务宪章》(1974)和《不容干涉和干预别国内政宣言》(1981)。人权方面的文件和条约主要包括:《世界人权宣言》(1948)、《经济、社会和文化权利国际公约》(1966)和《公民权利和政治权利国际公约》(1966)(国际人权两公约),这三个文件被称为"国际人权大宪章",在当今国际人权保障机制中居于核心的地位。人权原则和主权原则都在国际法上得到了加强。

值得指出的是,二战结束后西方国家和发展中国家在人权问题上开始产生争论。二战结束之初,由于很多发展中国家尚未摆脱西方国家的殖民统治,它们作为整体难以与西方国家抗衡,所以像《世界人权宣言》这样的文件体现的更多的是西方国家所倡导的人权观念。西方国家的人权观强调公民的个人权利,贬低经济、社会和文化权利,对集体权利保持异议。到20世纪60—70年代,众多发展中国家纷纷摆脱殖民统治实现民族独立,它们要求联合国等国际组织更多地考虑发展中国家的人权主张。它们认为人权应当是一个整体,个人权利与集体权利,政治权利和经济权利是相辅相成,尤其是强调生存权和发展权的重要地位。在新的国际背景下,发展中国家推动西方国家在人权问题上实现了让步,例如在1966年的国际人权两公约及后续的决议和宣言中加入了体现发展中国家特点的民族自决权、发展权等集体人权的内容。就此,发展中国家作为一个整体推动主权和人权关系的发展,不仅成为冷战期间美苏不可忽视的力量,也更好地保障了本国的主权和人权。20世纪70—80年代,随着西方新自由主义思潮的兴起,西方开始提出人权与国家主权的异质性主张,试图在理论上论证人权超越主权的合理性。[1] 20世纪70年代末期,美国总统卡特将人权提上了美国对外政策的议事日程,但其及此后的里根政府的人权外交主要是针对苏联为首的东方阵营,并完全从属于美国与苏联争霸的全球战略,并未针对到发展中国家的人权问题。不过总体来看,冷战期间的人权仍然是国内管辖之事项,也就是说人权是从属于主权的。

第三个阶段是从冷战结束至今,人权与主权之间发生矛盾和冲突。20世纪90年代初,随着作为重要抗衡力量的苏联的解体,西方国家开始大胆地把它们的理论主张应用到实践,借机炮制"新干涉主义",以拯救人道主义灾难的名义运用军事手段对索马里和科索沃等地进行干预。人权由此成为国际关系的焦点

---

[1] 刘杰.人权与国家主权[M].上海:上海人民出版社,2004:88-89.

问题,但它在这些干预实践中却呈现了许多矛盾。这些矛盾体现在:国际人权保护效力的非强制性与某些恶性侵犯人权事件需要强制性国际保护的矛盾;国际人权保护适用范围的普遍性与发展中国家人权问题的特殊性的矛盾;国际人权保护的国家主体性与非授权的人道主义干预的矛盾即人权与主权的矛盾;发展中国家的现状、理念、理论与发达国家推行西方的人权、价值观念和人权制度的矛盾。❶ 这些矛盾集中表现在人权与主权、集体与个人权利、经济权利与政治权利的关系上。其中最为突出的矛盾是主权与人权的关系。国际社会在认识和处理人权与主权之间孰先孰后或孰轻孰重的问题上产生了严重的分歧。西方发达国家坚持人权高于主权,而众多的发展中国家则多认为主权应当是实现人权保护的基本保障。由于西方国家在国家实力及国际体系中占绝对优势的地位,它们在推行"新干涉主义"的过程中以保护人权为借口大肆插手发展中国家的国内事务,侵犯发展中国家的主权,使得人权在其国际化进程中产生了许多负面影响,人权与主权之间的矛盾日益激化。同时,发展中国家就陷入被动的境地。一方面其实力难以与西方大国抗衡,另一方面西方大国又利用各种手段对其保障主权和人权的意愿和能力进行削弱。这充分暴露了冷战结束后西方发达国家在主权和人权关系上占据优势的地位,在具体问题方面有更多的主动权和灵活性。它们将主权和人权关系与具体的政策(如人权外交)联系在一起,在向众多发展中国家主动发动人权攻势的同时,又在主权和人权关系上奉行多种双重标准以充分实现自身的战略利益。面对这种不利的状况,发展中国家原本关于主权和人权关系的立场受到极大的冲击。与此同时,它们对西方国家以"人权高于主权"为名肆意干涉发展中国家的行径极为不满,这导致国际社会在国际干预问题上的分歧日益明显。为此,联合国倡导世界各国采用"保护的责任"理念以在主权和人权关系问题上达成新的国际共识。

二、"保护的责任"下主权与人权的关系

如上所述,冷战的结束加强了主权和人权之间的冲突。这一方面是由于主权和人权在概念和内涵上不断地得到丰富和发展;另一方面是由于美国等西方国家趁机采取人权外交和提出"新干涉主义",以"人权高于主权"对众多发展中国家进行干预,导致国际社会在干预问题上产生重大分歧。由此,如何缓解主权和人权之间的紧张关系成为国际社会在干预问题上达成共识的关键。在此背景

---

❶ 刘青建.当代国际关系新论——发展中国家与国际关系[M].北京:清华大学出版社,2004:131-132.

下,"保护的责任"采用了"负责任的主权"的概念,试图在主权和人权之间寻求一种适当的平衡。

通过前文对"保护的责任"的主权观和人权观进行的分析,我们可以发现:无论是国家主权意味着责任或主权应该被加强,还是人的安全或人的发展,都是围绕"负责任的主权"这一概念展开。那么"负责任的主权"如何使主权和人权之间达到一种恰当的平衡?要回答这一问题,我们首先要探求"保护的责任"提出之前的主权与人权的关系在理论表述(应然)和实践表现(实然)的差别。

在理论上,人权和主权的发展有其自然的轨道,解决主权和人权的问题必须遵循其本身固有的逻辑。这一基本逻辑是:人权问题必须放在主权的框架下进行解决。之所以应当遵循这种逻辑,其原因在于:首先,从国际法的角度看,主权原则比人权原则在国际法中的地位更高。主权原则是一项国际公认的国际法的基本原则,它适用于国际法所涉及的所有领域。而人权原则虽然也是国际法的重要原则,但它仅仅适用于国际人权法领域,并且即使在这一领域也必须以主权原则为基础。[1] 其次,从国际关系的角度来看,国家主权原则是不可被超越的国际关系的基本准则,而人权问题从根本上属于主权国家内部的事务。一个最重要的现实是,主权国家本身是最有条件且最有意愿来保障本国民众的人权,其他国家或国际组织只能发挥补充性的作用。并且由于各国在政治、经济、文化和社会状况的发展水平不同,特别是发展中国家和发达国家在看待及保护人权的方式上有很大的差别,不可能以同一标准强加给不同的国家。不同国家解决人权问题的方式主要还是取决于当事国及人民的意愿及能力。

而在实践中,美国等西方发达国家倡导人权外交和"新干涉主义",以"人权高于主权"的名义对众多发展中国家进行干预。它们粗暴地侵犯了这些国家的主权,并进一步恶化了当地的人权状况。另外,它们的行为本身也不合法。它们首先直接侵犯了作为国际法基本原则的国家主权原则,而且国际人权法也从没规定可授权一国去干预另一国的人权问题。

通过对比,我们可以发现冷战结束后人权和主权关系在理论和实践上的背离。笔者认为这种背离的原因在于人权随意地进入国际政治和外交政策领域。换句话说,国家主权的外壳在人权的这种缺乏限制的冲击下显得十分脆弱,而增强国家主权外壳的硬度是解决这一问题的关键。而"保护的责任"正是国际社会为应对这一问题所作出的努力。"保护的责任"就寻求增强国家主权外壳的

---

[1] 杨泽伟.主权论——国际法上的主权问题及其发展趋势研究[M].北京:北京大学出版社,2006:148.

硬度,以此来缓解主权和人权之间的紧张关系。

"保护的责任"对国际社会关于国际干预争论的主要贡献在于概念领域。[1] "保护的责任"的核心概念为"负责任的主权"。这一概念通过把主权和人权的关系与干预很好地融合在一起,在重新阐释国家主权的同时强调其对人权的责任及义务。"保护的责任"下主权和人权关系可以从以下几个方面进行理解。

首先,"保护的责任"是在现存的国际法中寻求国际干预的依据,而这些依据同时包含主权和人权方面的内容。根据"干预与国际国家主权委员会"的报告,"保护的责任"的基础或国际干预的依据为:主权概念中内在的责任或义务;《联合国宪章》第二十四条关于维护国际和平和安全的内容;人权保护的宣言及条约;以及联合国、地区组织和世界各国在实践中正在应用的方法等。[2] 这四个依据并没有先后主次之分,说明主权和人权对于"保护的责任"来说是同等重要。

其次,"保护的责任"下的主权和人权是相互交织在一起的,虽然有其他国家、联合国及其他新的行为体,但主权国家仍然是尊重和保护人权的关键。在"二战"后日益相互依赖的国际大环境下,传统的绝对主权的观念受到侵蚀,而人权也不再单单是一国的国内事务。主权和人权都应实现从"权利到责任"的转换,并且它们两者并不是冲突的,而是相互存在关联性。"始终如一的是,实际尊重人权的关键仍是国家法律和惯例,法治的前线防御由主权国家的司法系统施行效果最好。这些系统应是独立的专业的并拥有适当资源,只有在国家的司法系统不能或不愿采取行动对反人类罪进行审判时,普遍司法管辖权及其他国际选择才应发挥作用。"[3]

最后,"保护的责任"下的干预与国家主权的关系并不是难以调和的,该理念产生和发展的基础是调节为保护人权的干预和主权的关系上形成更广泛意义上的共识。"保护的责任"因此是一个在干预和主权之间进行连接的一个概念。人们越来越认可和接受这种观点:即保护民众的生命不受侵害的责任是主权进行保障的。如果一个国家不能或不愿意保护它的人民不受到四种特定的侵害,那么在特殊的情况下,可能就需要国际社会为了保护人权而进行干预,特别是包括最终采取军事干预的手段。接下来,笔者将以中非共和国为例来探讨"保护的责任"下主权与人权的关系问题。

---

[1] Amitav Acharya,Redefining the Dilemmas of Humanitarian Intervention[J].Australian Journal of International Affairs,2002,56(3):373-381.

[2] ICISS.The Responsibility to Protect[R].Ottawa:International Development Research Center,2001:6.

[3] ICISS.The Responsibility to Protect[R].Ottawa:International Development Research Center,2001:14.

第四节 "保护的责任"下的主权与人权问题
——以中非为例

中非共和国位于非洲大陆的中央地带,是世界上最不发达的国家之一。根据世界银行2013年的数据显示,中非共和国属于低收入国家,其GDP增长率长年低于世界平均水平,贫困人口比例高达62%。❶ 中非共和国又是世界上最不稳定的国家之一,该国政局长期处于动荡状态,政府能力脆弱,众多平民的人权特别是基本人权都得不到保障。受到各方面因素的影响,中非共和国所发生的人道主义危机长年备受国际社会的忽视,联合国潘基文甚至担忧"卢旺达大屠杀"式的悲剧有可能在该国重演。❷ 自2013年年底以法国为代表的国际社会运用"保护的责任"对中非共和国进行军事干预以来,国际社会开始重视中非共和国的主权和人权问题。为了最终解决中非共和国面临的危机,国际社会有必要寻找到解决这些问题的出路。

一、中非共和国的主权和人权问题

近几年来,中非共和国陷入危机主要是受到2012年年底起国内政治和解进程的变化的影响。由于中非共和国人道主义局势的不断恶化,2013年年底,法国等国推动联合国安理会通过了有关中非局势的第2127号决议授权法国对中非共和国的人权问题进行干预。❸ 随后,法国立即启动了对中非局势的干预行动,联合国和欧盟也相继派出了维和部队。到目前为止,由于中非局势仍不稳定,法国、联合国和欧盟对中非的干预行动仍未停止,这对中非的主权和人权也带来了一定的影响。

在主权方面,中非共和国的国家主权进一步被弱化。根据联合国所支持的"和平基金会"(The Fund for Peace)的年度"脆弱国家"报告显示,2012年以来,中非共和国的国家脆弱程度正在不断增加(见图3-2)。

---

❶ 中非共和国数据[EB/OL]. http://data.worldbank.org.cn/country/central-african-republic.
❷ 突访中非共和国 潘基文呼吁勿使"卢旺达大屠杀"悲剧重演[EB/OL].[2014-08-23]. http://china.huanqiu.com/News/mofcom/2014-04/4956554.html.
❸ Security Council, Resolution 2127 (2013), Adopted by the Security Council at its 7072nd meeting, on 5 December 2013, United Nations, S/RES/2127 (2013) [EB/OL]. http://www.un.org/zh/documents/view_doc.asp? symbol = S/RES/2127 (2013) &referer = http://www.un.org/zh/sc/documents/resolutions/2013.shtml&Lang=E[2014-8-23].

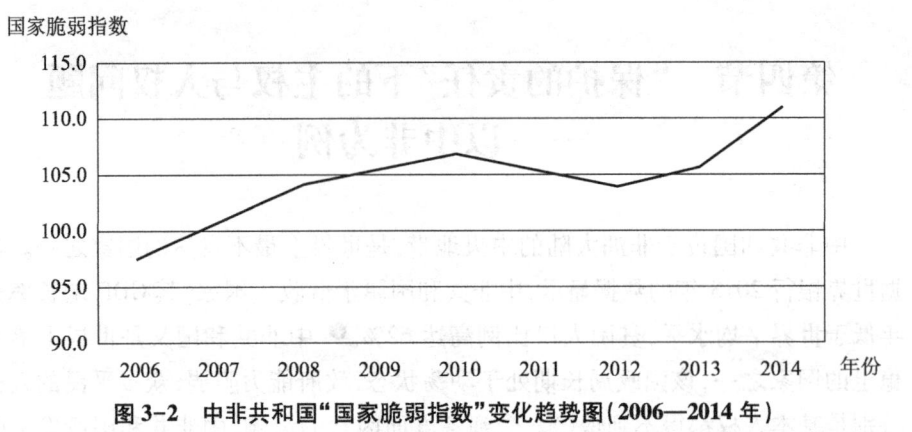

图 3-2　中非共和国"国家脆弱指数"变化趋势图(2006—2014 年)

注:一旦"国家脆弱指数"超过100,即表示该国处于"高危"级别。2006年以来,中非共和国一直排在最脆弱国家前十名范围内(详见表3-1)。

中非共和国的国家脆弱程度正在不断增加的一个重要原因是政权更迭频繁,国内政局持续动荡不安。2012年年底,中非的反政府力量"塞雷卡"与政府军发生内战,导致总统博齐泽下台,"塞雷卡"领导人多托贾自任为总统。2013年4月,中非共和国全国过渡委员会选举多托贾为临时总统。2014年1月,由于"塞雷卡"(Séléka)与"反巴拉卡"(又称反砍刀组织,Anti-Balaka)派别的冲突日益激烈,多托贾被迫下台,桑巴-潘沙(Samba-Panza)则被选举为临时总统。虽然新总统的上台促使"反巴拉卡"和"塞雷卡"于2014年7月23日在布拉柴维尔达成的停止敌对行动协议,但该国政治和解进程的前景不容乐观。由于按计划于2015年2月举行自由、公正、透明和包容的总统选举和立法选举,各武装团体政治代表之间为了竞争部长级职位及军事指挥官之间为了争夺资源控制权,各武装内部派别之间的内斗不断增加。例如,活跃于该国的各主要武装团体日益分化,中非复兴人民阵线(代表前塞雷卡的新政治结构)最近发生内爆,这对稳定政治环境构成重大挑战。

另外,受到国家安全部队的结构性弱点、武装团体的出现和分化、"道匪"现象、建立武装自卫团体,以及轻武器和小武器自由流通等因素的影响,中非有被分裂的危险,国家长期的不安全也促使该国的国家主权的脆弱性的增加。尤其是国家安全部队的结构性弱点,它是促使后面这些因素不断加剧的决定性因素。中非的国家安全部队以族裔为基础进行招募,旨在巩固权力。但这也造成了一个问题,那就是一旦来自不同民族的总统当选,首都的国家安全部队就被换成该总统同民族的军队。前总统的任命的国家安全部队就会被调到地方,由此很容易形成军阀割据,并影响中非整体武装力量的凝聚力和增加国家进一步被分裂的危险。

在人权方面,中非共和国的人权状况并没有得到真正地改善,反而呈现恶化的趋势。由联合国安理会根据2127号决议所设的中非共和国问题专家小组的最终报告显示:该国共有460万人口,其中约250万需要人道主义援助。从2013年12月5日至2014年8月中旬,在记录的总共1034起与冲突有关的事件中,有247起涉及阻挠人道主义援助。在同一期间,小组还在其数据库中记录了全国各地3003名平民被杀,包括22名援助人员。❶

虽然法国、联合国和欧盟以"保护的责任"对中非进行了军事干预,但并没有促进该国人权状况的改善,其原因主要包括三个方面:

其一,中非共和国国力软弱,国家的司法和执法系统难以发挥实际而有效的作用,导致该国人权状况不断恶化。在过去的20年中,中非共和国经历了一些大规模侵犯国际人权法和国际人道主义法的兵变、叛乱和政变。面对这些严重和经常性的侵犯人权行为,很少对这些行为的嫌疑肇事者进行起诉。颁布几项大赦法,尤其是1996年5月30日、1997年3月15日和2008年10月13日颁布大赦法,加强了这种事实上的有罪不罚现象。在前"塞雷卡"执政期间,国家的司法和执法系统受到极大的破坏,许多法官被杀害,在全国38所监狱中仅有四所在正常运作,国司法的公信力严重受损。❷

其二,教派间的紧张关系和相互报复导致人道主义灾难。当前,中非共和国的教派间冲突陷入循环的趋势:先是长期遭受边缘化的穆斯林青年组成"塞雷卡"武装对基督徒聚居地进行攻击,导致信仰基督教的青年组成"反巴拉卡"武装进行报复。虽然后来"塞雷卡"已经解散,但"巴拉卡"仍不断发动对穆斯林平民的攻击,并与前塞雷卡成员相互报复。这些残忍的暴力行为影响了全国人口,导致了严重的人道主义灾难。❸

其三,中非共和国长期存在基于族裔、种族或民族的歧视。自1985年以来,中非共和国未向消除种族歧视委员会提交任何报告。2003年的全国对话未讨论该问题。然而,族裔在权力管理中发挥重要作用,例如,在科林巴将军执政时,

---

❶ 《安全理事会第2127(2013)号决议所设中非共和国问题专家小组的最后报告》,联合国文件(S/2014/762),摘要,2014年10月。

❷ 《联合国人权事务高级专员关于中非共和国人权状况的报告》,联合国文件(A/HRC/25/43),2014年2月。

❸ 联合国网站:《特别代表盖伊举行记者会 呼吁中非共和国冲突各方放下武器》,http://www.un.org/chinese/News/story.asp? NewsID=21945,访问时间:2014-8-24。

其种族亚科马族的成员占军队总人数的70%,而他们仅占人口的5%,根据消除种族歧视委员会的资料,他们在行政机构中也占主导地位。[1]而在"塞雷卡"执政时期,占统治地位的穆斯林在中非总人口中只占5%。另外,中非共和国的历届政府都奉行对少数族裔如穆斯林的事实上的歧视政策,使其在资源及权利获取上处于不利的地位,这也促使他们为追求更多的权益走上反抗政府的道路。

通过以上的分析可知,受到政治、经济和社会等多重因素的影响,中非共和国人权问题长期存在,直到现在这些问题仍然未得到解决,甚至还陷入不断恶化的境地。实际上,中非共和国人权问题的产生和发展呈现一个怪圈:首先是国家主权脆弱,难以有效保护本国国民的人权,因此该国发生人道主义危机的可能性很大;其次,一旦该国发生人道主义侵害的事实,特别是涉及种族灭绝、种族屠杀、战争和侵略等罪行,国际社会就可以"保护的责任"对该国进行军事、外交和经济等多种手段的干预;最后,就现实结果来看,西方大国主导的这些干预并未缓解该国国民的人权状况,反而激发了该国在民族和宗教等领域更多的矛盾,该国的国家主权则进一步被削弱。这充分说明,国际社会中的西方大国以"保护的责任"进行的干预并未解决中非共和国主权脆弱和人权恶化的问题。

二、对中非共和国主权和人权问题的思考

总体来说,法国、联合国和欧盟以"保护的责任"的名义对中非实施的军事干预行动对该国的主权和人权造成的影响是:其国家主权进一步被弱化,人权状况也未得到明显的改善。而"保护的责任"在实现保护人权的目的的同时,重在提高被干预国家自身承担国家保护的责任的能力。结合前文的分析可知,国家能力的提升是实现人权保障的重要基础,在现有条件下人权问题须在主权框架下解决才能取得良好的效果。而当前的中非共和国的政府的确是属于无力的状态(脆弱政府),由此,根据以上分析和"保护的责任"的相关文献,"保护的责任"下中非共和国主权和人权问题的根本途径在于:国际社会应真正承担起国际保护的责任,其最终目标是帮助被干预国政府提升其国家能力,使其能更好地保护本国平民的人权。

实际上,在现有的与"保护的责任"下中非危机相关文本中已有对这一问题做出有益的探索,目前缺乏的只是在实践中得到更好的贯彻和执行。在这些文本中,最终促使"保护的责任"在中非共和国实施的2127号决议无疑是最有权威性的。它强调"中非共和国当局负有保护居民和确保领土安全与统一的首要

---

[1]《消除种族歧视委员会的报告》,联合国文件(A/48/18),第148段,1993年9月。

责任,强调它有义务确保国际人道主义法、人权法和难民法得到尊重"。❶ 为此,它把提升中非共和国过渡当局的领导力作为整个"保护的责任"实施的关键。该决议的一个重要决定是成立中非国际支助团(后于2014年9月升级为联合国驻中非共和国多层面综合稳定团,或称联中稳定团),在其规定的职责中很好地体现了这一点。其职责主要有五个方面:通过采用适当措施保护平民和恢复安全与公共秩序;国家实现稳定和在全国各地恢复国家的权力;创造有利条件,为需要援助的人提供人道主义援助;过渡当局领导和中非建和办协调的复员方案或复员遣返方案进程;国家和国际社会在过渡当局领导和联合国中非共和国建设和平综合办事处(以下简称"中非建和办")协调下改革和重组国防和安全部门的努力。❷ 而这里所提到的中非建和办系于2010年1月在中非共和国部署,其基本职能是帮助中非共和国的政府巩固和平和加强民主体制。而自2012年底起中非共和国局势发生重大变化,该机构不得不调整其工作重点,联合国安全理事会通过了第2121号决议,加强和修正了该机构在五个领域内的任务:支持执行过渡进程;支持冲突预防和人道主义援助;支持稳定安全形势;促进和保护人权;协调国际行为者参与执行这些任务。❸

当前,国际社会介入中非局势并承担国际保护的责任主要通过以上提到的两个机构:中非建和办和联中稳定团。通过上面的分析可知,它们的基本职能都是以提升中非共和国的政府应对"保护的责任"的能力而展开的。而要提高中非共和国更好地承担国家保护的责任,国际社会需要在提升这两个机构的工作效率和执行能力的问题上要有所突破。但无论它们做出何种决策和展开何种行动,都必须以提升中非共和国自身承担国家保护责任的能力为前提,在主权的框架下去解决人权问题才是正确的出路。

---

❶ 《中非共和国局势》,《联合国决议》(S/RES/2127),第21段,2013年12月。
❷ 《中非共和国局势》,《联合国决议》(S/RES/2127),第28段,2013年12月。
❸ 《中非共和国局势》,《联合国决议》(S/RES/2121),第28段,2013年10月。

第四章 实施主体的问题:国家、国际社会

"保护的责任"是一个尚在发展中的国际规范,其许多概念和内容还较为模糊。而正是这种状况直接引发了国际社会关于"保护的责任"的广泛争议。其中一个主要的争议是:谁是履行"保护的责任"的主体?更进一步说,在国际社会层面由谁来作为"保护的责任"的实施主体?首先可以确定的是,首要的"保护的责任"是由遭受人道主义侵害的民众的所属国承担。而对于当该国无力或不愿保护其民众的人权时国际社会中有谁来介入对其进行干预的问题上,当前国际社会尚未达成一致的共识。本章将对"保护的责任"的实施主体——进行分析,试图寻求当前这一问题之所以会引发众多争议的原因,并对"保护的责任"的实施主体之间的关系进行探索。由于"国际社会"作为实施主体过于抽象而宽泛,笔者其中最重要的四个部分——普遍性国际组织、区域性组织、非政府组织和域外大国进行分析。

第一节 "保护的责任"下的主权国家

"保护的责任"的首要实施主体是每个主权国家,并且由它们承担保护其民众主权的主要责任,这在所有的"保护的责任"的文本中都有明确的规定。谈及主权国家如何履行保护其国民的人权,就有必要对主权国家进行管理和统治的整体功能及所承担的职责,即对国家职能进行分析。从国家职能发挥作用的领域来看,它主要包含对内和对外两个层面。对"保护的责任"下的主权国家及其职能进行分析,可以发现其在理论和实践上存在较大的矛盾。这种矛盾主要体现在两个方面:一是主权国家的对内职能与人权保护,二是主权国家对外基本职能与国际干预。在此基础上对国家保护责任的推进过程进行分析,最后来探讨当前主权国家在承担"保护的责任"时存在的问题。

一、主权国家的对内职能与人权保护

主权国家的对内职能主要涉及主权国家如何对国内的政治、经济、文化和社会等事务进行治理。根据国家活动的类别，主权国家的对内职能可以进一步被划分为政治职能、经济职能、文化职能和社会职能。对主权国家的对内职能与人权保护之间的关系进行分析可知，它们之间的关系主要包括以下两个层面。

在理论层面，主权国家的对内职能使人权保护的内容得以具体化，并且为人权保护的实现提供保障，而人权保护也反过来能促进主权国家的对内职能的行使更加合理和高效。这主要体现在：

一方面，自现代民族国家建立以来，保护人权一直是主权国家的基本责任，并且一直在其对内职能的行使范围之内。人权是每个人都应当享有的权利。然而在现实社会中，由于受到各种因素的影响，个人甚至集体的人权往往都会受到各种行为主体，包括政党、社会团体和企业等的侵犯。在一国范围之内，人权必须依靠权威性最高的主权国家自身来得以实现和维护。由此，在一定意义上说，尊重和保护人权是主权国家赖以存在和发生作用的基础，而主权国家又可以为人权的保护提供可靠的保障。

到目前为止，人权保护首先依然绝对是主权国家内部的管辖事项。这个在主权国家的对内职能的范围中得到了体现。任何主权国家的对内职能都包括政治、经济、文化和社会等四个方面。政治职能一般是指国家机器通过运用国家所具有的对内至高无上的权力资源（例如，法律、行政权、军队和警察）来行使控制性的功能。[1] 所对应体现的人的政治权利包括选举权、言论、集会游行和示威等的自由。经济职能是指国家作为主体对国民经济进行整体的协调、规划和监督的功能。所对应体现的人的经济权利包括财产权、劳动权和继承权等。文化职能是指国家以文化和思想对国民的价值观进行影响的功能，所对应体现的人的文化权利包括与文化相关的享受权、参与权、创造权和成果的受保护权等。社会职能是指国家依据一些社会制度及规范，以特定的方式来维护社会的稳定及协调社会各主体之间的关系。所对应体现的人的社会权利包括健康保护权、社会保障权和环境权等。这充分说明国内人权的内容因主权国家的对内职能变得更加具体，从而有助于国家对人权的保护。

另一方面，人权保护也相应地能促进主权国家对内职能的转变和发展。当今世界绝大多数国家都将尊重和保护人权写入了宪法，以宪法的高度为主权国

---

[1] 刘昌明.全球化与当代国家政治职能[M].济南：山东大学出版社，2006：37.

家保障其人权进行了最权威的确认,由此人权成为国家权力的顺利运行提供了法理依据。而宪法规定的尊重和保护人权原则就使国家权力机构的设置及其运行要朝着有利于保障人权的方向发展。当前,在联合国的积极支持和推动下,世界许多国家为了更好地实现保护人权的要求,纷纷设立了形式多样化的国家人权保护机构。自1977年新西兰第一个成立国家人权委员会之后,欧洲、亚洲、美洲及非洲等发展程度不同的众多国家依据自身的国情建立了人权委员会体制。这些国家人权保护机构给国家对内职能带来的影响包括:首先,它能补充国家机关对于人权保护的一些功能,特别是能参与解决一些国家机关难以处理的问题;其次,它能对国家机关在涉及保护人权的工作进行有效的监督;最后,它能倡导整个社会形成有利于人权保护的文化氛围。❶ 由此,主权国家的对内职能就因人权保护制度的发展而在保护人权的活动中变得更有效率。

在实践层面,由于世界各国的发展程度的不同,每个主权国家在行使对内职能以保护人权的能力及意愿也大不相同,这就会造成某些国家损害其本国民众的人权。这主要体现在:

一方面,发达国家和发展中国家在保护其民众人权的基本条件上存在较大的不同:发达国家经过几百年的发展,人权状况普遍较好;而发展中国家,特别是撒哈拉以南非洲的一些脆弱国家,它们自身民众的基本人权都难以得到保障。由此,这就形成了主权国家行使对内职能在人权保护问题上的南北差异。

由主权国家对内职能的内容来看,其保护人权需要具备四个条件。一是主权国家需要强大的政治控制力。即该国的政府在其国内拥有最高的权威,能够有效地对国内人民及各项事务进行统治和管理,同时政治局势也能够保持稳定,国家不会陷入分裂和混乱。二是主权国家要有强大的经济实力。该国要在长期内保持正常的国内经济秩序,并能够促进国家经济的发展,同时人民的生活水平得到提高,财产权等个人经济权利得到有力的保障。三是主权国家要有稳定的社会环境。国家要建立和健全保持社会稳定的制度或者规范,使与民众个人的基本社会权利相关的诸如社会保障得到实现。四是主权国家要建构起尊重和保护人权的良好文化氛围。只有让主权国家的所有民众认识到保障人权的重要价值,该国的人权保护才会不断向前发展。根据以上四个条件,由于发展中国家其自身历史及现实的原因,它们往往难以有效保护人权。而发达国家在政治、经济、社会和文化等方面都相对强于发展中国家,并且它们经过数个世纪的发展,人权状况普遍良好。

---

❶ 韩大元.国家人权保护义务与国家人权机构的功能[J].法学论坛,2005(6):7-8.

另一方面,由于众多发展中国家的脆弱性程度较高,它们缺乏相应的能力或意愿以保障其国内民众的人权。尤其是当该国爆发内战或民众进行抗议活动难以得到控制之时,它们极有可能使用暴力手段对民众的人权进行侵害。

冷战结束后,由于两极格局的解体,传统的大规模战争爆发的可能性下降,而国家内部冲突发生的频率上升。由于国内冲突所涉及的宗教和民族等问题的复杂性,普通民众的人权比原来更容易受到侵害。该国的合法政府往往集中关注与反政府武装的较量上,而极容易忽视对民众人权的保护。而且,在冲突中力量不断得到削弱的合法政府在这种情况下也难以采取保护民众人权的措施。实际上,这种脆弱国家已对人权保护持消极的态度。另外,如果一旦冲突恶化,或者民众发起抗议活动,该国的合法政府在难以控制局势的情况之下会对民众的人权造成直接的损害,例如,2011年的利比亚战争。有证据显示,利比亚卡扎菲政府的军队在"愤怒日"向抗议民众开火,并且在与反对派武装的冲突中袭击平民的目标。❶

由此,就主权国家的对内职能与人权保护的关系来看,"保护的责任"下的主权国家在理论和实践上存在较大的矛盾。在理论上,主权国家的对内职能确认了主权国家有保护人权的首要责任,并且人权也能积极促进主权国家对内职能的优化;在实践上,广大的发展中国家与发达国家在保护人权的能力与意愿上有较大差距,而其中的某些脆弱国家甚至直接对其国内民众的人权进行侵害。

二、主权国家的对外职能与国际干预

主权国家的对外职能是指国家应保持独立、平等和安全,尤其是享有不受外部干涉的权力。它又可以进一步被划分为交往、保卫、代表和管理等四项职能。自主权国家产生起,它就与国际干预有着密切的关联。而且,从主权国家的对外职能与国际干预的关系来看,"保护的责任"下的主权国家在理论和实践上也存在不小的矛盾。

在理论上,主权国家的对外职能得到确立和行使即表明外部力量就不能对其内部事务进行干预,否则就直接损害了国家主权。因此,主权国家与国际干预在逻辑起点上有难以弥合的分歧。

一方面,就主权国家对外职能行使的内容来看,它体现了主权国家的活动不

---

❶ The office of the prosecutor,2011.International Criminal Court:Second Report of the prosecutor of the international criminal Court to the UN security Council pursuantto UNSCR 1970[EB/OL]. http://www.icccpi.int/NR/rdonlyres/2DD92A0A-AC5E-49D9-A223-5C50654F3C25/283921/UNSCreportLibyaNov201 lENGl.pdf.

应受到外部干预的侵扰。任何主权国家的对外职能都包括交往、保卫、代表和管理等四个方面,它们都是以维护本国对外独立的地位为出发点。其中保卫职能是最重要的职能,它表明主权国家需要维持自身的独立及领土完整,保障自身的安全。一旦主权国家受到外部的干预,首先要做的是抵御外部力量的冲击。另外,交往职能是主权国家对外交流和合作的首要目的,是为了给国内的和平与发展创造良好的环境。代表职能是主权国家在对外交往中代表该国唯一合法的代表主体。管理职能则是主权国家拥有处理与其他国家及国际组织等主体进行交往的功能。这后三个职能只能在保卫职能得以实现的基础上才能发挥作用。

另一方面,从历史发展及法理依据来看,1648年的《威斯特伐利亚和约》确立了现代意义上的主权国家,并以本质上认可了主权国家对外的独立性。这一和约表明:在每个国家内再也没有复合的忠诚和权威,一个国家内外只有单一的权威,外部干预是被禁止的。然而,值得注意的是,《威斯特伐利亚和约》并不像很多人所认为的那样:其标志着尊重主权不可侵犯的时代的开始。实际上,在承认主权国家拥有对外主权之时,就意味着没有国家或国际行为体能够对其他国家的内部事务进行合法性干预。从这个意义上说,1648年之后国际关系的实践并未和这一原则保持一致。威斯特伐利亚体系下的主权的实现明显只是在理论上可行。例如,自1648年到1815年,由于大国不断兼并小国,导致主权国家的数量不断减少。❶ 而且在18—19世纪,许多欧洲强国肆意践踏民族自决和主权不可侵犯的原则,对亚洲和非洲等所谓的"无主之地"进行占领和统治。欧洲的国际公法理念也因此显然只是在理论上可行的,且自相矛盾地促进了殖民主义的发展。❷ 直到1945年,50个主权国家在旧金山签订《联合国宪章》,并决定建立联合国这一普遍性的国际组织,主权平等和不干涉内政原则才得到普遍的承认。但需要指出的是,直到现在这些原则在国际法中从未得到真正意义上的尊重。

在实践中,所谓的国家主权平等原则和不干涉内政原则从未真正实现,不同的主权国家由于实力不同在国际舞台上所处的地位不同,由此所受到的影响也不相同。具体而言,发展中国家的对外职能的行使经常受到外部干预的干扰,西方大国的干预往往是这些国家维护和平与发展的不利因素。

在当今国际社会中,由于实力差距过于悬殊,西方大国一直都是主要的干预

---

❶ Hedley Bull. The Anarchical Society:A study of Order in World Politics[M].Basingstoke:Palgrave Macmillan;Columbia University Press,2002:17.

❷ Jean Cohen,Whose Sovereignty? [J].Empire Versus International Law,Ethics and international Affairs,vol.3,pp.1-24.

者,而发展中国家特别是最不发达国家因其实力的赢弱则成为主要被干预的对象。就近些年来西方大国进行的对外干预的案例来看,被干预国连最基本的主权独立和领土完整都受到了严重的破坏,甚至主权国家政府倒台,更别谈以此为主要内容的主权国家对外职能的正常实施。例如美国等西方大国对于阿富汗、伊拉克和利比亚的军事干预,这些干预行动促使被干预国的政权发生更迭,国内政局长期处于动荡不安,经济和社会不稳,普通民众的基本人权根本难以得到主权国家的保护。通过对这些案例的分析可知,西方大国往往是打着人道主义或反恐的旗号进行干预,但实际上它们的干预行动要么是为了资源,要么是消除对自己国家安全的某种威胁,其最终目的是为了维护自身的利益。这也就是当今世界的有些国家长期处于冲突之中,而西方大国只是有选择性的进行干预的主要原因。就目前的情况来看,发展中国家还会继续受到西方大国干预的现实不会得到根本的改变。作为21世纪以来一种新的国际干预理念,"保护的责任"似乎也未改变这一状况。但值得注意的是,"保护的责任"在各方的努力下不断向前推进,尤其是被干预的主权国家,它们在这一推进的过程中受到了前所未有的关注。

三、主权国家在"保护的责任"中的地位和作用

众所周知,主权国家仍然是当今国际关系中最基本的行为体。虽然主权国家正受到其他国际行为体诸如地区性政府间组织和非政府组织的挑战,但在可预见的时间内,它们都不可能代替主权国家在世界和平、发展和人权问题上发挥关键性的作用。而"保护的责任"作为一种国际干预理念,也必然反映当前国际关系的这一现实。根据前文的内容可知,"保护的责任"最为核心的部分是要使国际社会的干预理念实现从"作为控制的主权"向"作为责任的主权"进行转变,其理论建构主要围绕主权来展开的。而主权的行使者在当今世界中是单一主权国家,这就表明了主权国家在"保护的责任"理论体系中的首要地位。这种首要地位体现在:主权国家在其领土范围内承担保护其国民人权的主要责任。

主权国家在"保护的责任"中的首要地位在"保护的责任"的许多文本里都得到了明确的体现。2001年12月,干预与国家主权国际委员会的《保护的责任》报告就明确提出:"保护的责任"的第一个基本原则是"保护本国人民的主要责任是国家本身的职责"[1]。2004年12月,联合国威胁、挑战和改革问题小组也认为,"主权政府负有使自己的人民免受这些灾难(大规模屠杀和强奸、族裔清

---

[1] ICISS.The Responsibility to Protect[R].Ottawa:International Development Research Center,2001:8.

洗、蓄意制造的饥馑和故意传播的疾病)的主要责任"❶。2005年3月,时任联合国秘书长的科菲·安南在联合国大会所做的报告中也指出,"我们必须承担起保护的责任,并且在必要时采取行动。这一责任首先在于每个国家,因为国家存在的首要理由及职责就是保护本国人民。❷"2005年9月,《世界首脑会议成果》在此问题上给出了迄今为止最为权威的阐释:"每一个国家均有责任保护其人民免遭灭绝种族、战争罪、族裔清洗和危害人类罪之害。❸"需要指出的是,以上四个文件是"保护的责任"的基础性文件,即重在阐述"保护的责任"的理论内涵。而之后的文件,诸如自2009年以来联合国秘书长以此为主题所做的报告,都是在这四个文件基础上探讨如何落实"保护的责任"的问题。这些秘书长报告也是以承认主权国家在"保护的责任"理论体系中的首要地位为前提的。其中,2009年的《履行保护的责任》是把理论变成行动的基本纲领性文件。该报告认为,(保护的责任)"首先在于国家。这一责任的渊源既在于国家主权的性质,也在于原有且持续存在的国家法律义务,而不仅仅在于相对新近出现的对保护责任的阐述和接受"❹。2010年和2011年的报告分别叙述了提升联合国对"保护的责任"的预警及评估能力和区域和次区域安排对履行保护责任的作用,它们也是把主权国家保护的责任放在首位。2012—2014年的报告分别围绕"保护的责任"的三大支柱(及时果断的反应、国家保护责任、国际援助和能力建设)来阐述其实施的具体政策,它们都强调预防责任的重要性,而且都认为提升主权国家自身保护的责任能力是首要的。

需要指出的是,我们谈及的是主权国家对保护其国内人权负有首要的责任,即所有国家都有这个最基本的责任,可是说只是一个最为基本的国际共识。在当前的国际关系现实中,不同的主权国家在"保护的责任"中的地位是不同的,而且其所要承担的"保护的责任"的重点及要义也是有差别的。西方发达国家因其国家实力优势和在当前国际体系中的主导地位,自然在"保护的责任"的理论话语建构和政策实施过程中对发展中国家形成全面的压制。而且由于西方发达国家的政治、经济、文化和社会已经发展到比较完善的程度,而众多的发展中国家特别是欠发达国家尚在为维护其国家的独立和发展而奋斗,因此西方发达

---

❶ 联合国威胁、挑战和改革问题小组:《一个更安全的世界:我们共同的责任》,联合国文件(A/59/565),第54页,2004。

❷ 科菲·安南:《大自由:实现人人共享的发展、安全与人权》,联合国文件(A/59/2005),第33页,2005年。

❸ 《世界首脑会议成果》,联合国文件(A/RES/60/1),第27页,2005年。

❹ 潘基文:《履行保护的责任》,联合国文件(A/63/677),第11段,2009年1月。

国家比发展中国家在"保护的责任"的实施过程中所拥有的灵活度更高。这就不难解释为何西方发达国家是当前实施"保护的责任"的真正执行者。主权国家中的发展中国家特别是欠发达国家则是当前"保护的责任"真正的实施对象。这在西方大国的领导人及西方学者的著作中都能明确地体会到这一点。例如,"干预和国家主权国际委员会"联合主席、《保护的责任》报告的主要起草人加里斯·埃文斯(Gareth Evans)就在其著作中指出,判断与"保护的责任"有关联的国家需要考虑到五个因素[1]:

其一,一国的政府或人民团体是否有在镇压的过程中大规模侵犯人权的历史记录。预测未来冲突最好的办法是考察过去的冲突,一国的民众遭受大规模侵犯人权的罪行的不幸有可能再次成为现实。

其二,一国是否面临紧张的局面,这种局面虽然缺乏大规模侵犯人权的历史记录,但与过去能引发冲突的情况很相似。这种局面即国内民众已经普遍地对该国政府表达一些不满,并且这些不满是令人可信的。不满的领域可能包括宪法和法律的地位、政治代表性、对个人或群体的歧视、经济资源和机会分享的不均等以及压抑性的文化身份等。

其三,一国的政府是否有应对不满和紧张状况的完善机制。非暴力的冲突在所有社会中都很常见,不同的利益群里都应确保这种冲突的存在。问题的关键在于这个社会的制度结构是如何采取和平的方式解决这种冲突,而不是在现有的背景下产生相反的效果。

其四,要考虑一国或社会对外部力量的接受度。或是持积极的态度,即欢迎外部力量介入来帮助该国解决问题;或是持消极的态度,即怀疑外部力量介入进行干预的动机。另外还有一种"封闭性社会",即不在意国际社会对它们的看法,同时对其内部人民的处境也采取漠视不管的态度。

其五,一国的政府是否有良好的领导能力。拥有良好领导能力的政府能够很好地解决上面所提到的所有问题,包括历史上曾有大规模侵犯人权的罪行的记录,持续的紧张关系及不够完善的治理机制。相反,领导能力较差的政府会使以上所提到的状况变得更糟。

以上是加里斯·埃文斯关于如何判断需要实施"保护的责任"的主权国家的标准,这些标准在当前"保护的责任"的实践中也得到了体现。西方大国所认为的存在"保护的责任"问题的国家无一例外都是带有以上特征的发展中国家,

---

[1] Gareth Evans, The Responsibility to Protect: Ending Mass Atrocity Crimes Once and For All[M]. Washington, D.C.: Brookings Institution Press, 2008: 74-75.

例如,利比亚、马里、科特迪瓦、叙利亚和中非共和国。如何理解发展中国家和西方发达国家在"保护的责任"中的地位和作用的差别？这必须要从主权国家本身入手,更确切地说,是发展中国家自身存在的问题使其受到西方发达国家的全面制约和压制。

四、主权国家在承担"保护的责任"时存在的问题

发展中国家之所以在"保护的责任"中处于被动的地位,虽然受到西方大国的深刻影响,最重要的原因还是自身国家能力的欠缺,国家的脆弱性较大。"脆弱国家"的增多是冷战结束后国际社会出现的一个普遍而显著的现象,并且它也是制约发展中国家实施"保护的责任"能力的主要因素。

所谓"脆弱国家",是指一个国家缺乏相应的能力,这些能力包括:渗透到社会的各个领域,调节各种社会关系,获取资源以及以恰当的方式控制和使用资源。❶ "脆弱国家"问题自冷战时就已出现,但冷战的结束使其成为国际政治的一个重要的议题。此时,国际社会中的一些国家开始应用"简约主义"的方法来应对"脆弱国家"问题,即直接从外部对其进行干预以减轻"脆弱国家"的民众所受的人道主义侵害,并且在需要的时候让战争各方停战。但这种方法实际上使"脆弱国家"问题变得更为复杂。其一,脆弱国家(fragile state)、失败国家(failed state)和崩溃国家(collapsed state)的差别比较模糊,这就使得一国的混乱被"认为"是一种安全问题之时,外部力量更有可能进行干预。这种"认为"是紧随着冷战的结束而被广泛应用的。❷ 其二,由于苏联的崩溃导致抑制干预的意识形态和政治策略性因素消失,国际干预在冷战结束后得到扩张。采取国际干预行动的可能性增加,"脆弱国家"因此变成一个更普遍的现象。其三,如果没有外部力量的干预,冷战结束后的"脆弱国家"似乎更难应对各种国内问题。一个重要的原因是全球化促使了新的国家危机的产生。它限制了一国可行的政策选择,让国家更多的参与国际或区域层次的活动,从而弱化了国家政治的权威性以及控制和利用资源的能力。正是这些因素促使"脆弱国家"在冷战后变得更不稳定,新的冲突形式的出现促使这些国家在全球政治经济体系中独立的地位受到严重的威胁。这也是"保护的责任"中大多数的发展中国家所面临的状况。因为"脆弱国家"都是发展中国家特别是欠发达国家,它们自身的脆弱性决定了

---

❶ Joel Migdal,Strong Societies and Weak States :State-society Relations and State Capacities in the Third World[M].Princetm:Princeton University Press,1988:4.

❷ Gerald Helman,Steven Ratner.Saving Failed States[J].Foreign Policy,1992-1993,(89):3-20.

它们难以按照自己的意愿来处理国内出现的问题。

关于"脆弱国家"的判定标准,国际社会有着不同的见解,但目前较为权威的是联合国所支持的"和平基金会"(The Fund for Peace)所给出的标准。这一标准包括两类,共12个指标。一类是社会和经济方面的指标,包括人口压力、难民及流离失所者,不均衡的经济发展,群体不满意度,人才外流状况和贫困及经济衰退;另一类是政治和军事方面的指标,包括国家合法性,公共服务,人权及法治,安全机构,派系精英和外部干预。自2005年以来,该机构每年都会出一个关于"脆弱国家"报告,以上述指标对每个国家进行评估,并得出一个"脆弱国家"排名表。❶ 通过对该机构历年的报告进行分析,可以发现十年来"最脆弱"国家的排名并没有太大的变化,而且这些"最脆弱"的国家多集中于撒哈拉以南的非洲地区(见表4-1)。尤其是索马里、民主刚果、苏丹(南苏丹)、乍得等国在过去的十年里一直位列"最脆弱"国家的前十名,这些国家的发展前景令人担忧。需要指出的是,虽然近些年来西方大国以"保护的责任"对利比亚、马里、科特迪瓦和中非共和国进行了军事干预,但只有科特迪瓦和中非共和国进入了这个"最脆弱"国家的排名表,而且在这十年的大部分时间里,这两个国家并没有排在靠前的位置。而且还有另外一个令人注意的现象,那就是中非共和国在2012—2014年的排名不断上升,而这段时间西方大国正以"保护的责任"对其进行军事干预,这也直接印证了前两章所体现的内容:"保护的责任"在实践中产生了负面的效果,而且也带来了被干预国主权的进一步弱化。

表4-1 2006—2015年"最脆弱"的十个国家排名变化表

排名	2006年	2007年	2008年	2009年	2010年	2011年	2012年	2013年	2014年	2015年
1	苏丹	苏丹	索马里	索马里	索马里	索马里	索马里	索马里	南苏丹	南苏丹
2	民主刚果	伊拉克	伊拉克	津巴布韦	乍得	乍得	民主刚果	民主刚果	索马里	索马里
3	科特迪瓦	索马里	津巴布韦	苏丹	苏丹	苏丹	苏丹	苏丹	中非	中非
4	伊拉克	津巴布韦	乍得	乍得	津巴布韦	民主刚果	乍得	南苏丹	民主刚果	苏丹
5	津巴布韦	乍得	伊拉克	民主刚果	民主刚果	海地	津巴布韦	乍得	苏丹	民主刚果

---

❶ 值得说明的是,该机构在2014年前出的报告都是以"失败国家"为标题的,而2014年的报告的题目之所以用"脆弱国家"一词,是考虑到"失败国家"本身所带有贬义,并且已经对问题的解决产生不好的影响。其实从包含的内容来看,"脆弱国家"和"失败国家"的差别比较模糊(严格意义上说,"脆弱国家"属于"失败国家"的一种类型),并且前者更能反映问题本身的含义,所以笔者在此部分只用"脆弱国家"来论述发展中国家的脆弱性问题。

续表

排名	2006年	2007年	2008年	2009年	2010年	2011年	2012年	2013年	2014年	2015年
6	乍得	科特迪瓦	民主刚果	伊拉克	阿富汗	津巴布韦	阿富汗	也门	乍得	乍得
7	索马里	民主刚果	阿富汗	阿富汗	伊拉克	阿富汗	海地	阿富汗	阿富汗	也门
8	海地	阿富汗	科特迪瓦	中非	中非	中非	也门	海地	也门	叙利亚
9	巴基斯坦	几内亚	巴基斯坦	几内亚	几内亚	伊拉克	伊拉克	中非	海地	阿富汗
10	阿富汗	中非	中非	巴基斯坦	巴基斯坦	科特迪瓦	中非	津巴布韦	巴基斯坦	几内亚

资料来源:http://global.fundforpeace.org/,笔者根据相关数据整理而成。

根据以上内容,笔者存在一个疑问:国家脆弱性的增加会对"保护的责任"的实施产生怎样的影响?这个可以从"保护的责任"的文献中寻找答案。在第二章提到,与"新干涉主义"相比,"保护的责任"一个重要的改变是将保护人权的主体从干预者转变为被干预者。换句话说,保护人权是被干预者的责任,是被干预者没有保护好本国公民的人权才应该受到国际社会及负责任的主权国家的干预。用"保护的责任"文献的表述是:当一国出现违反人权的四种罪行时,该国政府"无力或不愿"这样做的时候,必须由更广泛的国际社会来承担这一责任。[1]这看来似乎合乎逻辑,但深究一下就有问题。最基本的问题是如何判断主权国家"无力或不愿这样做"?一般来讲,实施"保护的责任"的前提是拥有主权的政府在上述四种罪行发生时"无力"保障公民的人权,即是弱政府;或"不愿"实施保障公民的人权,即失职政府。在大多数情况下,对于前者,弱政府的作为是请求联合国帮助承担保护的责任,即弱政府把主权保护人权的主权权力暂时让与给国际组织(包括联合国或区域组织如非盟)。这种国际干预基本符合主权国家保护人权的意愿,干预和保护在理论上能够暂时达成一致。因此,在理论上暂且不论(即便在实践上仍然有许多难以避免的问题)。那么,对于后者,谁来判定拥有主权的国家政府是失职政府?谁来断定该政府"不愿"履行"保护的责任"呢?这个问题极其复杂,难以断定。

从历史和现实已经发生过的情况来看,判定所谓"失职政府"的常常是那些拥有实力并在当事国有着切身利益的大国和强国。而它们判定的所谓"失职政

---

[1] ICISS.The Responsibility to Protect[R].Ottawa:International Development Research Center,2001:8.UN Doc.A/59/565,A More Secure World:Our Shared Responsibility,66;UN Doc.A/59/2005,In Larger Freedom:Towards security,Development and Human Rights for All,35,UN Doc.A/RES/60/12005,World Summit Outcome,30.

府"并非"不愿"保护本国公民的人权,而是该国政府在面临人权问题时牵涉着诸多的复杂因素。诸如国家中的权力之争(政府与反政府)、党派之争(执政党和在野党)、民族矛盾(主体民族和少数民族)、宗教矛盾(各种宗教及教派)、利益纠纷(经济利益、集团利益等)、甚至还有非友好的外来势力或敌对势力利用上述各种问题制造的矛盾,等等。而且在现实中上述问题常常是纠缠交织在一起,增加了国家保护人权的难度。有时这些问题甚至关系到国家的分裂、主权的丧失等有关国家生死存亡的问题。国将不国,人权何以保护?特别是这些所牵涉且交织的问题从本质上讲是国家的内政问题,实施干预违反了《联合国宪章》"不干涉内政"的基本原则。更何况在已有的案例中,国际军事干预的结果并没有给当事国带来人权的改善,反而造成人权的恶化。可见,"保护的责任"中所谓被干预者"不愿"是一个无法做出准确判定的概念,而且也是一个容易被大国强国利用来干预他国内政实现自身利益的说辞。因此,"保护的责任"的这一似是而非的模糊概念不利于主权国家解决紧迫的人权问题。特别值得注意的是,历史和事实还告诉人们,当一国政府确实"失职"而那些拥有实力并在当事国没有切身利益的大国和强国没有意愿"负责任"的话,如像1994年卢旺达出现过的情形,那又由谁来为这个国家承担"保护的责任"呢?这同样是一个在所有的这些文献中没有解决的问题。

五、主权国家承担"保护的责任"的途径

通过上面的论述可知,虽然"保护的责任"在理论上是所有主权国家都面临的重要问题,但在实践中则是发展中国家成为"保护的责任"的实施对象。这一方面是由于西方发达国家依靠其强大的经济实力和良好的治理能力可以很好地保障其国内的人权,并在"保护的责任"理论话语体系中占有主导的地位;另一方面是因为众多的发展中国家是"脆弱国家",这些国家由于自身能力所限极有可能出现种族灭绝、战争、族裔清洗和危害人类等罪行,而这四种罪行正是国际社会对其进行干预的现实前提条件。因此当前主权国家承担"保护的责任"的问题实际上主要是众多的发展中国家特别是其中的"脆弱国家"如何更好地保障其国民的人权。笔者认为,发展中国家需要从三个方面做出努力以更好地承担其"保护的责任"。

首先,发展中国家应增强其国家能力的建设和提升其承担"保护的责任"的意愿。正是因为发展中国家作为整体具有的脆弱性,才使国际社会特别是西方大国无须付出大量资源就能对其国内形势产生重大的影响。一般来说,国家能力是国家从社会积聚资源并将之转化为可资运用的力量,实施对社会的统治和

管理,应对他国竞争与挑战的整体效能。❶ 它涉及多个层面。美国著名政治学者阿尔蒙德将政治系统的"能力"分为五个方面:汲取能力、监管能力、分配能力、象征能力和回应能力。❷ 世界银行(World Bank)将国家能力分为四个部分:制度能力、技术能力、行政能力和政治能力。❸ 著名政治学者王绍光认为,一个有效政府应该有六种必需的能力:一是强制能力,国家垄断合法暴力的使用、抵御对国家主权的外来侵犯和对社会秩序内在威胁的能力;二是汲取能力,即国家形成良性的公共财政税收能力,以财政收入占国内生产总值(GDP)比重来衡量,往往最重要的是财政汲取能力;濡化能力,即国家培育与巩固国族认同和社会核心价值的能力;规管能力,即国家使个体和团体改变或摆脱自身偏好,并进而服从国家规定的能力;统领能力,即维持国家制度的内部凝聚力、使官僚机构专业化和精英化的能力;再分配的能力,即在不同社会群体之间对稀缺资源进行权威性再分配,以对社会中最不幸的成员提供经济保障,同时缩小收入和财富分配差距的能力。❹ 笔者认为,简而言之,国家能力应当包括国家在对内和对外两个层面的能力。对内层面,国家能对国内的政治、经济和社会等方面进行有效的统治和管理,以防出现政治腐败和经济混乱等现象,维护国家整体的正常运转。对外层面,国家应提升其抵御外部力量的武力威胁和军事进攻的能力,能充分利用内外资源以保障其国家利益的实现。

  总的来说,发展中国家的国家能力的提升应在政治上加强制度建设,倡导以和平及合法的方式来解决国内及与其他国家的利益纠纷;同时应加快经济增长和促进社会进步,解决贫困和失业等问题,实现整个社会的长久可持续发展。具体来看,发展中国家要承担"保护的责任",最重要的莫过于提升其国家能力以更好地应对种族灭绝、战争、族裔清洗和危害人类等四种罪行。根据"保护的责任"的相关文献,当前发展中国家提升其国家能力有三个途径:其一,建设国家复原力。国家可以通过宪法来创建无歧视的社会,最大限度地保障国内所有人的人权。例如,在南非,宪法确认习惯法与人权原则具有一致性,从而支持了对不同文化、语言、宗教和传统的社区给予全面权利保护的制度。另外国家可以通过各种宪政安排以消除政治紧张局势,同时也可以通过批准、采用和执行相关国

---

❶ 黄清吉.论国家能力[M].北京:中央编译出版社,2013:25-26.
❷ Gabriel Almond.A Developmental Approach to Political systems[J].World Politics,1965,17(2):183-214.
❸ State-Society Synergy for Accountability:Lessons for the World Bank,World Bank Working Paper,2004:30.
❹ 王绍光.安邦之道:国家转型的目标与途径[M].北京:生活·读书·新知三联书店,2007:5.

际法律文书可为实施问责提供法律框架。❶ 例如,很多国家已在本国立法中将种族灭绝、战争罪或危害人类罪,或将所有上述三种行为定为刑事犯罪,例如玻利维亚、葡萄牙、塞舌尔和越南。危地马拉成为首个以灭绝种族和危害人类罪名起诉其前国家元首的国家,创造了历史先例。各国还可将案件移交给国际刑事法院进行起诉。迄今为止,中非共和国、刚果民主共和国、马里和乌干达4个《罗马规约》缔约国已将在其领土发生的局势移交给上述法院审理。其二,促进和保护人权。国家应该加强人权保障的制度建设。这种制度包括应以符合国际人权法的法律框架为基础,还可以包括国家人权行动计划、人权机构和人权委员会以及致力于保护、纳入弱势群体或受排斥群体并增强其权能的人道主义机构。其三,采取有针对性的措施防止暴行罪。这些措施包括指定防止暴行或"保护责任"协调中心或机构间机制;它们可促进将防止暴行观点纳入国家政策和战略。例如,2010年,丹麦和加纳发起了"保护的责任"协调人倡议。随后,又有26个国家参加了这个倡议,并设立了"保护的责任"国家协调人。其设立能够帮助一国国内与"保护的责任"相关的部门更好地实现合作。除此之外,发展中国家应提升其承担"保护的责任"的政治意愿。发展中国家政治意愿的提升需要考虑以下五个因素:一是不断增强对问题的认识,二是有采取相应行动的考虑,三是有认为采取行动能改善现状的信心,四是有能把这些认识、考虑和信心真正转化为相应行动的制度进程能力,五是要有较强的领导力。❷ 其中最后一个要素是实现其他几个要素的前提。这就要求发展中国家的政府需要变得更加开放、透明和高效,以获取足够的政治支持和资源来采取早期预防行动,而这正是"保护的责任"实施的重点。

其次,发展中国家应推动区域一体化进程,建立良好的区域伙伴关系。冷战后,非盟、东盟等众多主要以发展中国家为成员的区域组织在联合国和国际社会的援助下,在促进区域集体安全和解决地区冲突方面,已经取得了有效的成果。当前发展中国家在"保护的责任"进行良好的区域合作的一个重要的典范是,阿根廷、乌拉圭等18个拉丁美洲国家在2012年3月建立的关于该区域的灭绝种族和大规模暴行网络。这一网络旨在推动该区域各国在灭绝种族和大规模暴行

---

❶ 这些文书包括《防止及惩治灭绝种族罪公约》《公民权利和政治权利国际公约》及其《1989年第二项任择议定书》《经济、社会及文化权利国际公约》《禁止酷刑和其他残忍、不人道或有辱人格的待遇或处罚公约》《消除对妇女一切形式歧视公约》《消除一切形式种族歧视公约》《关于难民地位的公约》及其《1967年议定书》《儿童权利公约》《国际刑事法院罗马规约》和《武器贸易条约》。

❷ Gareth Evans, The Responsibility to Protect: Ending Mass Atrocity Crimes Once and For All[M].Washington, D.C.: Brookings Institution Press, 2008: 224.

问题上展开对话,和联合国秘书长下属的防止灭绝种族罪行问题特别顾问和保护责任特别顾问进行更好的协作。❶ 面临当前更为复杂的形势,这些区域组织更应在民主、法治及人的安全建设方面做出努力,增强其协调冲突的能力,以实现这些区域长久的和平与稳定。发展中国家应注重联合自强,加强自身的防务能力和区域合作能力,共同应对现实的和潜在的人权、安全和发展等问题。

最后,发展中国家应当注重加强与国际社会在人权、安全和发展等领域的合作。由于当前众多的发展中国家自身的能力有限,发展中国家的人权保障机制、安全合作机制和国际发展机制的建设必须寻求多边主义的合作,国际社会的力量也参与到这些机制的建设进程之中并发挥重要的作用。发展中国家与国际社会的安全合作应注意以下几点:一是要有自己的原则和立场,在重大国际问题上主张发展中国家的话语权,为发展中国家争取更多的利益;二是区分外部干预与国际援助,坚持以自身为主导解决安全与发展问题,维护发展中国家的自主发展;三是应注重在联合国的框架下与其他国家特别是西方大国展开合作,这样能使双方以较为合法和正当的方式进行合作,最大限度地减少西方大国对发展中国家的强制干预。

第二节 "保护的责任"下的国际社会

根据"保护的责任"的相关文献,"保护的责任"的履行及承担被界定为国家和国际两个层面,它们之间的关系是:主权国家承担保护其国内人权的首要责任,但当在特定情形(种族灭绝、战争、族裔清洗和危害人类)下主权国家不能或不愿承担这一责任时,国际社会可以介入并以适当方式承担一种补充的或辅助性的责任。当前国际社会中能对"保护的责任"的实施产生重要影响的行为体可以分为四类:以联合国为代表的国际性组织,以北约、非盟和西共体为代表的区域性组织,以大赦国际、人权观察为代表的非政府组织以及以美、法等大国。其中,联合国在国际保护责任体系中占有核心的地位。近年来,随着"保护的责任"被广泛应用于实践,国际社会在承担"保护的责任"时也呈现一些问题。面对这些问题,国际社会应该通过哪些途径来更好地实施国际保护的责任?本部分将对"保护的责任"下国际社会的相关问题进行详细的探讨。

---

❶ 联合国防止灭绝种族罪行问题特别顾问办公室的工作简报,http://www.un.org/zh/preventgenocide/adviser/briefings.shtml。

第四章 实施主体的问题:国家、国际社会

一、国际社会的发展演变及与国际干预的关系

"国际社会"是一个尚存争议的概念。❶ 目前,国内外学者使用较多的莫过于英国学派的赫德利·布尔给"国际社会"下的定义:"一群国家不仅在一国的行为是其他国家必须考虑的因素的意义上构成了一个体系,而且通过对话,同意在彼此关系中按共同规则和制度行事,承认它们在维持这些安排上有共同利益而建立起来的社会"❷。由此可见,国家是国际社会形成的重要基础。主权国家是在1648年欧洲诸大国签订《威斯特伐利亚和约》确认国家主权原则后逐渐形成的,所以真正意义上的国际社会始自威斯特伐利亚体系的建立。自此之后,随着主权国家数量的增多及国际性或区域性组织等新行为体的相继出现,国际社会与国际干预的联系日益紧密,其基本内涵及职能范围也不断地得到了扩展。笔者认为,这个扩展的过程主要有以下三个阶段。

第一个阶段是自1648年到20世纪初,国际社会主要是由单一的主权国家组成,此时的国际干预主要是国家为索取债务而对其他国家进行的干预,但也出现了人道主义干预的萌芽。

自1648年威斯特伐利亚体系建立后,西欧的资产阶级力量不断壮大,英法等国的直接投资随着其殖民地的增加不断扩展到拉丁美洲、非洲和亚洲等区域。由于此时这些区域国家的经济十分落后,政治也时常动荡,国家随时可能发生破产。一旦出现国家破产的状况,英法等国及其公民在这些国家的债务就很难收回。由于此时国际法不够完善,国际社会尚不存在一个公认的高于主权国家的权威对欠债国强制实施契约,英法等债权国就以军事干预来保障其公民在欠债国的投资,并使这种方式成为这一阶段内国际社会可以接受的惯例。❸ 例如,1861—1863年,为了索回墨西哥政府所欠其侨民的债务,法国、英国和西班牙向其派遣了8500多人的军队和700多艘舰艇对其进行军事干预。此外,特别值得一提的是1902年英国和德国对委内瑞拉的军事干预。为了迫使委内瑞拉偿还债务,英国和德国联合采取军事行动,对委内瑞拉多个要塞进行军事打击,并迫使其同意接受海牙国际仲裁法庭的仲裁。令人惊奇的是,该法庭不仅裁决英国

---

❶ 秦亚青.国际体系秩序与国际社会秩序[J].现代国际关系,2005(6):5;周丕启.国际社会与国家——国际政治理论的一个视角[J].太平洋学报,1998(4):65—66.

❷ Hedley Bull, Adam Watson, The Expansion of International Society, Oxford: Oxford University Press, 1984:1.

❸ [美]玛莎·芬尼莫尔.干涉的目的:武力使用信念的变化[M].袁正清,李欣,译.上海:上海世纪出版集团,2009:24.

和德国的干预行为是正当的,而且还因它们愿意使用武力以维护公正,使其拥有了优先于那些一直主张用和平手段解决问题的国家获得偿付的权利。以此裁决为依据,随后美国、比利时、法国、墨西哥、荷兰、西班牙、瑞典和挪威等国也对委内瑞拉提出了偿付要求。❶ 这标志着一国使用军事力量索回别国拖欠其公民债务的行为一定程度上获得了国际法的准许。

另外,西方国家首次以人道主义的名义进行的干预发生在19世纪初,干预的对象是奥斯曼土耳其帝国。1830年至"一战"结束期间,英、法、俄等西方列强对奥斯曼土耳其帝国统治下的希腊、叙利亚、波斯尼亚、保加利亚和马其顿等地进行了军事干预。❷ 值得注意的是,19世纪所谓的人道主义干预只是在宗教和少数民族的权利保护等几个有限的领域。而且由于此时国际规范不健全,国家的战争权不受限制,西方列强多是以此为借口攫取政治和经济利益,尚不能称为真正意义上的人道主义干预。

第二个阶段是20世纪初到"二战"结束,国际社会不再只是由单一主权国家组成,比国家有更高权威的国际组织(如国际联盟)开始出现。虽然一国的战争权受到限制,但由于一战和二战的发起国肆意践踏他国主权和人权,国际干预呈现更多的是赤裸裸的侵略,不具有合法性。

1899年和1907年,多国在荷兰海牙举行和平会议并通过了《和平解决国际争端公约》和《陆战法规和惯例公约》等国际文件,国家的战争权利开始得到限制,一国再也不能肆意使用军事手段向其他国家索取契约债务。一战结束后,由于奥斯曼土耳其帝国解体,之前欧洲所谓的人道主义干预实践的条件已经不复存在。再加上作为第一个普遍性国际组织的国际联盟的成立,国际社会纷纷签订一系列条约❸来对国家使用武力进行进一步的限制,这就导致此时也无人道主义干预的典型案例。"二战"期间,德日等法西斯肆意发动侵略战争,对众多国家的人权造成了严重侵害,不过这也客观上促进了二战结束后国际社会对人道主义问题的关注。

第三个阶段是冷战期间,国际社会得到进一步完善,开始增加了联合国、北约、非盟、欧盟等国际性或区域性国际组织及一些非政府组织等新行为体。与此同时,主权国家的数量也在逐步增加。此时的国际干预在表面上看主要是出于人道主义目的。但是分析这一时期人道主义实践的案例可知,它们中大多数都

---

❶ Howard Hill,Roosevelt and the Caribbean[M].Los Angeles:Hunt Press,2008:109-110.
❷ 魏宗雷,邱桂荣,孙茹.西方"人道主义干预"理论与实践[M].北京:时事出版社,2003:17-18.
❸ 这些条约包括:1923年的《互助草约》、1925年的《日内瓦议定书》和1928年的《白里安—凯洛格公约》等。

没有得到国际性组织(比如联合国)的授权,而且多数采取单边干预的方式。

1945年,联合国成立。其宪章的第一条的第二、三款均与人权相关,体现了国际社会日益重视人道主义。❶ 冷战时期,由于联合国及各层次区域性组织纷纷通过制定一系列国际文件对主权平等原则和不干涉内政原则进行了确认和强化,再加上亚非拉新独立的国家强烈反对外部的任何干预行动,一国要进行干预不再像以前那么容易。为了更好地保障自身在海外的利益,一些国家特别是西方大国开始以人道主义的名义采取干预行动。但值得注意的是,通过对西方学者公认的一些人道主义干预的案例进行分析,可以发现这些干预都只有"人道主义"之名,并无其实。另外,这些干预几乎都没有获得联合国安理会的授权,且多是一国主导的单边干预(见表4-2)。

表4-2 冷战期间主要的人道主义干预实例

年份	目标国	干预国	干预模式	干预名义	国际组织的作用
1960—1964	刚果	比、美等	多边	保护侨民	联合国授权出兵
1965	多米尼加	美国	单边	保护侨民	OAS调解及维和行动
1971	巴基斯坦	印度	单边	人道主义	最低限度
1978	扎伊尔	法、比	多边	保护侨民	无
1978—1979	柬埔寨	越南	单边	保护人权	无
1979	乌干达	坦桑尼亚	单边	人道主义	无
1979	中非	法国	单边	保护人权	无
1983	格林纳达	美国	单边	保护侨民	最低限度

表格说明:这些实例是西方学者公认的在冷战期间发生的人道主义干预行动。其中OAS为美洲国家组织,最低限度是指国际组织通过决议仅限于评论或谴责,并未采取行动进行干预。

资料来源:魏宗雷,邱桂荣,孙茹.西方"人道主义干预"理论与实践[M].北京:时事出版社,2003:38-50;[美]玛莎·芬尼莫尔.干涉的目的:武力使用信念的变化[M].袁正清,李欣,译.上海:上海世纪出版集团,2009:118-120.

第四个阶段是冷战结束至今,国际社会的新行为体进一步增加,特别是在人权和人类安全领域的机构行为者和组织机构的大量出现。这些机构行为者和组

---

❶ 《联合国宪章》第一条第二款:"发展国际间以尊重人民平等权利及自决原则为根据之友好关系,并采取其他适当办法,以增强普遍和平。"第三款:"促成国际合作,以解决国际间属于经济、社会、文化及人类福利性质之国际问题,且不分种族、性别、语言或宗教,增进并激励对于全体人类之人权及基本自由之尊重。"

织机构包括1993年成立的联合国人权事务高级专员和前南斯拉夫国际刑事法庭,2002年成立国际刑事法院和2005年设立的联合国人权理事会等。国际社会的人道主义干预发生了重大的变化,干预的理念由"新干涉主义"转变为"保护的责任"。保护人权的首要责任属于各个主权国家,国际社会只能在特定情形下承担国际保护的责任。当前"保护的责任"的干预实践都获得联合国安理会的授权,且其中多边干预占多数。这一点在第一章和第二章已经详细说明,在此就不再赘述。

二、国际社会承担"保护的责任"的地位和作用

国际社会承担的是一种补充或辅助国家保护的责任,这在"保护的责任"的许多文本里都得到了明确的体现。2001年12月,干预与国家主权国际委员会的《保护的责任》报告提出"保护的责任"的第二个基本原则是"一旦人民因内战、叛乱、镇压或国家陷于瘫痪,而且当事国家不愿或无力制止或避免而遭受严重伤害时,不干预原则要服从于国际保护责任"❶。2004年12月,联合国威胁、挑战和改革问题小组(名人小组)也强调,"当出现这种情况(一国不能或者不愿履行其保护本国人民的责任)的时候,集体安全原则则意味着上述责任的某些部分应当由国际社会予以承担,依照《联合国宪章》和《世界人权宣言》采取行动,根据情况建立必要的能力或提供必要的保护。"❷。2005年3月,时任联合国秘书长的科菲·安南在联合国大会所做的报告中也认为,"如果一国当局不能或不愿保护本国公民,那么这一责任就落到国际社会肩上,由国际社会利用外交、人道主义及其他方法,帮助维护平民的人权和福祉。"❸2005年9月,《世界首脑会议成果》在此问题上给出的解释是:"国际社会通过联合国有责任根据《宪章》第六章和第八章,使用适当的外交、人道主义和其他和平手段,帮助保护人民免遭种族灭绝、战争罪、族裔清洗和危害人类罪之害……并随时准备根据《宪章》,包括第七章,通过安全理事会逐案处理,并酌情与相关区域组织合作,及时、果断地采取集体行动。"❹除以上四个文件是"保护的责任"的基础性文件外,自2009年以来联合国秘书长以此为主题所做的历年报告也都体现了国际社会

---

❶ ICISS.The Responsibility to Protect[R].Ottawa:International Development Research Center,2001:8.
❷ 联合国威胁、挑战和改革问题小组:《一个更安全的世界:我们共同的责任》,联合国文件(A/59/565),第22页,2004。
❸ 科菲·安南:《大自由:实现人人共享的发展、安全与人权》,联合国文件(A/59/2005),第33页,2005年。
❹ 《世界首脑会议成果》,联合国文件(A/RES/60/1),第27页,2005年。

在"保护的责任"理论体系中的从属地位。其中,2009年的《履行保护的责任》作为"保护的责任"的实施纲领也认为,"如果一国因能力不足或缺乏领土控制而无法充分履行这一责任,国际社会就应按照第二支柱的要求准备支持和协助该国履行其核心责任……国际社会最多只能发挥补充作用"[1]。2010年和2011年的报告分别谈及了联合国和各级区域或次区域安排对履行保护责任的作用,而2012—2014年的报告分别围绕"保护的责任"的三大支柱(及时果断的反应、国家保护责任、国际援助和能力建设)来阐述其实施的具体政策,它们都强调国际社会承担的是一种补充或辅助性的国际保护的责任。

当前国际社会中能对"保护的责任"的实施产生重要影响的行为体可以分为四类:普遍性国际组织,区域性组织,非政府组织和大国。下面笔者就分别论述这些实施主体在国际保护责任中的地位及作用。

近些年来,对"保护的责任"的实施产生重大影响的普遍性国际组织主要是联合国。其中联合国在国际保护责任体系中居于核心地位,联合国安理会的授权是"保护的责任"得以合法实施的重要前提。虽然联合国作为实施主体有诸多缺陷,例如它严重依赖成员国,连用于干预的军队都是临时设立的,这都消减了其作为主体实施干预的有效性。但自21世纪以来,联合国的进程和能力已经有很大的提升。联合国安理会更有意愿在宪章第七条授权下把军队派往需要人道主义干预的地方(这与联合国在20世纪90年代初进行的干预行动已大有不同)。联合国现任秘书长潘基文对维持和平行动部门(the Department of Peace-keeping Operations,DPKO)进行了重组,同时也创设了战场支持部门(the Department of Field Support,DFS)用于为联合国维和行动提供财政、后勤和技术支持。联合国灵活度已得到很大的提升,已经能在不同维和任务之间实现军事转移(比如从利比里亚到科特迪瓦)。除此之外,联合国致力于使其军队在执行维和任务时遵守"战时正义"(Jus in bello)的原则。[2]虽然联合国不是最有效的实施主体,但不可否认它也实现了某种程度的成功。实际上,联合国是当前国际社会最为合法的干预主体,我们只能期望其在未来的人道主义干预中变得更为有效。

近些年来,对"保护的责任"的实施产生重大影响的区域性国际组织主要包括北大西洋公约组织(NATO)、非盟(AU)和西非国家经济共同体(ECOWAS)。北大西洋公约组织的权威性不如联合国,但其干预的有效性非常高。它不仅造

---

[1] 潘基文:《履行保护的责任》,联合国文件(A/63/677),第13、14段,2009年1月。
[2] James Pattison, Humanitarian Intervention and the Responsibility To Protect:Who Should Intervene? [M].Oxford:Oxford University Press,2010:204.

就了许多成功干预的先例(如科索沃),也有完备的用于干预的军事力量和设备。《北大西洋公约》第四条规定:一旦成员国在领土完整、政治独立和安全受到威胁时,北约各国可在成员国提议下随时进行磋商。❶ 这意味着该组织可根据成员国的意见对外部国家进行干预。例如,2011年美、法、英等国就主导北约对利比亚进行了长达七个月的军事打击。虽然冷战以来该组织因肆意干涉侵犯他国主权备受争议,但因其有强大的军事、政治和财政能力作为保障,其干预的有效性之高却是毋庸置疑的。第一章有提到,非洲联盟(非盟)是第一个支持"保护的责任"的区域性组织。❷ 2010年,非盟倡议建立5个旅(大约4000人)用于应对一些特定情形(战争、大规模屠杀和反人类)下的人道主义危机,强调用"非洲方式解决非洲问题"❸。另外,西非国家经济共同体(西共体)也许是近些年在人道主义干预问题上表现最为抢眼的此区域组织。它能在一个月内动员1500人,三个月内动员5000人参与干预。❹ 虽然西共体很有意愿长期参与地区内部人道主义危机的解决,但它和非盟存在一个共同的缺陷,那就是它们都缺乏资金和资源,这就严重制约了它们进行干预的有效性。

近些年来,对"保护的责任"的实施产生重大影响的非政府组织主要包括人权观察(Human Rights Watch,HRW)和大赦国际(Amnesty International,AI)。这些国际人权非政府组织正成为"保护的责任"实施所不能忽视的力量。它们对相关各方均尽力保持中立,特别是重点关注人权更容易受到侵害的弱势一方,不为西方政策背书。因此,可称其为"站在西方社会反西方政府"❺,间接地为西方大国滥用"保护的责任"提供了抑制作用。

近些年来,对"保护的责任"的实施产生重大影响的大国主要包括美、法等西方大国。它们是"保护的责任"的实际执行者。如果它们愿意进行干预,它们的有效性要远远超过任何一个国际性或区域性组织。关于西方大国"保护的责任"实施的作用在第一章已详细说明,在此不再赘述。

三、国际社会在承担"保护的责任"时存在的问题

上面我们对当前国际社会中参与"保护的责任"的实施主体的地位和作用

---

❶ The North Atlantic Treaty[EB/OL]. http://www.nato.int/cps/en/natolive/official_texts_17120.htm.
❷ 卢静."保护的责任":国际关系新规范?[J].当代世界,2013(2):47.
❸ Paul Williams, Keeping the Peace in African: Why African Solutions Are Not Enough[J]. Ethics& International Affairs, Vol.22, No.3, pp.314–318.
❹ Victoria Holt, Berkman Tobias. The impossible Mandate? Military Preparedness, the Responsibility to Protect and Modern Peace Operations[M]. Washington D.C.: Henry L.Stimson Center,2006:69.
❺ 张蕴岭.西方新国际干预的理论与现实[M].北京:社会科学文献出版社,2012:233-234.

进行了分析,而再结合"保护的责任"众多文本的相关规定和它们在具体实践中所起的作用时,我们可以发现一些问题。

按照"保护的责任"的文献,当主权国家"无力或不愿"承担"保护的责任"时,就由国际社会来承担"集体国际保护的责任"。这个责任包括三个要素(或三个阶段):预防的责任、做出反应的责任、重建的责任。也就是说,承担"保护的责任"的主体在人权保护的进程中发生了变化:即从主权国家变成了国际社会。暂且不去追究其逻辑的问题。而继续遵循这个逻辑的结果是:国际社会应该在三个阶段都要承担保护的责任。且不说国际社会对现有近200个主权国家能否在各个阶段都承担"保护的责任",即便是对某一个国家始终承担监督的责任也难以有效实施。如预防阶段,需要关注内部冲突的根源、直接原因及其他行为的危机。现实的问题是该阶段尚未发生侵犯人权的罪行,国际社会或其他主权国家(如果没有切身利益的话)不会去关注该国内部冲突的根源及其直接原因。因此,这一阶段,应该由主权国家自己承担预防的责任。而且就文献而言,称预防的责任是最重要的,那么对于前述的所谓弱政府或失职政府则很可能在这个最重要的阶段就不称职。那么,在这个阶段,国际社会怎样约束并防止该国不至于发生四种罪行呢? 文献根本没有提及。

遵循文献的逻辑思路:当主权国家保护不起作用,四种罪行的其中一种或几种发生了,就进入做出反应的阶段(责任)。做出反应的阶段(如对涉及人类紧迫需要的局势采取适当措施,诸如采取制裁、国际公诉及军事干预等)就由国际社会来履行"保护的责任"了。按照《联合国宪章》不使用武力的原则,应该是穷尽了所有非武力手段之后,才能使用军事干预。在"干预和国家主权国际委员会"的报告及联合国的相关文献中,"保护的责任"的概念仅仅是把军事干预当作预防失效后进行反应的手段,而且只能是在发生了前述四种特定罪行时,其他非武力手段不起作用时才使用的手段。那么,谁来有效运用"其他非武力手段"? 谁来判断或确定"其他非武力手段不起作用"? 当真的"其他非武力手段不起作用"时,进入军事干预阶段,又如何确定干预的范围和标准,如何界定一国国内内乱的状况。❶ 接下来的问题是:军事行动应该达到什么目标? 是四种罪行的停止还是政府的下台? 如果军事干预后该国政府下台了,那么谁来保证军事行动之后该国民众的人权? 如果维持该国政府,怎样增强其保障公民人权的能力? 怎样防止参与实施"保护的责任"的强国在运用军事手段时不掺杂它

---

❶ Neil Macfanlane,The Responsibility Protect:Anyone Interested in Humanitarian Intervention[J].Third World Quarterly,2004,25(5):977-992.

们的"私利"？怎样防止军事手段不被滥用？谁来保证军事干预真正实现"保护的责任"？

对上述问题，"保护的责任"文献的答案是笼统的：对不负责任或无力负责任的国家进行军事干预，国际社会的行动准则是：合理授权、正当目的、正确意图、最后手段、相称的方法和有效的结果[1]等。这些准则就文本而言没有什么问题，可是它们并没有解决上述疑问。更何况这些行动准则在实施时难免不掺杂在现实权力政治主导的国际社会中难以避免的某些大国强国的意愿和利益。

接下来的问题是军事干预之后谁来担负"重建的责任"？即在军事行动后对恢复、重建及和解提供充分的援助。从常识可知，遭遇军事干预后的国家实际上是一个烂摊子，谁来收拾？也就是说，谁是负有重建责任的"责任人"。当事国政府？实施军事干预的国家？国际社会的任何国家或国际组织？从历史和现实已经发生的事件可知，负有"重建的责任"的必定是当事国的新政府（或是旧政府），国际社会仅仅只是"提供充分的援助"。问题是新政府立足未稳，且缺乏重建的资源，而国际社会常常是口惠而实不至。在这种情况下，当事国政府如何承担重建的责任以落实"保护的责任"呢？其结果难免是国家更加穷弱，人权更加难以保障。

从以上对文献的辨析不难发现，所谓"保护的责任"实际上不是在讨论主权国家如何保护本国公民人权的责任（因为这是主权国家与生俱来的责任，无须讨论），而是在讨论主权国家在国内发生侵犯人权的四种罪行而"无力或不愿"实施保护的责任时，国际社会有进行"干预的责任"。因为所谓"预防的责任"和"重建的责任"事实上都是主权国家自己的责任，国际社会难以承担。而所谓做出反应的责任最终必然落实到军事干预问题上。"保护的责任"所要解决的关键问题是军事干预的合法性问题，即联合国安理会的授权。就军事干预而言，它可以在联合国安理会的合法外衣下行不合法之实（因为军事干预之后，联合国安理会无法控制）。因此就这一点而言，"保护的责任"比"新干涉主义"更具有隐蔽性和欺骗性。

对此，一些国家的政府、国际组织的领导人或那些研究该问题的专家学者们甚至是普通民众也多多少少对上述问题存有疑虑，他们希望通过构建相应的国际制度来确保"保护的责任"正确而有效地实施。可是在构建什么样的制度来实施"保护的责任"的问题上也存在争议。因为首先这涉及多个实施主体，诸如主权国家、地区组织、非政府组织及联合国。如果是以联合国和地区组织来主导

---

[1] UN Doc.A/59/565, A More Secure World: Our Shared Responsibility, 第106页。

实施"保护的责任",一些发展中国家尤其是非洲国家认为它们最多也只是维持现状。如果是以大国来主导实施"保护的责任",一些发展中国家则担心它们会对没有真正发生人道主义危机的国家或地区进行军事干预。

四、国际社会承担"保护的责任"的途径

根据以上关于"保护的责任"的实施主体的地位、作用以及存在的问题的论述,我们可以发现一个问题,那就是这些主体在"保护的责任"实施过程中的合法性和有效性程度貌似是呈负相关的,而且每个都存在诸多缺陷。就合法性程度而言,联合国最高,区域性组织次之,大国最低。而它们的有效性程度却刚好相反。这实际上反映出当前国际社会中诸多主体在承担"保护的责任"的根本途径:联合国应当着重增强其干预的有效性,而区域性组织特别是发展中国家为主的区域性组织在干预的合法性和有效性方面都应有所加强,而大国应提升其干预的合法性程度。下面笔者就以此为基础,再结合"保护的责任"的相关内容,对这些实施主体如何更好地承担"保护的责任"进行论述。

其一,联合国应提升其对四种特定罪行提出预警和进行评估的能力,并且可以通过改革加强其对危机的反应能力。

对于建立和提升联合国的预警和评估能力,"保护的责任"的相关文献已经进行了详细的阐释。在2005年的《世界首脑会议成果》的第138段明确指出国际社会应支持联合国建立预警能力。2009年的《履行保护的责任》报告进一步这种能力的具体内涵包括三个方面:一是向联合国秘书长和安理会常任理事国及时提供关于煽动、准备或实施四种特定罪行的准确、权威、可靠的信息;二是秘书处具备评估信息的能力和适当了解事件背景的能力,三是使与秘书长办公厅联系更加便利。[1] 2010年的《预警、评估及保护责任》报告则具体涉及了建立和提升联合国预的警和评估能力的机制。这一机制大体上包括:秘书长防止灭绝种族罪行问题特别顾问办公室(OSAPG),其职责是收集信息、建议和协调,旨在提升联合国分析和管理关于种族灭绝罪或相关罪行的信息的能力;联合国政治事务部(DPA),其职责是监督和评估全球形势及发展趋势并就采取可能会促进和平的行动提供咨询;联合国人道主义事务协调厅(人道主义事务部)(OCHA),其下辖的预警与应急规划科通过各种定性和定量的方法评估世界各地发生人道主义侵害的风险情况;机构间常设委员会(IASC),其下辖的备灾工作分组通过与联合国其他机构的合作,会在每个季度发布有关人道主义问题相关的报告;联

---

[1] 潘基文:《履行保护的责任》,联合国文件(A/63/677),第10段,2009年1月。

合国开发计划署(UNDP),其下辖的预防危机和复原局有一个部门间预警和预防行动协调框架(框架小组),用于协调联合国各部门为预防人道主义侵害的信息分享和分析工作。除此之外,联合国的维持行动部(DPKO)、儿童基金会(UNICEF)设有情报中心用于随时接收世界各地提供的信息。联合国难民事务高级专员办事处(UNHCR)和联合国人权事务高级专员办事处(OHCHR)则主要负责监督和评估"保护的责任"的实施及发展情况。联合国人权理事会(HRC)和各人权条约机构特别报告员也在某些情况下起到一定的作用。以上所提到的各项机制都有利于世界各地的信息向联合国总部汇集,如果各部分运转良好,联合国预警和评估能力会得到很大的提升。

联合国的危机反应能力的提升可能比第一个能力更为重要,它应该是破解"保护的责任"中联合国面临困境的关键。前文提到,联合国作为干预主体的合法性最高,甚至在某种程度上可以说是合法性的来源,但其干预的有效性却是最低的。究其原因,就是联合国系统太过庞大,其运转需要大量的资金支持,而且用于维和的有限的军事力量被分散到世界各地很难发挥实质性的作用。当前一些学者为提升联合国的危机反应能力提出了两种途径:一是加快联合国机构的改革,二是增强联合国自身的军事能力。联合国机构的改革的争论主要是围绕联合国安理会的决策机制展开。有学者认为,当前安理会的决策机制的低效使其难在人道主义侵害面前有所作为,应当由联合国大会来执行"保护的责任"实施的决定权,并且它比安理会更具代表性。[1] 关于如何增强联合国自身的军事能力,西方学者给出的建议最多的是建立某种意义上的国际军队,或者说建立更广泛意义上的联合国军事力量,这种军事力量真正具有世界性特征:军队的成员都是自愿的而不是应征的;他们不再只忠诚某一国;而且他们是受到人道主义关切的驱动而聚集到一起。[2] 当然这要在联合国机构成功改革的情况下才能够实现。

其二,各区域或次区域组织(特别是发展中国家成员较多的组织)应重点提高其进行人道主义干预的能力,在此基础上增加其进行干预的意愿。

2005年的《世界首脑会议成果》的第139段提到了区域或次区域组织可通过若干方法帮助一国防止特定四种罪行的发生,并在极端的情况下采取反应行动。"保护的责任"的后续执行文本中,也强调区域和次区域组织在履行保护责

---

[1] Jean Krasno, Mitushi Das, The Uniting for Peace Resolution and other ways of Circumventing the Authority of the Security Council[C]//B Cronin and Hurd I. The UN Security Council and the Politics International Authority, London: Routledge, 2008: 186.

[2] Stephen Kinloch-Pichat, A UN 'Legion': Between Utopia and Reality, London: Frank Class, p.219.

任方面的积极努力对三大支柱都有积极的重要作用。当前,对于区域和次区域组织,尤其是像非盟和西共体这样经常应对人道主义危机的组织,提升其干预的能力和意愿需要考虑五个因素:一是必须摆脱对外部资金和援助的严重依赖,因为这些援助只是临时的且不可持续;二是必须增强对区域和次区域组织联合军队的训练,比如可参照全球和平行动计划(Global Peace Operations Initiative)参与维和行动;三是增强区域和次区域组织的军事力量;四是加强区域和次区域组织内部机构与各成员国的协调;五是对区域和次区域组织现有的条约和宪章进行改革,使其在其区域内进行的人道主义干预更为合法。[1] 区域和次区域组织可以通过以上五种方式不断增强其进行人道主义干预的能力和意愿,同时使得这些干预变得更为有效。

其三,作为当前"保护的责任"实施的最主要的执行者的大国,确切地说是美、法等西方大国,应当严格遵守国际社会公认的国际法原则和国际关系的基本准则,在联合国框架下实施"保护的责任"。当前西方大国对"保护的责任"的具体实践在表面上是合法的,但在实质上是非法的,这一问题会在第四章涉及,在此部分就不再赘述。

另外,值得指出的是,相关非政府组织在"保护的责任"体系中的地位仅仅是对以上三个主体的补充,在实践中根本不能发挥实质性的作用。但大赦国际和人权观察等非政府组织对"保护的责任"的实施日益产生重要的作用,我们应当重视这些非政府组织的相关言论和报告。特别是这些非政府组织应当更多考虑发展中国家如何应对"保护的责任"的问题,这也可成为其往良性方向发展的重要途径。

由此,国际社会中众多的发展中国家对以上问题充满担心和忧虑,它们普遍认为需要构建完善的制度体系以保障"保护的责任"能够被正确地实施。但在这一问题上各国也难以达成共识。其中一个最重要的原因是"保护的责任"所涉及的实施主体过多,它包括联合国、大国、区域组织、非政府组织及主权国家等多个主体。若是让联合国来主导"保护的责任"的实施,由于其太过庞大,所能控制的力量被分散,最多只能维持人权问题不再恶化,不会带来实质性的改变。若是以大国特别是西方大国来主导实施"保护的责任",由于其行动很难不掺杂自身利益,往往会演化成军事干预,甚至使被干预国实现政权更迭。接下来,笔者将以叙利亚危机为例来对"保护的责任"的实施主体问题进行检验。

---

[1] James Pattison, Humanitarian Intervention and the Responsibility To Protect: Who Should Intervene? Oxford: Oxford University Press, pp.237-239.

第三节 叙利亚危机对"保护的责任"实施主体的检验

自2011年年初以来,叙利亚国内局势持续动荡。叙利亚政府军与反对派武装力量之间多次发生激烈的冲突,并造成了大量的人员伤亡。关于"保护的责任"是否适用于叙利亚危机,联合国、大国及其他国际行为体产生了较大的分歧。如何正确认识叙利亚危机及弥合各行为主体关于这一问题的分歧,应当是解决叙利亚危机的关键所在。

一、叙利亚危机的由来及现状

笔者认为,根据局势变化和发展的特点,迄今为止叙利亚危机共经历了三个阶段。

第一个阶段是危机爆发阶段(2011年1月底至2011年4月底)。由于国内外因素的影响,叙利亚国内政局开始持续动荡。自2011年1月底起,受到突尼斯革命的影响,叙利亚国内发生了一系列反政府示威活动。3月中旬,由于南部边境城市德拉有15名学生在公共场所涂写反政府标语遭到逮捕,该国的反政府示威活动开始逐步升级。示威者和政府军警间爆发了武装冲突,叙利亚危机由此爆发。为了缓解危机,叙利亚总统巴沙尔·阿萨德(Bassar Asad)采取了一系列改革措施,其中最重要的莫过于在4月21号取消了存在了48年的紧急状态。由此,叙利亚民众在言论自由及游行示威等方面的权利不再受到限制。值得一提的是,该举措却适得其反,在紧急状态被取消的第二天,叙利亚就爆发了最大规模的抗议活动。随后,叙利亚政府对抗议民众进行了暴力镇压,进而激发更多的民众举行抗议活动要求巴沙尔·阿萨德政权下台。

第二个阶段是危机发展阶段(2011年5月至2013年年初),国际社会对于叙利亚局势展开了激烈的争论。5月中旬,欧盟首先宣称对叙利亚进行制裁,制裁的措施包括武器禁运及对阿萨德政权的高层官员颁布旅行禁令等。与此同时,叙利亚境内外的反对派开始逐步壮大。6月底,它们组成"叙利亚全国民主变革力量民族协调机构",以协调在抗议活动中采取一致的立场及行动。后来它们的目标逐步被明确为推翻现有政权,并声称在阿萨德政府停止暴力镇压之前拒绝对话会议,两者之间的军事冲突持续升级。8月,美国宣称对叙利亚采取制裁行动,并要求叙利亚总统巴沙尔·阿萨德交出政权。9月初,阿拉伯国家联盟(阿盟)提出旨在解决叙危机的阿拉伯倡议,但阿萨德政权并未做出积极回应。为此,两个月后阿盟中止叙阿盟成员国资格,决定对叙实施经济制裁,从而迫使阿萨德政权同意阿盟向叙利亚派驻观察团。随后,美英等西方国家相继提议联合国安理会授权对叙利亚进行军事干预,但由于大国在此问题上存在巨大的分歧,所提方案均未获得通过。2012年2月,安南被任命为联合国特别设立的叙利亚问题特使,它随后向叙利亚政府提出了六点解决问题的建议。4月,叙利亚政府军和反对派武装力量开始实施停火,同时安理会通过决议设立联合国叙利亚监督团(联叙监督团)。令人遗憾的是,由于叙利亚各地武装暴力活动的升级,联叙监督团难以达到原来设定的目标,其任务在2012年8月19日结束。随后,阿尔及利亚前外长拉赫达尔·卜拉希米接替安南为联合特别代表。11月,海湾阿拉伯国家合作委员会(海合会)和阿盟相继决定,承认叙利亚反对派建立的"叙利亚反对派和革命力量全国联盟"(全国联盟)(ETILAF)为叙利亚人民唯一的合法代表,全国联盟获准代表叙利亚人民拥有在这两个区域组织的合法席位。另外,这一组织也得到了美国、法国、英国和土耳其等北约国家的支持。

第三阶段是危机跌宕起伏阶段(2013年3月至今)。由于受到化武调查、国内总统选举和"伊斯兰国"的影响,叙利亚危机发生许多新的重大变化。2013年3月,叙利亚政府指责反对派武装力量在战斗中使用化学武器,并请求联合国调查。联合国随后成立了联合国叙利亚化学武器调查小组。9月,联合国公布调查小组报告,认为在叙利亚境内发生的各派冲突中的确存在较大规模的使用化学武器的行为,但不能具体确定是谁使用的。2014年6月,叙利亚进行了新一轮的总统选举,巴沙尔·阿萨德毫无悬念的当选,叙利亚反对派和美英法等西方国家拒绝承认大选结果。随后,由于"伊拉克和黎凡特伊斯兰国"(ISIL)或称"伊拉克与大叙利亚伊斯兰国"(ISIS)(后于2014年6月被改为"伊斯兰国",即IS)的兴起,西方国家开始把注意力转为打击这一极端势力。2014年9月起,美国开始联合欧盟、北约及阿盟等地区组织在内的诸多国家组成的国际联盟以打击"伊斯兰国"。❶ 叙利亚局势仍在持续变化,前景令人担忧。

二、叙利亚危机中各主体的博弈

叙利亚危机中各主体间的博弈成为影响局势走向的重要因素,以下就对这一问题进行分析。

2011年3月至10月,以美、英、法为首的北约国家在联合国安理会1973号

---

❶ Timeline of International Response to the Situation in Syria[R]. Global center for the responsibility to protect,2015(15):1-77.

决议的授权下以"保护的责任"的名义对利比亚进行了军事干预,由此引发了国际社会关于"保护的责任"是否同样适用于叙利亚危机的广泛争论。

一方面,越来越多的国家特别是发展中国家对"保护的责任"持谨慎和保留的态度。作为保护叙利亚平民人权的首要责任的承担者——阿萨德政府,虽然其已难以控制国内的局势,但它仍强烈反对外部力量对其采取干预行动。而作为安理会常任理事国的俄罗斯和中国,在利比亚战争后更是怀疑"保护的责任"会被西方国家滥用以实现自身利益。确切地说,它们主要考虑到"保护的责任"可能被西方大国用于实现非西方国家的政权更迭,尤其是那些没有应用西方治理模式的国家。中国和俄罗斯倡议以和平手段解决叙利亚危机,避免叙利亚成为第二个"利比亚"。为此,中国和俄罗斯已经前后三次否决由美英等西方国家提出的旨在干预利比亚局势的决议草案。第一次发生在 2011 年 10 月。中国和俄罗斯在联合国安理会第 6627 次会议上就德国和法国等欧洲国家共同起草并提交的有关谴责叙利亚的决议草案要表决时,明确投了反对票。中国常驻联合国代表李保东大使在会后的解释性发言中表示,对于此次付诸表决的草案,中方认为在当时的情形下,解决叙利亚危机不能靠武力和制裁,这些方式只会让问题进一步陷入困境。❶ 第二次发生在 2012 年 2 月。中国和俄罗斯在联合国安理会第 6711 次会议上针对阿盟及一些西方大国提出的解决叙利亚问题的行动规划的决议草案要表决时,直接行使了否决权使其未获通过。俄罗斯代表强调,这份文件没能充分反映现实情况,这会促使各方发生误判。而中国则采取与此前相同的立场。❷ 第三次发生在 2012 年 7 月。中国和俄罗斯在联合国安理会第 6810 次会议上就一些北约国家提出的关叙利亚的决议草案采取表决时,同样否决了提案。该草案与之前草案的不同之处在于,它正式提到了军事干预的手段。即执行和贯彻各种和平路线图或计划之时要充分按照《联合国宪章》的要求,如果之前的非强制措施没得到良好的执行,可以在联合国的授权下采取军事手段。

另一方面,许多西方国家及其学者,甚至包括联合国的一些高级官员都支持以"保护的责任"的名义对叙利亚危机进行干预。早在 2011 年 6 月,联合国秘书长防止灭绝种族罪行问题特别顾问弗朗西斯·邓(Francis Deng)和爱德华·勒克(Edward Luck)就提醒叙利亚政府应承担起保护其平民人权的首要责任。随后他们又表示叙利亚安全部队的行为已经触犯了反人类罪。2011 年 9 月,时任

---

❶ 联合国.中俄两国共同否决 安理会未能通过谴责叙利亚决议[EB/OL]. http://www.un.org/chinese/News/story.asp? newsID=16385,[2014-09-21]

❷ 联合国.中国和俄罗斯就安理会关于叙利亚问题决议草案投否决票[EB/OL]. http://www.un.org/zh/focus/northafrica/newsdetails.asp? newsID=17162&criteria=syria,[2014-09-21]

联合国大会主席的约瑟夫·戴斯(Joseph Deiss)则公开表示国际社会应考虑应用"保护的责任"处理叙利亚问题。俄罗斯和中国一旦投了否决票,西方国家就一致对俄中的行为进行谴责。例如,在2012年2月安理会第6711次会议后,美国大使苏珊·赖斯就声称,中国和俄罗斯阻碍由多数国家提出并同意的对于叙利亚危机的干预措施,这样会使局势进一步恶化。❶

由此,正是由于与叙利亚危机相关的实施主体之间产生了明显的博弈,才使国际社会在"保护的责任"是否适用于这一危机的问题上产生激烈的争论,而这一争论是当前叙利亚危机得不到妥善解决的关键所在。因此,笔者认为有必要在对各个实施主体对于叙利亚危机的作用进行检验。根据前文所述的关于"保护的责任"的实施主体的相关理论,这一检验主要包括两个问题:

其一,叙利亚政府是否能够承担"保护的责任"。根据"保护的责任"的相关文献及前文的分析,这一问题主要涉及叙利亚阿萨德政府是否是无力保障其民众的人权。这就需要判定叙利亚是否是脆弱国家或者巴沙尔·阿萨德政府是否是弱政府。根据前文提到的联合国所支持的"和平基金会"(The Fund for Peace)的年度"脆弱国家"报告显示,自2011年内战爆发以来,叙利亚的国家脆弱程度的确在不断增加,并且在脆弱国家排名中一直保持在第15名左右。❷ 因此,根据这一标准,叙利亚是脆弱国家。不过根据当前的局势来看,阿萨德政府却并不是弱政府。虽然受到反对派武装和"伊斯兰国"恐怖主义势力的影响,其政权所控制的范围比内战前大为缩小。但是阿萨德政府仍控制对其存亡至关重要的中西部地区,并且其内部统治也相当稳定,社会凝聚力也较强。❸ 正因为如此,在2014年6月的总统大选中,阿萨德仍能获得全国大多数人的支持。

其二,国际社会如何断定叙利亚政府能或不能承担"保护的责任"。根据"保护的责任"的相关文献及前文的分析,这一问题主要涉及叙利亚阿萨德政府是否是不愿保障其国民的人权,即失职政府。判定阿萨德政府是失职政府的主要是美国等西方国家。它们认为,阿萨德命令其军队肆意屠杀平民,并且一直故意纵容针对和平抗议者、人权捍卫者及其家人的暴力、酷刑和迫害。而且有证据显示,叙利亚政府的一系列令人震惊的行动可能构成危害人类罪。❹ 由此,国际

---

❶ 联合国.中国和俄罗斯就安理会关于叙利亚问题决议草案投否决票[EB/OL]. http://www.un.org/zh/focus/northafrica/newsdetails.asp?newsID=17162&criteria=syria.[2014-09-21]

❷ Fragile State Index 2014[EB/OL]. http://library.fundforpeace.org/library/cfsir1423-fragilestatesindex2014-06d.pdf.

❸ 吴思科.叙利亚危机政治解决之路举步维艰[J].当代世界,2014(8):24-25.

❹ 联合国安理会会议逐字记录,S/PV.6627,7页。

社会必须保护叙利亚人民免遭暴行的侵害,联合国安理会早该担负起自己的职责,如许多西方国家那样对阿萨德政权施加强硬、有针对性的制裁和武器禁运。❶ 美国后来甚至提出,由于叙利亚人民之友小组中的100多个国家都要求根据《宪章》第七章采取果断行动,因此可以考虑制止屠杀并开启叙利亚走向阿萨德之后的过渡进程。❷ 通过对西方国家判定叙利亚政府为失职政府的证据进行分析,可以发现这些证据并不充分。西方国家并没拿出确切的证据说明叙利亚政府军袭击和屠杀了平民,并且把在冲突中丧生的平民也算在政府军头上,最后说明叙利亚政府的行动只是"可能"构成了危害人类罪。从美国等西方国家在安理会关于叙利亚问题的历次会议发言可以得出,它们迫不及待地要对叙利亚局势进行干预,并且倾向于采取军事手段,其最终目的是要推翻阿萨德政权。由此可见,美国等西方国家试图将其干预利比亚的模式复制到叙利亚危机的解决进程之中。这也正好验证了前文中关于"保护的责任"实施主体所面临的问题。

叙利亚地处中东地区的核心地带,虽然其政府仍是影响该国局势走向的决定性走向,但国际社会特别是大国的作用却比世界其他地方更为明显。俄罗斯和中国的担忧是合情合理的,毕竟中东这一地区受到历史的影响对大国的干预行动极为敏感。国家的责任优先于国际保护的责任,非军事手段优先于军事手段,这是在主权框架下运用"保护的责任"的重要原则。如何更好地把握这一原则处理叙利亚危机,这需要各实施主体在实践中获得更多的共识。

---

❶ 联合国安理会会议逐字记录,S/PV.6711,5页。
❷ 联合国安理会会议逐字记录,S/PV.6810,10页。

第五章 合法性的争议:武力的使用

当前,国际社会关于"保护的责任"及其实施的最大争议莫过于武力使用的合法性问题。特别是2011年以来,受到西方大国以"保护的责任"名义对非洲许多国家进行干预所带来的消极后果的影响,国际社会中各个行为体特别是广大发展中国家对"保护的责任"的发展前景表示担忧。可以这样说,如何更好地解决"保护的责任"下武力使用的合法性问题是弥合国际社会在"保护的责任"相关问题上分歧的关键。笔者认为,要认识"保护的责任"下武力使用的合法性问题,首先要探求其合法性基础,特别是国际社会进行人道主义干预的合法性依据;其次要在理解和认识"保护的责任"的相关文本及其精神所体现的关于干预的标准及方式的基础上,对"保护的责任"下武力使用的合法性问题的相关争议进行系统和深入的分析;最后通过对利比亚战争中军事干预的合法性进行评估后对前面得出的观点进行验证。

第一节 "保护的责任"下武力使用的合法性基础

"保护的责任"下武力使用的合法性基础主要涉及两个层面:一是从整体上对国际干预合法性的相关理论进行阐释,二是对"保护的责任"武力使用的合法性依据进行具体的认识和分析。

一、国际干预的合法性阐释

虽然"合法性"一词已经在政治学界和国际关系学界被广泛运用,但它仍被认为是一个尚在发展中的概念。[1] 实际上,合法性的讨论是围绕"谁来做决定"来展开的,而考虑哪个主体作为最有权威的仲裁者是其中最重要的一个问题。

---

[1] Nicolas Wheeler, Saving stranger: Humanitarian Intervention in International Society[M].Oxford:Oxford University Press,p.4.

个人和国家在三种情况下会遵循规则：一是强制，二是承诺，三是自身利益的需求。这三者实际上是一个相互联系的整体。首先，促使一个行为体遵守一定的规则是以权力不对等为基础的。与此同时，一个开放的行为体在国际社会中通常都会认同一些规则的内在合法性及国际组织在创造和运用这些规则的合法性。另外，行为体支持国际制度及规则的原因往往使它们能保障或拓展其自身利益，而且至少能肯定国际社会中的大多数国际制度及规则是合法的。[1] 如果从这个意义来考量的话，联合国安理会应当是当前国际社会中合法性程度最高的国际机构。

当前，学术界集中于两种最基本的路径来对合法性的研究。一是实质性的路径(substantive approach)，指的是如果一种行为符合一些特定的规则，它就是合法的；二是程序性的路径(procedural approach)，意在着重考察决定产生和执行的方式是否符合一整套的规则，而其具体内容是否符合倒是其次，例如行为体基于共识产生的决定。[2] 实际上，这两种路径都很难应用到当前的国际政治实践中并发挥作用。就实质性路径而言，规则需要有一些权威性的实体作为保证，而现有的国际体系是无政府性的，这就对这一保证形成严重阻碍。就程序性路径而言，这种路径倒是能补充实质性方法的一些不足，但因其模糊性在具体实践当中产生的争议较多。除此之外，还有一些介乎于这两者之间的路径。比如温和的工具主义路径(Moderate Instrumentalist approach)。这种路径认为合法性是能够量化的，即有程度高低之分。合法性程度高的行为体必然比合法性程度低的行为体拥有更多的合法性，同时更容易在道德上获得认可。笔者比较赞同温和工具主义路径的一些观点，特别是该路径关于国际干预合法性的阐释比前两个路径更易于让人理解。

温和工具主义的路径关于国际干预的合法性有一个最基本的观点，即决定干预者最重要的因素是其有效性。这一路径关注的是干预如何才能实现好的结果，换句话说，是指干预者怎样才能阻止或在最大程度上减轻对人权的侵害。温和工具主义的路径所指的有效性包含三种形式。第一种有效性是当地的外部有效性(local external effectiveness)，指的是干预者是否能促进被干预国人权状况的改善。换句话说，干预者需要成功地应对人道主义危机，并且能阻止其再次发生。第二种有效性是全球的外部有效性(global external effectiveness)，指的是干预者是否能促进全球范围内人权状况的改善。第三种有效性是干预者的内在有

---

[1] Aidan Hehir, Humanitarian intervention: An introduction[M]. Palgrave Macmillan, 2013: 147.
[2] Alex Bellamy, Just War: From Cicero to Iraq[M]. London: Polity, 2006: 5-7.

效性(internal effectiveness),这种有效性要观察干预者自身民众对其干预行为的反应。[1] 要判断干预者是否具有合法性,就必须观察干预者是否同时具有这三种有效性。如果干预者的行为是有效的,干预者必须具备一系列特征,这些特征包括丰富的军事和非军事资源,以及能够成功运用这些资源的相应策略。干预者要成功地进行干预,首先要取决于它(它们)在多大程度上具备这些特征,其次也要考虑到干预所要影响的环境。干预实施的可能性及有效性的高低是由所涉及的环境决定的。当干预者进行干预并想提高成功的可能性,它要想获得充分的合法性就必须将有效性作为其充分必要条件。在大多数情况下,有效性是不可能充分的,因为干预者并没有把握干预一定会获得成功。也就是说,在现实中,干预者并不能获得完全的合法性,多数情况下获得的是充分的或较大程度的合法性。干预者要增强其干预的合法性,还必须得考虑到国际法学家所提到的"交战正义"的相关原则。第一个原则是"外部的交战正义",这一整套原则指的是干预者如何让被干预国的民众适应外部的干预行动。这一原则包含有关非战斗人员豁免权的一些严格的规则,其表明对平民的伤害是不被允许的;还包含比例原则,即干预行动要尽量减少伤亡。第二个原则是"内在的交战正义",这一整套原则指的是干预者如何对待本国的平民。这一原则包含对参与干预的士兵类型的限制及对会引起自身士兵过度或可以避免的伤害的禁止。除此之外,干预者想要提高干预的合法性还必须考虑到一些非工具性的要素。较为重要的莫过于要提高干预者的代表性,包括内在代表性和外部代表性两个方面。干预者想要建立其内在代表性,可以通过投票和民意调查来获得,换句话说,要充分顺应民意;干预者想要建立其外部代表性,应当直接地更多地获得被干预国民众的想法,这在实践中很难实现,往往从那些可以依赖的媒体那里获得。

总的来说,温和工具主义路径关于国际干预合法性的阐释是:干预者想要获得完整意义上的合法性,就必须提高干预的当地的外部有效性、全球的外部有效性和内在有效性,遵循外部的交战正义和内在的交战正义的相关原则,并且在对内和对外都兼具代表性;而干预者想要获得充分的或程度较高的合法性,没必要具备这些所有的因素,不过具有的因素越多,合法性程度也相应地会提高。

虽然温和工具主义路径及其他的一些视角能为国际干预的合法性及其获得和提高的方法提供较好的解释,但在实践中国际干预的合法性却相当复杂,特别是国际干预的外部合法性问题引发学界的诸多疑问。其一,干预的目的。很多

---

[1] James Pattison. Humanitarian Intervention and the Responsibility To Protect:Who Should Intervene?[M]. Oxford:Oxford University Press,2010:182.

学者担忧人道主义目的可能会引发更多类型的冲突或干预,因为干预者往往都存在不可告人的动机或目的。其二,使用武力保护人权的道德合法性。人权保护理念的核心是宽容及和平的观念,而武力干预的做法是在本质上与这一观念发生了抵牾。这实际上涉及国际干预的道德目标。根据詹妮弗·威尔什的观点,反国际干预的道德批评主要归为两类:一类是主权国家为民族自决进程提供了重要的保障,它们本身就是道德实体并且拥有不干涉原则的一些推定性权利;另一类是结果主义的论点,表明即使克服了民族自决的问题,只要干预产生了一些消极的后果它就应该被反对。[1] 其三,合法性与正当性的矛盾。在不同的情况下,现实国际社会往往存在合法性和正当性两种价值谁更优先的争论,而当前的国际法框架下的国际行为又很难同时兼顾这两种价值。其四,在面对大规模侵犯人权的状况时,有时很难判定作为还是不作为哪个更具有合法性。为了考察作为和不作为会引起的状况,国际社会一般会选择做个案分析以得出答案,而这种做法是选择性的。虽然这种选择性往往是不可避免的,但不意味着它是尽如人意的。[2] 一方面,它允许这些决定保持专门的政治性,另一方面,它却没有增加现有国际法框架下国际行为的合法性。面临以上这些问题,国际社会迫切希望在实践中创造出新的国际规范来到解决国际干预合法性存在的问题。而"保护的责任"作为21世纪以来一种新的国际干预的理念或规范,在很大程度上加强了联合国及国际法在其实施中的重要作用,因此也进一步提高了国际干预的合法性。以此为基础,笔者下面就对"保护的责任"下武力使用的合法性依据进行分析,以说明"保护的责任"如何在内容上体现其增强了当前国际社会中武力使用的合法性。

二、"保护的责任"下武力使用的合法性依据

根据笔者的观察和分析,目前至少有四个"保护的责任"的原始文本直接涉及了武力使用的合法性依据。[3] 第一个文本是2001年干预和国家主权国际委员会的《保护的责任》报告。该报告提到"保护的责任"的基础在于四个方面:一是

---

[1] Jennifer Welsh, From Right to Responsibility: Humanitarian Intervention and International Society[J]. Global Governance, 2002:508.

[2] Thomas Franck, Recourse to Force – State action against threats and armed attacks[M]. Cambridge Vniversity Press, 2002:4.

[3] 虽然"保护的责任"的其他几个文本也涉及了武力的使用,但多只是转述这四个文本关于武力使用的相关内容。

主权这一概念本身所包含的固有的义务；二是联合国宪章二十四条❶；三是国际法的相关原则（国际人道法、人权保护相关的宣言、条约等，国内法规定的义务）；四是联合国安理会、各层次区域性组织和各个国家在实践中探索出的做法等。❷ 第二个文本是2004年联合国威胁、挑战和改革问题小组的《一个更安全的世界：我们的共同责任》报告。该报告的"武力使用：细则和准则"部分涉及了何时使用武力才是合法的和正当的。联合国宪章第二条第四款明确禁止成员国之间彼此使用武力或以武力相威胁，只有两个例外：联合国宪章第七章第五十条关于会员国自卫权和第四十一条、四十二条关于联合国如何恢复并促进和平和安全的非武力及武力手段。为使安理会在限制武力上发挥实际的效用，该报告赞成运用"保护的责任"这一国际规范为安理会随时在万不得已的情况下批准军事干预提供重要的标准。除此之外，我们应当尊重联合国安理会为国际集体安全体制中的权威作用，不应绕开它单独采取行动，国际社会只能在联合国安理会的授权下使用武力。联合国安理会同意或批准使用武力需要遵循威胁的严重性、正当的目的、万不得已的办法、相称的手段和权衡后果等五个标准。❸ 第三个文本是2005年的《世界首脑会议成果》。该成果的139段认为，国际社会首先应通过联合国根据《宪章》第六章和第八章的内容，使用非武力手段（人道主义、外交等）帮助保护人民免遭"保护的责任"规定的四种特定罪行的侵害。如果这些非武力手段难以奏效，可以根据《宪章》，尤其是第七章关于应对威胁和破坏和平的办法，通过安全理事会与各级区域和此区域组织及相关国家合作，来及时、果断地采取集体行动。最后该成果强调："保护的责任"及所涉及的问题，要考虑到《联合国宪章》和国际法的相关原则。❹ 第四个文本是2012年秘书长的报告《保护责任：及时果断的反应》。该报告指出，"保护的责任"及其概念是以国际法的相关原则（如人权保护的相关宣言、条约等，难民法和国际人道法等）为基础的。在现有的条件下，国际社会可以联合国宪章为基础采用多种工具参与"保护的责任"及其概念的实施：根据第六章和平解决争端，根据第七章对威胁、破坏和平及侵略行为采取行动，以及区域和次区域安排按照第八章采取行

---

❶《联合国宪章》第二十四条主要包括两方面的内容：(1)为保证联合国行动迅速有效起见，各会员国将维持国际和平及安全之主要责任，授予安全理事会，并同意安全理事会于履行此项责任下之职务时，即系代表各会员国。(2)安全理事会于履行此项职务时，应遵照联合国之宗旨及原则。为履行此项职务而授予安全理事会之特定权力，于本宪章第六章、第七章、第八章及第十二章内规定之。

❷ ICISS.The Responsibility to Protect[R].Ottawa：International Development Research Center,2001：8.

❸ 联合国威胁、挑战和改革问题小组：《一个更安全的世界：我们共同的责任》，联合国文件(A/59/565)，第185—209段，2004年。

❹《世界首脑会议成果》，联合国文件(A/RES/60/1)，第139段，2005年。

动。国际社会应充分应用这些工具与区域组织或国家展开合作以预防和果断、有效地及早采取行动,在万不得已的情况下为保护人民可以采取更具胁迫性的行动。❶

综合以上"保护的责任"相关文本的内容,笔者认为这些文本体现的"保护的责任"关于武力使用的合法性依据主要有两个:一是国际法相关原则(如人权保护的相关宣言、条约等,难民法和国际人道法等),二是联合国宪章的相关内容(第一章、第二章、第六章至第八章等)。笔者下面将分别对它们关于武力使用的合法性地位进行阐释和分析。

国际法的相关原则的地位体现在:它是国际社会合法使用武力的指导性原则,并且可以说是"保护的责任"及其概念产生及发展的重要基础。国际法中的成文法和习惯法都涉及某些行为是否合法或是否具有合法性。以前很多学者多侧重用国际成文法来探讨国际社会中武力使用的合法性。20世纪90年代的一些干预案例促使众多学者把关注点转向国际习惯法。因为国际习惯法能够随着国际实践的深入不断增加其内容,甚至能为联合国框架外的一些国际干预提供合法性。例如北约干预科索沃,西方国家的众多学者引用国际习惯法论证其为具备合法性的非法(legitimate but illegal)干预。❷ 这种做法不仅挑战联合国安理会的权威,同时也增加了广大发展中国家应对外部干预特别是来自西方大国干预的难度。在此背景下,"保护的责任"作为一种新的国际干预规范应运而生。为了抑制在国际法学界这种不良的思潮,"保护的责任"强调任何干预只要不经过联合国安理会的授权,即使相关的国际习惯法允许就是非法的,更不具有合法性。

联合国宪章的地位体现在:它为国际社会武力的使用提供最重要的合法性来源。联合国宪章倡导的是不干涉政策,国家或国家集团任意使用武力的权利因此受到严格的限制。当然武力的禁止也存在联合国宪章第七章所提到的两个例外:关于会员国单独或集体使用自卫权的规定及关于联合国安理会授权下如何恢复并促进和平和安全而采取的非武力及武力手段。实际上,联合国宪章没有直接涉及联合国支持的或国家单独实施的国际干预问题。然而,它所体现的一些原则是与国际干预间接相关的。国际社会可以利用联合国宪章关于武力使用的条款来对一些国际干预行动是否合法进行明确的判断。由此可

---

❶ 潘基文:《保护责任:及时果断的反应》,联合国文件(A/RES66/874 或 S/2012/578),第9段、第59段,2012年。

❷ Independent International Commission on Kosovo. Kosovo Report: Conflict, International Response, Lessons Learned[M].Oxford:Oxford University Press,2000:4.

见,联合国宪章关于武力的使用及其合法性的阐释是非常宽泛的,这可能会带来一些问题。

联合国宪章中至少有两个方面的内容是允许如"保护的责任"所涉及的人道主义干预。一是联合国宪章的序言以及第一章中有关基本人权的一些条款。这些条款只是提出要保护人权,但没有指出当人权真正受到侵犯时应该采取哪些措施。[1] 二是联合国宪章提到了国际社会在联合国的支持下进行干预的可能性。联合国宪章第二条第七款规定国际社会可以对一国国内管辖的事件进行军事干预。[2] 不过这类国内管辖的事件是指对国际和平和稳定造成威胁的安全问题,它们是否包括对人权问题的干预并未有明确的规定。以上这两方面的内容经过半个多世纪的实践证明可以为人道主义相关的干预问题的解决提供重要的参考。[3] 然而,对联合国宪章的内容进行仔细分析后可以发现,它所倡导的一些理念及条款存在难以调和的冲突。比如对人权保护的促进和对一国管辖权的尊重的关系,这两者之间的紧张关系因国家实践的不断演进而日趋复杂。

由此可见,"保护的责任"下武力使用的合法性基础首先可以被简单地表述为:国际法的相关原则(如人权保护的相关宣言、条约等,难民法和国际人道法等)是其理念或规范上指导性的原则,而联合国宪章的相关内容(第一章、第二章、第六章至第八章等)为"保护的责任"下武力的实施提供多种工具支持。另外,一个重要国际机构——联合国安理会的作用不容忽视。在上一节提到,联合国安理会是当前国际社会最具合法性的国际机构。"保护的责任"的相关文献都强调这样一个规定:即当前国际社会进行的干预只有经过联合国安理会的授权才是合法的。只要某国存在"保护的责任"所涉及的四项侵犯人权的特定罪行,国际社会在获得联合国安理会的授权的情况下,依据国际法的相关原则和联合国宪章关于武力使用的相关规定,由此可以对该国进行军事干预。前文提到,"保护的责任"所涉及的四项侵犯人权的特定罪行的定义及具体内容已经在《国际刑事法院罗马条约》有详细的规定。[4] 因此有必要对联合国安理会——这一作为"保护的责任"下授权使用武力的实际合法性来源——进行分析。

---

[1] 联合国宪章甚至没有给人权下定义,但它给予了联合国安理会何种情况下是人权受到侵犯的解释权。

[2] 《联合国宪章》第二条第七款内容:本宪章不得认为授权联合国干涉在本质上属于任何国家国内管辖之事件,且并不要求会员国将该项事件依本宪章提请解决;但此项原则不妨碍第七章内执行办法之适用。

[3] Adam Roberts,The United Nations and Humanitarian Intervention[M]//Humanitarian Intervention,International Relations.Jennifer Welsh.Oxford:Oxford University Press,2004:74.

[4] 国际刑事法院罗马规约[EB/OL]. [2014-10-15]. http://www.un.org/chinese/work/law/Roma1997.htm.

联合国安理会在应对人道主义危机时应具有的法定地位或资格在宪章第六章(争端的和平解决)和第七章(对和平的威胁、破坏及侵略行为的应对办法)已有详细的论述。虽然安理会最初被设计为主要处理国际冲突问题,但这两章的内容实际上增加了安理会处理更为广泛的安全问题的空间,进而赋予了其更多的合法性。另外,联合国宪章第24条授权安理会在处理各种安全问题负有主要责任,第39条授权安理会有和平的威胁、破坏或侵略行为之是否存在的断定权。❶ 这都相应地扩大了联合国安理会的职权范围。值得注意的是,联合国宪章的第八章也规定了区域组织为确保其成员国实现单独或集体自卫权可以未经联合国安理会授权使用武力。❷ 虽然在国际关系现实当中,联合国的层次显然比区域组织要高,但是在宪章中并没有明确提到这两者之间的关系。这是否意味着联合国在应对上面所提到的区域组织面临的状况时不具有合法性?这应该是联合国宪章本身所存在的问题。笔者将在下一节更为深入地涉及"保护的责任"下武力使用的相关争议,但在探讨这些争议之前有必要详细地了解"保护的责任"下武力使用的标准和方式的内容,以能更全面和系统地理解和分析"保护的责任"下武力使用的合法性问题。

第二节　"保护的责任"下武力使用的合法性问题

笔者认为,对"保护的责任"下武力使用的合法性问题的深入探讨需要涉及两个层面:一是从"保护的责任"的文本出发对保护的责任下武力使用的标准和方式有一个全面而准确的理解,二是在此基础上具体探讨"保护的责任"下武力使用的合法性的相关争议。

一、"保护的责任"下武力使用的标准和方式

前文提到,当前"保护的责任"下武力使用的重要前提是联合国安理会的授权,即国际社会要接受安理会作为是否以及何时决定进行军事干预的合法仲裁

---

❶ 《联合国宪章》第二十四条第一款:为保证联合国行动迅速有效起见,各会员国将维持国际和平及安全之主要责任,授予安全理事会,并同意安全理事会于履行此项责任下之职务时,即系代表各会员国。第三十九条:安全理事会应断定任何和平之威胁、和平之破坏或侵略行为之是否存在,并应作成建议或抉择依第四十一条及第四十二条规定之办法,以维持或恢复国际和平及安全。

❷ 《联合国宪章》第五十一条至第五十四条的内容[EB/OL].[2014-10-15]. http://www.un.org/zh/documents/charter/chapter8.shtml.

机构。这就涉及军事干预的标准及方式问题。当前国际关系的现实是,联合国安理会只能在特定情形下有效地进行决策。当前,国际社会要想让安理会变得更为有效意味着需要优化其决策程序,尤其是确保其授权或支持的军事干预是在坚实的证据基础上做出的,并符合道义的准则。❶ 换句话说,"保护的责任"下武力使用标准和方式的确定必须是以提高联合国安理会的有效性为前提,即其授权或支持的军事干预不仅在法律上是合法的,而且在道义上也是正当的。

  冷战结束后,合法性和正当性的争论第一次受到广泛关注是1999年瑞典发起的科索沃委员会认定北约对科索沃的干预不是合法的,但却是正当的。科索沃委员会认定其不合法的原因是该干预并未获得联合国安理会的批准,认定其正当的原因是它运用了一些关联性的原则,即不能对科索沃境内日益恶化的人道主义状况袖手旁观。科索沃委员会的这一观点有两个推论:其一,只要军事行为在道义上是不正当的,即使在法律上合法也是没有意义的,即道义上的正当性优先于法律上的合法性;其二,道义上的正当性有助于产生法律上的合法性。❷ 这种观点对联合国安理会的权威及声誉造成极大的损害。为了抑制这种不良的思潮,重振联合国安理会的权威,ICISS与2001年提出了"保护的责任"。"保护的责任"强调联合国安理会授权的国际干预才是合法的和正当的,而联合国安理会自身也必须采取一些合理的标准来增强国际干预的合法性和正当性。在"保护的责任"的相关文献中,2001年ICISS的报告和2004年联合国专门设立的威胁、挑战和改革问题小组发布的报告具体涉及了军事干预的标准。前一个报告提出军事干预应遵循六个标准。后一个报告提出了五个关于军事干预的标准。实际上,这两个报告直接反映或来源于正义战争的传统。在一定范围之内,正义战争的传统的确可以作为判断武力使用的标准。尽管起源于欧洲中世纪基督教的正义战争的理论存在诸多的缺陷,例如它和世界其他地方的宗教及知识传统存在不一致的地方,但它大致提供了进行合法和正当战争的基本原则。❸ 正义战争理论自产生起就从未成为国际成文法的一部分,而是被人们归类为一种行为的道德规则。干预与国家主权国际委员会和联合国威胁、挑战和改革问题小组的专家学者们对正义战争理论关注更多的不是其文化或宗教含义,而是其具有的普遍意义的应用价值。比较而言,ICSS基于正义战争理论提出的军事

---

 ❶ Gareth Evans, The Responsibility to Protect: Ending Mass Atrocity Crimes Once and For All[M]. Washington, D.C.: Brookings Institution Press, 2008:139.
 ❷ Independent International Commission on Kosovo, The Kosovo Report: Conflict, International Response, Lessons Learned[R]. Oxford: oxford University Press, 2000:3.
 ❸ 郭寒冰. 当代国际社会合法使用武力问题研究[M]. 北京:时事出版社, 2012:29.

干预标准得到了世界各国的广泛接受。笔者下面就对这些标准进行详细的阐释和分析。

第一个标准是正当的理由。它是进行军事干预的起点标准。在《保护的责任》报告中，正当的理由是指已经发生了或可能马上就要发生的两种严重的不可弥补的危害人类的情形：大规模丧生和种族清洗。而在2005年的《世界首脑会议成果》将其进一步明确为种族灭绝、战争罪、族裔清洗和危害人类罪等四种特定的罪行。正当理由的标准必须设置得高且严格，有两个原因：一是在理论上看，用于人权保护目的的军事干预只能在一些特殊或例外的情况下才能实施；二是在实践上看，如果这一标准被设置得较低，它就会被国际社会中的干预者随意应用而逐步丧失权威。前文提到，"保护的责任"下军事干预实施的前提实际上有两个：一是联合国安理会的授权，另一个就是正当的理由。"保护的责任"的正当理由所包含的四种特定罪行在2005年世界首脑会议上获得了150多个国家的认可，联合国授权国际社会以此为理由进行军事干预也较易达成共识。

第二个标准是正确的意图。干预首要的或基本的目的是避免或阻止人们经受人道主义灾难。虽然推翻政权可以为保护人权起到最为直接的作用，但它不应当是一个合法的或正当的目标。一个确保正确意图的重要方式是通过集体或多边的合作而不是靠单个国家的行动来实现。被干预国所在地区的其他国家可能比域外国家更为有意愿来参与军事干预行动。不可否认的是，干预者在干预过程中会带有多种动机，而且它必然会在追求自身利益的基础上参与军事干预，这是当前国际政治中的现实。但在这个日益相互依赖的国际社会中，一国的问题有可能成为各国都会面临的普遍问题，一国的利益也不能仅仅靠一国自己去实现。只要干预者不把军事干预行动视为简单的政策实施的工具，并在客观上有利于保障人权，并且促进了被干预国的和平与发展，就可将其干预的目的视为正确的意图。

第三个标准是最后的手段。这一标准指的是国际社会关于阻止和避免某一国平民经受人道主义灾难所采取的非武力手段已经能被证明不再奏效，武力手段是最后的考虑，或者说是不得已而为之的选择。非武力手段可能包括外交劝说、经济制裁、国际刑事法院的起诉及其他可以令人信服的手段。这些手段应该都被运用过但最终都没有成功阻止和避免某一国平民经受人道主义灾难。

第四个标准是均衡的方法。这一标准要求干预者根据干预的目标和被干预国的实际情况运用适当的方法和手段进行军事干预，不超过规定的时限、规模及强度，以实现干预的较高有效性。另外，对被干预国的政治体系的影响必须被控制在一定的范围之内，不能因为保护人权而将被干预国的政权推翻。

第五个标准是合理的成功机会。这一标准要求干预者进行的干预必须要有合理的实现成功的机会,以不至于对被干预国的人权、和平和发展造成更大的损害。

第六个标准是正确的授权。当前,"保护的责任"将联合国安理会设定为授权军事干预的唯一合法的国际机构,国际社会采取的任何军事干预行动都必须获得联合国安理会的授权。对联合国安理会授权干预的申请可以由请求干预者、安理会及联合国秘书长等三类主体提出。在接到请求干预的要求时,联合国安理会应当加以审议并对相关事实进行核查。安理会的五大常任理事国应当就保护人道主义目的的军事干预进行广泛的协商,并一致支持安理会所授权的军事干预。❶ 除此之外,我们经常忽视"保护的责任"下联合国安理会授权的另一项重要内容。那就是如果安理会的五大常任理事国在军事干预问题上很难达成分歧时该怎么办? 尤其是军事干预与五大常任理事国的利益切身相关时只能让安理会关于该问题的讨论陷入困境。《保护的责任》报告提出了两个替代的方案:一是依照"联合一致共策和平的程序"召开联合国大会紧急特别会议来对此时进行审议,二是区域或次区域组织根据联合国宪章第八章(区域办法)规定在其区域内采取行动随后必须请求安理会予以授权。❷ 如果这些替代方案仍不奏效,要么发生四种特定罪行的国家的人民会遭受更严重的人道主义灾难,要么有关国家有可能就会绕开联合国安理会采取干预行动,这对联合国安理会的权威将是极大的损害。

关于"保护的责任"下武力使用的方式,2001年干预和国家主权国际委员会的《保护的责任》报告进行了详细的论述。这些方式包括:在发生冲突或威胁发生冲突时武器禁运,这是安全理事会和国际社会的重要工具;终止军事合作和培训计划,这是各国为了促使国际准则得到遵守而使用或威胁使用的另一种常见但激烈程度较低的措施;在极端和非同寻常的情况下做出反应的责任可能涉及需要诉诸军事行动。❸ 2011年美英法等北约国家在取得联合国安理会授权后对利比亚的联合干预行动在军事领域都采取了以上的方式。在联合国安理会通过的1970号和1973号决议中都包含了对利比亚实行武器禁运的内容,并谴责和阻止对利比亚的军事援助与合作的行为。在此基础上,2011年3月19日,美英法等北约12个成员国开始对利比亚进行了长达7个月的军事打击行动。在对

---

❶ ICISS.The Responsibility to Protect[R].Ottawa:International Development Research Center,2001:8.
❷ ICISS.The Responsibility to Protect[R].Ottawa:International Development Research Center,2001:8-9.
❸ ICISS.The Responsibility to Protect[R].Ottawa:International Development Research Center,2001:29-30.

非单边干预行动中,美国对达尔富尔危机的干预和法国对科特迪瓦、马里和中非的干预也都基本采取了以上的方式。2004年联合国安理会通过的1556号决议就决定对达尔富尔地区的阿拉伯民兵实施武器禁运,并防止外部势力与其进行军事合作和技术培训。美、英、法等国先后提案促使联合国通过了向达尔富尔地区派遣联合国维和部队的1706号和1769号决议,使苏丹最终接受联合国和非盟混合维和部队进驻达尔富尔地区。由于多年动乱,联合国在21世纪初就通过诸多决议对科特迪瓦、马里和中非相继实行了武器禁运。作为这些国家前宗主国的法国,一直支持这些国家的政府打击叛军和恐怖主义势力,并越来越倾向于与非盟及西共体等非洲区域组织合作来对这些国家的安全问题进行军事干预。

二、"保护的责任"下武力使用的相关争议

根据前文的分析,"保护的责任"下武力使用的合法性主要包含两个层次的内容:其一,在理论上,国际法的相关原则(如人权保护的相关宣言、条约等,难民法和国际人道法等)和联合国宪章的相关内容(第一章、第二章、第六章至第八章等)是其武力使用合法性的理论依据;其二,在实践上,联合国安理会的授权及干预的标准(尤其是涉及四种特定罪行的正当理由)是其合法实施军事干预的重要前提。关于第一层次的相关争议在前文已有所涉及。由于国际法的相关原则和联合国宪章多属于已经成文的法律或规范[1],谈其争议就要涉及国际法和《联合国宪章》改革这一重大议题。拘于论文主题和篇幅所限,作者在此不再详细论述。而第二层次的相关争议是直接涉及"保护的责任"的实践层面,并且因为它们是当前人道主义军事干预实施的两大前提,因此受到国际社会更多的关注。由于国际社会对这两者存在的争议很多,笔者只选取其中两个最具争议或最根本的问题进行分析。

争议之一:联合国安理会作为授权军事干预的合法性来源本身是否合法?

2001年《保护的责任》报告提出,无论在任何情况下,任何主体实施军事干预之前都应当经过联合国安理会的授权。通过对当前国际关系的现实及相关国际法文件的分析,可以发现这个规定并不难让人理解。比较有说服力的一点是,联合国是当前国际社会权威性最高的国际组织,而它将其维持国际和平和安全的主要责任授予给了联合国安理会(联合国宪章第二十四条),因此安理会在国际安全事务特别是军事干预问题上应当享有最高的权威。但是,我们也可以变换一个思维来看,联合国安理会本身作为军事干预授权的合法性来源是否合法?

---

[1] 联合国宪章属于造法性条约(law-making treaty),属于国际法的直接来源。

或者换句话说,安理会作为武力使用的仲裁机构是最可信的吗? 仲裁机构的可信度涉及两个方面的内容:一是该机构应当是公平的、透明的,并且在程序上是公正的;二是该机构在多数情况下都能做出正确的裁决。❶ 实际上,联合国安理会在这两方面都存在很大的问题。联合国安理会的决议往往是在大国的妥协之下才得以通过,弱国和小国的利益不可能通过公平透明的方式得到保证。况且,如果大国在某些问题上难以达成妥协,它们完全有能力绕开联合国独自进行干预(如科索沃),而联合国也难以采取措施惩罚这些越权干预的大国。同时,联合国安理会做出的相关决议是否是正确的裁决,这个问题也很难判定。基于这些原因,我们可以做出这样一个判断:联合国安理会本身作为军事干预授权的合法性来源不一定是合法的,国际社会选其作为国际干预的仲裁者在一定程度上有可能是错误的。

争议之二:"保护的责任"所涉及的干预的标准在实践中是否具有操作性?

2001年《保护的责任》报告提出军事干预应遵循六个标准。有学者认为这些标准在实践中具有操作性,并且能够保障"保护的责任"下武力使用的合法性。例如加里斯·埃文斯就强调:这六个标准会改变安理会辩论的本质;会增大安理会在是否或何时军事干预问题上达成共识的可能性;会扩大国际社会对安理会决议的支持力度;会减少单个成员国绕开或漠视安理会权威的可能性。❷前联合国秘书长科菲·安南也在2005年在联大做的报告中也指出,"承诺以这样的方式(《保护的责任》报告提出的军事干预的标准)来说明采取军事行动的理由,安理会的审议工作就可以更加透明,其决定更可能得到各国政府和世界舆论的尊重"❸。

与此同时,也有学者认为"保护的责任"所涉及的干预的标准不具有可操作性,主要是这些标准没有"量度",在实践中往往可能被某些大国滥用而进行实质上的非法的军事干预。芝加哥大学的罗伯特·佩普(Robert A. Pape)教授2013年初在《国际安全》上专门撰文提到了这个问题。他认为"保护的责任"并没有提供一个明确的标准来说明人道主义侵害严重到何种程度时需要进行军事干预。"保护的责任"下的军事干预的门槛实际上显得很低,而脆弱国家的国家

---

❶ James Pattison. Humanitarian Intervention and the Responsibility To Protect: Who Should Intervene? [M]. Oxford: Oxford University Press, 2010: 188.

❷ Gareth Evans. The Responsibility to Protect: Ending Mass Atrocity Crimes Once and For All[M]. Washington, D.C.: Brookings Institution Press, 2008: 141-142.

❸ 科菲·安南:《大自由:实现人人共享的发展、安全与人权》,联合国文件(A/59/2005),第126段,2005年。

主权很有可能随意受到损害。其一,"保护的责任"缺乏一个明确的标准来证明人道主义军事干预是正当的,这种标准所指向的是特定的人道主义暴行所指向的程度。其二,"保护的责任"难以确定伤害的程度,这种程度必须是干预者或潜在的干预者在干预前必须要接受的。其三,"保护的责任"必须使国际社会承担干预后的重建的工作,但在文本中也没有规定相关主体应该做到何种程度的援助。[1] 接下来,笔者将以上面所得出的一些观点对利比亚战争中军事干预的合法性进行评估,以期更直接地考察和分析"保护的责任"下军事干预的合法性问题。

第三节 利比亚战争中军事干预的合法性评估及其思考

要考察和分析"保护的责任"下军事干预的合法性问题,不得不谈及2011年的利比亚战争。由于利比亚战争获得国际社会的及时和果断的反应,因此许多学者将其列为"保护的责任"理念首次应用到实践的典型范例。利比亚战争真正赋予了"保护的责任"以现实意义,在此之前"保护的责任"的发展仅仅停留在理论上并且广受质疑。然而,这次以美国为主导的北约对利比亚进行的军事干预引发了国际社会的诸多争议。

一、利比亚战争的发展演变

2011年初,突尼斯的一个街头小贩的自焚行为促使该国政治环境发生剧变并迅速引发了整个西亚北非地区的政局动荡。虽然阿拉伯各国的政治和社会运动都有着相同的目标,即促进自身的民主、自由及人权,但最终给各国带来的影响是不尽相同的。摩洛哥和阿尔及利亚的政局变动相对平稳,突尼斯和埃及的人民分别成功推翻了统治本国长达24年和30年的独裁政府,而利比亚则是朝着令人的方向发展。利比亚内战造成了大量的人员伤亡,并引发了以美国为主导的北约对其进行的军事干预。统治利比亚长达42年的卡扎菲独裁政府被推翻,其自身也最终落得个伤重毙命的下场。利比亚战争的整个过程如表5-1。

---

[1] Robert A Pape, When Duty Calls? A Pragmatic Standard of Humanitarian Intervention[J]. International Security.2013,37(4):51-52..

第五章 合法性的争议：武力的使用

表5-1 利比亚战争进程表

时间(2011年)	事件
2月17日	"愤怒日"，有证据显示：卡扎菲的军队向抗议民众开火
2月18-24日	政府军相继从班加西、米苏拉塔和扎维亚等东部城市撤出
2月23日	英国开始使用包机、军用飞机和船只撤离其在利比亚的侨民
2月26日	安理会通过1970号决议，采取武器禁运和冻结资产等措施
3月3日	国际刑事法院(ICC)确认卡扎菲触犯了反人类罪
3月5日	反对派组成的"全国过渡委员会"(NTC)在班加西召开第一次会议
3月6日	政府军反攻并占领了拉斯拉努夫和布里加(重要石油产地)
3月8日	北约部署AWACS飞机在利比亚领空进行预警监测
3月10日	政府军继续向反对派的大本营进攻，法国承认"全国过渡委员会"为利比亚的合法政府，非盟拒绝外部干预利比亚
3月12日	阿拉伯国家联盟支持在利比亚设立禁飞区
3月17日	安理会通过1973号决议，在利比亚设立禁飞区，并授权国际社会采取一切必要措施保护利比亚平民的人权
3月19日	美、英、法部署"奥德赛黎明"行动对利比亚进行军事打击
3月20日	反对派从班加西开始反攻
3月25日	北约同意接管利比亚禁飞区的控制权
3月31日	北约部署"联合保护行动"获得利比亚禁飞区唯一的控制权
4月7日	政府军和反对派形成对峙的状态
4月19日-20日	英国、意大利和法国声称它们将向利比亚派出小规模的军事顾问团用于增强反对派的组织和协作能力，但它们极力否认会训练和装备反对派的军队
4月30日	北约在的黎波里的军事行动使卡扎菲的小儿子和三个孙子被炸死
6月4日	北约首次使用威力强大的阿帕奇武装直升攻击政府军
6月27日	国际刑事法院以反人类罪向卡扎菲发布逮捕令
6月29日	法国军方确认向陷入困境的反对派军队空投了武器
7月27日	英国承认"全国过渡委员会"为利比亚唯一合法的政府，并驱逐卡扎菲当局在英国的外交官

续表

时间(2011年)	事件
8月1日	反对派军队开始占据优势并向的黎波里方向进攻
8月14-15日	反对派军队在利比亚全境大部分占据优势
8月20日	反对派军队攻入的黎波里
8月23日	反对派军队占领的黎波里
9月1日	63个国家参加旨在促进利比亚国内各反对派之间和解的巴黎峰会;欧盟声称取消对利比亚的制裁并参与促进利比亚经济的改善;俄罗斯正式承认"全国过渡委员会"
9月16日	安理会通过2009号决议,决定设立联合国驻利比亚支助团
9月21日	卡扎菲的据点苏尔特爆发激烈的武装冲突
10月20日	卡扎菲被俘,随后因伤重死亡
10月31日	北约秘书长在访问的黎波里时宣称干预行动成功结束

资料来源:笔者根据相关资料整理而成。

通过表5-1对利比亚战争发展进程的梳理,笔者认为利比亚战争总体上经历了以下三个基本阶段。

第一阶段是国家内战阶段(2011年2月26日至3月18日),即利比亚国内冲突爆发至西方国家军事干预之前。由于利比亚卡扎菲政府对抗议民众的粗暴镇压促使国内冲突逐步升级,利比亚境内出现许多反政府武装,它们占领了利比亚东部多个战略要地。但此时,反政府武装力量比较弱小,尚无力与政府军直接对抗。政府军持续向反对派大本营进攻,反政府力量的控制区域不断缩小。与此同时,联合国及一些西方大国认定利比亚境内存在涉及"保护的责任"的人道主义侵害,联合国安理会通过1970号决议对利比亚卡扎菲政府进行政治、经济和外交等非强制性干预,但并未得到卡扎菲政府的积极响应。

第二个阶段是战争进入白热化阶段(2011年3月19日至8月19日),即美英法等北约国家开始对利比亚进行军事干预至反对派武装力量攻入首都之前。联合国安理会通过1973号决议授权相关国家及国际组织采取一切必要措施保护利比亚平民的人权。3月19日,美英法等北约国家根据联合国安理会的授权并以"保护的责任"的名义展开对利比亚的军事打击。值得说明的是,美英法等北约国家的军事干预促使利比亚国内局势发生根本性的变化。它们联合反对派武装对利比亚卡扎菲政权的军队及设施进行军事打击,使利比亚卡扎菲政权的军事力量不断减弱,其所控制的区域不断缩小。反对派武装逐步占据优势,在2011年8月中旬已经占领全国大部分区域,并向首都的黎波里进攻。

第三个阶段是战争走向结束阶段(8月20日至10月31日)。反对派武装在美英法等北约国家的帮助下占领首都的黎波里,并最终攻陷卡扎菲政权的最后一个据点——苏尔特,卡扎菲被俘,不过随后因伤重死亡。与此同时,国际社会开始讨论利比亚战后重建工作。为此,联合国安理会通过2009号决议,决定设立联合国驻利比亚支助团。10月31日,北约秘书长在访问的黎波里时宣布北约对利比亚的军事干预行动成功结束,这场持续8个多月的战争最终以利比亚国内政权发生更迭的状况收场。

由此可见,美英法等北约国家的军事干预行动是利比亚战争的性质及局势发生变化的决定性因素。正是由于它们的军事干预,利比亚战争由纯粹的国内战争发展成为涉及卡扎菲政权、反对派武装及美英法等国的国际性战争。在反对派武装完全陷入被动之时,美英法等北约国家的军事干预促使它们迅速壮大,并最终取代卡扎菲政权成为利比亚为国际社会承认的唯一合法政府。那么,美英法等北约国家的军事干预是否真的符合"保护的责任"文本的相关规定?接下来,笔者将以"保护的责任"所涉及的军事干预须遵循六个标准为基础来探讨利比亚战争的合法性问题。

二、利比亚战争与"保护的责任"下军事干预的标准

上文中提到,《保护的责任》报告提到军事干预须遵循六个标准。笔者将以此为基础对利比亚战争中军事干预的范围进行评估,并考察利比亚战争中武力使用的合法性。

第一,关于正当的理由。"保护的责任"的相关文献规定:合法军事干预的第一个标准是要有正当的理由。正当的理由意在表明干预是为了防止四种特定罪行(种族灭绝、种族清洗、战争和反人类)的发生。根据国际危机小组(International Crisis Group)的报告,利比亚政局的动荡始于2011年1月初该国民众对自身住房紧缺局面的不满。[1] 但是,当时利比亚政府还是有能力暂时平息这种抗议活动。利比亚政局动荡的真正原因尚不明确。大部分媒体的报道,将其追溯

---

[1] International Crisis Group: Popular Protest in North Africa and the Middle East (Ⅴ): Making Sense of Libya[EB/OL].[2014-10-22]. http://www.crisisgroup.org/en/regions/middle-east-north-africa/north-africa/libya/107-popular-protest-in-north-africa-and-the-middle-east-v-making-sense-of-libya.aspx.

到 2011 年 2 月 15 日和 16 日在利比亚东部城市班加西发生的骚乱。该骚乱的起因是利比亚卡扎菲当局逮捕了为 1996 年阿布萨利姆囚犯大屠杀案做辩护的律师菲蒂·塔贝尔(Fethi Tarbel),这直接引发了如同突尼斯和埃及那样类似的政局动荡。然而,根据国际危机小组的报告,要求进行抗议和暴动的声音主要来自利比亚境外,特别是来自侨居在英国和瑞士的利比亚人。真正有影响的抗议和暴动始自于埃及的穆巴拉克政权倒台之后。一个重要的证据是自那时起利比亚卡扎菲当局开始加强西部的黎波里地区的安全保障,而对东部发生骚乱的班加西地区并未采取有力的措施。❶

自 1969 年卡扎菲掌权起,利比亚的法律就禁止任何反对当局的团体进行活动。因此,民众的抗议活动引发了卡扎菲当局的残酷镇压,许多抗议者在与警察或军队的冲突中受伤或被逮捕。在 2 月 17 日,所谓的"愤怒日"(The day of rage),事态发生了重要的转折。有证据显示,卡扎菲的军队向民众开火。很多人权组织指出此时利比亚出现抗议者被强制失踪和致命武器被使用的情况。2 月底,随着反政府力量宣布拿起武器与当局抗争,暴力进一步升级。由此,和平抗议迅速转变成一场革命或国内战争。❷ 与此同时,国际社会持续关注利比亚的事态发展,联合国大会多次就此进行讨论。时任联合国大会主席的约瑟夫·戴斯(Joseph Dais)所做的报告指出,在短短半个月之内,利比亚政局动荡已造成 1000 人左右的死亡并使至少 1000 人受伤。联合国大会决定派出一个独立的调查委员会用于调查利比亚境内侵犯人权的行为。在要求利比亚国内各方停止暴力的同时,各国一致决定中止了利比亚作为联合国人权理事会成员国的资格。❸

面对日益升级的暴力抗议活动,卡扎菲表现的态度傲慢且言语具有挑衅性。他要求他的支持者们要把抗议者们像"老鼠和蟑螂"一样从街道上清理出去。❹

这一言论被认为是大屠杀即将来临,随后卡扎菲当局加紧了对抗议者的镇压。这里有一个问题:此时卡扎菲当局的镇压罪行是否是反人类的,且是满足以

---

❶ International Crisis Group:Popular Protest in North Africa and the Middle East (V):Making Sense of Libya[EB/OL].[2014-10-22].http://www.crisisgroup.org/en/regions/middle-east-north-africa/north-africa/libya/107-popular-protest-in-north-africa-and-the-middle-east-v-making-sense-of-libya.aspx

❷ Human Rights Watch.Libya country summary[EB/OL].http://www.hrw.org/sites/default/files/related_material/libya_2012.pdf.

❸ United Nations General Assembly.General Assembly suspends Libya From human Rights Council.Department of Public information[EB/OL].[2014-10-24].http://www.un.org/News/Press/docs/2011/gal 1050.doc.htm.

❹ National Post Staff.Gaddafi's Speech:Decoding a Tyrant's words.Accessed on the 21 February 2012[EB/OL].[2014-10-24].Available at:http://news.nationalpost.com/2011/02/22/gaddafis-speech-decoding-a-tyrant%E2%80%99s-words/

"保护的责任"进行军事干预的标准？此时，卡扎菲当局宣称武力使用的对象是抗议者，但我们很难判定抗议者是不是都是平民。假如我们认为卡扎菲当局武力使用的对象是平民，那它们的行为显然是违反国际法的，而且符合"保护的责任"进行军事干预的基本前提。但假如我们认为卡扎菲当局武力使用的对象是非平民，更确切地说是反对派，那么它们所采取的是应对武装冲突的正常行为。反对派主要由三类人组成：青年党人（Al Shabab）、圣战主义者（Jihadists）和士兵。青年党人是突尼斯和埃及革命结束后开始抗议的一部分人。他们主要包括大学生、公司职员、中年商人及一些无业者。大部分青年党人来自利比亚东部，并且长时间受到卡扎菲政府的压迫。圣战主义者中有相当一部分人是基地组织的成员。在这些人当中最出名的莫过于从阿富汗战场上归来人员组成的"利比亚伊斯兰战斗团"。反对派中的士兵基本上原来都属于利比亚政府军。[1]

众所周知，对于都有武器的交战双方来说，对平民发动的攻击是非法的。一旦发生非国际性的冲突，大量的规则和条约都强调不以平民为目标，并且要分清战斗及非战斗人员。这在《日内瓦公约》及相关的人权公约中都有明确的规定。《国际刑事法院罗马公约》也指明"故意指令攻击平民人口本身或未直接参加敌对行动的个别平民"是构成战争罪的要件。[2]

那么，卡扎菲当局有没有以平民为攻击目标？

其一，2011年国际刑事法院出台的报告表明，卡扎菲治下的利比亚当局犯了反人类罪。其原因是卡扎菲的安全部队存在以下行为：搜捕和拘留持不同政见者；在公共场所用重型的致命武器瞄准聚集的平民；试图掩盖以上或其他不法行为。卡扎菲当局应当为针对平民的罪行负起直接的责任。[3]

其二，2011年联合国人权理事会的报告表明，卡扎菲当局在冲突的初始阶段就派出雇佣军在反对派控制的地区肆意发动攻击。随着冲突的逐步升级，普通民众、外国人及寻求庇护者纷纷逃往邻国。[4]

由此，对利比亚进行军事干预的正当理由似乎已经成立了，即利比亚当局已

---

[1] Vira V, Anthony Cordesman, Arleigh Burke, 2011. The Libyan Uprising: an uncertain trajectory. Center for Strategic and International Studies. [EB/OL]. http://csis.0rg/files/publicati0n/l 10620_libya.pdf.

[2] 国际刑事法院罗马公约[EB/OL]. [2014-10-26]. http://www.un.org/chinese/work/law/Roma1997.htm.

[3] The office of the prosecutor, 2011. International Criminal Court; Second Report of the prosecutor of the international criminal Court to the UN security Council pursuantto UNSCR 1970[EB/OL]. http://www.icccpi.int/NR/rdonlyres/2DD92A0A-AC5E-49D9-A223-5C50654F3C25/283921/UNSCreportLibya Nov201 lENGl.pdf

[4] UNHCR, 201 la. Humanitarian Situation in Libya and the neighboring countries. Update no 4[EB/OL]. http://www.unhcr.org/cgibin/texis/vtx/home/opendocPDFViewer.html? docid=4d779303a&query=libya.

不再愿意履行保护其国内平民的基本责任,面对日益恶化的人权状况,国际社会不应当坐视不管了。然而,很多问题的存在使这一标准仍备受争议。如果正如以上的报告及文件所显示的那样,利比亚卡扎菲当局的确犯了战争罪和反人类罪,那么外部在联合国安理会授权下以"保护的责任"的名义进行的军事干预就应当是合法的。但我们忽视了一个最重要的事实,那就是:作为评判者的国际机构的观察家们获得的信息是不完全的。这就使得外部对利比亚进行军事干预的正当理由仍是不明确的。我们甚至很难确定利比亚卡扎菲当局是否犯了特定的罪行,或者换句话说,在冲突中这些特定罪行的实行者是尚存疑问的。

第二,关于正确的意图。简单来说,正确的意图是指干预者进行干预的目的是为了使一国的民众避免或摆脱四种特定中的一种或多种罪行的侵害。联合国安理会通过的有关利比亚局势的 1970 号和 1973 号决议提到,利比亚存在人道主义侵害的状况,对利比亚进行干预的目的是为了保护冲突中的平民并试图重建和平。因为利比亚国内混乱的状况对北非及中东地区安全产生了不良的影响,由此联合国安理会可以按照联合国宪章第七条的规定授权国际社会对利比亚进行军事干预。由此,应对国际和平与安全的威胁及保护人权是对利比亚进行军事干预的正确意图。实际上,以"保护的责任"对利比亚军事干预的是以美、法和英等为代表的北约国家。这些国家进行干预肯定会不可避免地掺杂自身利益的需求,这就使干预进行的真正意图变得不够明确。

就美国而言,奥巴马曾谈到干预利比亚的目的在于保护班加西的平民免受攻击,以及应对利比亚局势对全球和平与安全造成的威胁。[1] 就这两个目的进行比较,明显后一个比前一个更符合现实的状况。利比亚国内的冲突肯定对国际油价产生影响,从而引起世界经济的不稳定。从这个意义上看,保护石油(油价)比保护人权更为重要。

就英国而言,对利比亚进行军事干预主要是基于能源考虑。由于当时英国石油公司经营不善,英国迫切开发新的市场。英国同利比亚的反对派达成协议,即对其提供支持可能对日后英国在利比亚进行石油开采非常有利。[2]

法国则意图恢复其优势地位。时任总统的萨科齐采取的是进攻性的外交政

---

[1] Shaffer. M, 2011. Transcript of president Obama Libya's speech. National Review Online [EB/OL]. [2014-10-28]. http://www.nationalreview.com/egyptwatch/260570/transcript-president-obamas-libya-speech-matthew-shaffer.

[2] Stratfor,2011.France,U.K have differing motives for intervening in Libya.Forbes Magazine.[EB/OL]. [2014-10-28]. http://www.forbes.com/sites/energysource/2011/03/29/france-u-k-have-differingmotives-for-intervening-in-libya.

策以获取国内民众对其执政的支持。比较成功的案例是他促成了俄罗斯和格鲁吉亚之间的停火谈判。萨科齐的意图可能是:法国如有机会成为干预利比亚的一分子,甚至成为主导者可以有力地回击对手对其在应对突尼斯和埃及事件时无所作为的批评。同时法国可以通过这次干预重振其在欧洲的大国地位,特别是自2009年全球性金融危机后德国在欧盟决策中发挥重要的作用。[1]

试想,如果美、英和法等国对利比亚进行军事干预只是单纯地为了保护人权和促进和平,那么它们为什么不去干预叙利亚和也门等人道主义侵害可能更为严重的国家?由此可见,这些国家对利比亚进行军事干预的真正意图不过是为实现自身的利益。

第三,关于最后的手段。最后的手段是指所有非军事手段在得到尝试后均不奏效,而武力的使用被确信为最终能解决问题的途径。在对利比亚进行军事干预之前,国际社会已经采取多种非军事手段试图控制利比亚国内局势的发展。众多国家及非盟、阿盟等国际组织纷纷在冲突初期就对暴力进行谴责。尤其是联合国安理会在2011年2月26日通过的1970号决议在对利比亚国内发生的侵犯人权的行为进行谴责的同时,倡导在对利比亚进行军事干预前必须尝试多种非军事手段。

1970号决议包含了许多非军事手段,例如,武器禁运、限制旅行和资产冻结等,这些手段是国际社会运用"保护的责任"对利比亚进行干预必须首先予以考虑的。虽然利比亚并不是《国际刑事法院罗马条约》的缔约国,但该决议仍以国际刑事法院在2011年年初做出的与利比亚局势相关的报告作为基础。《国际刑事法院罗马条约》是允许被转引的。实际上,这是联合国安理会第二次转引国际刑事法院的相关报告。上次转引得追溯到国际刑事法院对苏丹总统巴希尔提出的控诉。就利比亚局势而言,在冲突的初期就转引国际刑事法院的相关报告是前所未有的,尤其这些报告作为采取最后手段的重要基础。就此,笔者有一个疑问:联合国安理会转引国际刑事法院的调查报告是否公平公正?因为转引作为一种行为已经暗示卡扎菲当局已经触犯了反人类和战争等特定罪行,即成为一个事实。另外,国际刑事法院的调查报告重在观察利比亚当局的行为,却忽视了外国政府及国民在利比亚的行为。这就意味着:一旦外国人及执行干预的国家或地区组织的成员触犯了"保护的责任"相关的四种特定罪行,国际刑事法

---

[1] Stratfor,2011.France,U.K have differing motives for intervening in Libya.Forbes Magazine.[EB/OL].[2014-10-28]. http://www.forbes.com/sites/energysource/2011/03/29/france-u-k-have-differingmotives-for-intervening-in-libya.

院是无权进行起诉的。这就使联合国很难就外国人、其他国家或地区组织在利比亚的行为进行客观的分析,但安理会却采用了国际刑事法院的报告,这就带来了一个问题:利比亚的局势真的已经严重到必须要用武力作为最后手段的地步了吗?

笔者对上述问题表示怀疑。有学者就提到,联合国安理会并没有给予充足的时间来考察制裁和武器禁运等非武力手段是否有效。[1] 非盟和阿盟等地区组织为实现利比亚国内的和平做出过诸多重要的尝试,但都受到了诸多大国的忽视。随着冲突的进一步升级,卡扎菲当局也尝试接受各方提出的停火协议,但被西方大国及国内的反对者要求其政权必须下台。这就使人们对利比亚国内爆发这场政治和社会运动的原因产生疑问。反对派在冲突初期一直要求和平革命,但等冲突进一步升级时,他们却拒绝了能够实现和平的路线图。由此,他们发动这场政治和社会运动的动机已经非常明显,即最终要推翻利比亚卡扎菲政权,而武力当然是最好的手段。

第四,关于均衡的方法。均衡的方法是指军事干预的实施必须要有一定的限度,具体而言,就是期限、强度和规模必须控制在用于保护人权的范围之内。联合国安理会的1970号决议出台近一个月内,利比亚卡扎菲当局采取不合作态度,国内平民的人权进一步受到侵害,这促使联合国安理会开始考虑使用武力手段应对利比亚局势。之所以国际社会对利比亚的干预行动被列为"保护的责任"应用到实践的典型范例,原因之一就在于1973号决议的这两大创新。这是联合国安理会第一次涉及"保护的责任"下军事干预的具体举措。除此之外,该决议还强调了军事干预在保障利比亚的独立完整的同时,不向利比亚领土范围内派驻任何形式的外国占领军。[2]

实际上,在进行干预后的数个星期内,北约国家对利比亚的军事干预已经超出了限度。最明显的是其干预要达到的目标不再仅是保护平民,而且要推翻卡扎菲政权。随着干预的深入进行,北约国家对后者愈加关注。它们明目张胆地支持反对派,并认为推翻卡扎菲政权是干预成功的重要条件。[3] 落实禁飞区是保护人权的重要举措之一,而它迅速被忽视并引发了旨在推翻卡扎菲政权的全

---

[1] M.E.O'Connell.How to Lose a Revolution.E-International Relations[EB/OL].[2011-10-03](2014-10-30) http://www.e-ir.info/how-to-lose-a-revolution/

[2] The Security Council, Resolution 1973 (2011), S/RES/1973 (2011), the Security Council at its 6498th meeting,on 17 March 2011.

[3] Gareth Evans.Responsibility to protect Balance sheet after Libya[EB/OL]. [2011-09-02].http://www.e-ir.info/interview-the-rtop-balance-sheetafter-libya/

面战争。相比之下,利比亚境内平民的人权并没有受到良好的保护,甚至比原来的境况更糟糕。根据大赦国际的调查,很多平民的房子成为北约国家空袭的目标,这引发了大量平民的死亡。❶ 而北约的解释是:要么是误炸,要么轰炸的目标就是忠于卡扎菲政权。这是对国际人道主义法和武装冲突法中规定的在军事干预中要遵守的比例原则和区分原则的粗暴侵犯。由此可见,北约国家对利比亚的军事干预明显超出了保护人权的限度,也就是说,并未采取均衡的方法。

第五,关于合理的成功机会。合理的成功机会是指军事干预的结果应当是成功的,即干预比不采取行动更能保护平民免受四种特定罪行的侵害。关于对利比亚的军事干预是否成功的问题,国际社会各方态度不一。作为干预的实际执行者,北约自身认为其对利比亚的军事干预是一次"成功的行动"。❷ 加里斯·埃文斯也声称对利比亚的军事干预是"'保护的责任'理念正确付诸实践的典型案例"。❸ 甚至连作为联合国秘书长的潘基文也认为对利比亚的军事干预"已经可以明确'保护的责任'已经成功地达到了目的"❹而广大的发展中国家及其组成的区域组织却对军事干预利比亚的行动持批评态度。俄罗斯和中国作为联合国安理会常任理事国批评北约在利比亚的军事行动。而阿盟作为起先支持军事干预的区域组织,在干预进行后也要求北约停止轰炸。委内瑞拉等拉美国家声称"保护的责任"使强国为获得利益干预弱国提供了合法的保障。❺ 由此可见,国际社会对北约对利比亚的军事干预行动是否成功存在较大的争议,因此很难判定这次军事干预是不是存在合理的成功机会。

第六,关于正确的授权。根据"保护的责任"的相关文献,联合国安理会的授权是国际社会采取任何军事干预行动的重要前提。自利比亚国内爆发冲突到外部对其进行军事干预,在这一过程中国际社会采取的任何干预行动均获得了联合国的授权。先是利比亚国内严重的人道主义状况引起了联合国安理会的重视,1970 号决议涉及运用经济制裁、限制旅行、资产冻结和武器禁运等非武力手

---

❶ Amnesty international,Libya:the forgotten victim's of NATO's airstrikes[EB/OL]. http://www.amnesty.Org/en/library/asset/MDE19/003/2012/en/8982a094-60ff-4783-8aa8-8c80a4fd0bl4/mdel90032012en.pdf.

❷ 国际在线:北约总结对利比亚的军事行动[EB/OL].[2014-11-03].http://gb.cri.cn/27824/2011/10/05/2625s3392954.htm.

❸ Greath Evans,The RtoP Balance Sheet after Libya,2 September[EB/OL].[2014-11-3].http://www.gevans.org/speeches/speech448%20interview%20RtoP.html.

❹ Ban Ki-Moon, Remarks at Breakfast Roundtable with Foreign Ministers on 'The Responsibility to protect:Responding to Inninent Threats of Mass Atrocities', UN News Center,23 September[EB/OL].[2014-11-03].http://www.un.org/apps/news/infocus/sgspeeches/search_full.asp? statID=1325.

❺ Alex Bellamy,The responsibility to protect and the problem of regime change[EB/OL].[2014-11-03].http://www.e-ir.info/2011/09/27/the-responsibility-to-protectand-the-problem-of-regime-change/

段对利比亚进行干预。联合国安理会强调并授权国际社会对利比亚的平民进行人道主义援助。但经过近一个月的努力,利比亚卡扎菲当局并不遵守1970号决议,并且使国内的人道主义状况进一步恶化。最终,联合国安理会决定授权国际社会对利比亚进行军事干预,军事干预的执行者是以美国为主导的北大西洋公约组织。至少从表面上看,国际社会对利比亚干预的整个过程是符合这一标准的,即在程序上是合法的。

三、对"保护的责任"在利比亚实施的思考

通过以上的分析可知,2011年美法英等北约国家对利比亚进行军事干预的合法性并不充分,其原因在于:

其一,就"保护的责任"下军事干预所遵循的起点标准。正当理由来看,并没有确切的证据表明卡扎菲当局针对平民触犯了反人类和种族灭绝等罪行,而且也很难判定利比亚当局已经放弃或丧失保护其国内平民人权的基本责任或义务。作为评判者的国际机构,包括联合国人权理事会、国际刑事法院、大赦国际和人权观察等,它们所获得并不一定是完全且正确的信息。利比亚自2011年2月起,国家就已进入混乱的状态。利比亚平民所遭受的人道主义侵害并不一定卡扎菲当局所导致的。反对派武装也极有可能对平民发动攻击,而美英法等北约国家在军事打击中误炸平民的事件也是存在的,恐怖主义势力及跨国犯罪组织等也趁机伤害利比亚平民的财产和生命。况且,像利比亚这样的脆弱国家陷入内战,由于其国家能力有限,再加上其国家内部的民族和宗教等多重错综复杂因素的影响,普通民众的人权通常很难得到保障。因此,在国家混乱且信息不对称情况下,联合国人权理事会和国际刑事法院等国际机构获得的证据来只对当事国的政府进行评判,以此作为国际社会以"保护的责任"进行军事干预的正当理由不够明确,也很难让人信服。

其二,就"保护的责任"下军事干预所要达到的目标。即正确意图来看,美英法等北约国家对利比亚进行军事干预的真正目的并不能确定是为了使利比亚民众摆脱"保护的责任"所涉及的特定罪行。实际上,美英法等国基于它们自身的利益各有打算:美国是为了保护国际油价,英国是为了获得利比亚的石油资源,而法国是为了重振其在非洲的优势地位。对这些国家来说,这些明显都比保护别国的人权重要。这也能说明它们为何不对人道主义状况更为严重的其他一些国家进行干预。

其三,就"保护的责任"关于军事干预的手段。即最后的手段来看,很难判定利比亚的局势是否真的已经严重到必须要用武力作为最后手段的程度。联合

国安理会在2011年2月26日通过的1970号决议决定对利比亚卡扎菲当局进行资产冻结、旅行禁令和武器禁运等非强制性手段的制裁。由于该决议并没有受到卡扎菲当局的重视,并且利比亚国内局势严重恶化,美英法等西方国家迫不及待地推动联合国安理会于2011年3月17日通过旨在授权国际社会中相关国际组织和国家对利比亚国内的人道主义危机进行军事干预。从非强制性措施的使用到军事干预的授权,期间仅仅只有近20天。国际社会并没有充分的时间来评估资产冻结、旅行禁令和武器禁运等非强制性手段是否有效。而且,美英法等西方国家再对利比亚进行军事打击后,对于非盟、阿盟以及俄罗斯等提出的停火协议不予理睬,并纵容和帮助利比亚的反对派武装以推翻卡扎菲政权为目标。在不能判定非强制性措施是否有助于缓解人道主义危机的情况下,美英法等西方国家迫不及待地使用武力,而武力是实现政权更迭最有效的手段。

其四,就"保护的责任"关于军事干预的限度。即均衡的方法来看,可以确定的是,美英法等北约国家对利比亚的军事打击明显超越了一定的范围。美英法等北约国家却肆意出动战机对利比亚卡扎菲的军队以及平民的建筑进行军事打击,造成了大量的人员伤亡。联合国安理会授权美英法等北约国家对利比亚进行军事干预的目标是为了保障其境内平民的人权,但它们却联合反对派武装推翻了卡扎菲政权。而且,这次军事干预行动持续了7个多月。对利比亚国家以及民众而言,这是一场深重的灾难。因此,从时限、规模以及强度来看,联合国安理会授权美英法等北约国家对利比亚进行军事干预并不符合均衡的方法的标准。

其五,就"保护的责任"关于军事干预的效果。即合理的成功机会来看,很难判定美英法等北约国家对利比亚进行军事干预是否取得了成功。总的来说,发达国家和发展中国家对此问题持截然相反的立场。美英法等发达国家认为这是一次成功的干预行动,因为卡扎菲政权的倒台有利于更好地保障利比亚国内平民的人权。发展中国家则对这次旨在推翻当事国政权的干预行动持反对的态度,它们认为这次干预行动偏离了保护人权的基本目标,因此应当备受指责。

其六,就"保护的责任"关于军事干预的效果重要前提。即联合国安理会的授权来看,美英法等北约国家对利比亚进行军事干预在程序上符合这一标准。联合国安理会通过1973号决议授权相关的国际组织和国家等采取一切必要的措施以保障利比亚国内民众的人权。

由此,根据"保护的责任"关于军事干预的六条标准,2011年美英法等北约国家对利比亚的军事干预行动并不合法。首先是这次干预行动是否符合正当的理由、最后的手段和合理的成功机会等三条标准是令人存疑的,而且是它明显不符合正确的意图和均衡的方法的标准,只有在程序上符合联合国安理会的授权的标准。但如上文所提到的,联合国作为授权军事干预的来源本身就存在是否合法的问题。况且联合国存在一些固有的缺陷,比如"大国一致"原则往往使联合国很难在某些重要地区安全问题上采取有效的行动,当前的叙利亚危机就是一个很好的例证。

综上所述,国际干预是否具有合法性主要看干预主体的行动是否具有有效性。而联合国安理会作为当前国际社会中合法性程度最高国际机构,因受其自身条件的限制,它很难有效地进行干预行动。它必须授权干预能力和意愿更强的国家(尤其是西方大国)进行合法的干预行动。而国家(尤其是西方大国)经过联合国安理会的授权以"保护的责任"名义使用武力的合法性主要包含两个层次的内容:其一,在理论上,国际法的相关原则(如人权保护的相关宣言、条约等,难民法和国际人道法等)和联合国宪章的相关内容(第一章、第二章、第六章至第八章等)是其武力使用合法性的理论依据;其二,在实践上,联合国安理会的授权及干预的标准(尤其是涉及四种特定罪行的正当理由)是其合法实施军事干预的重要前提。根据前文的分析,国际社会对这两个层次的内容存在诸多争议。特别是干预的标准,"保护的责任"文本关于这一问题的相关内容相当模糊,这也为美英法等西方国家为了实现自身的利益在联合国安理会的授权下对利比亚进行军事干预提供了可乘之机。国际社会之所以对"保护的责任"下军事干预的合法性问题存在争议,其根本原因在于"保护的责任"的制度构建还相当不够完善,在下一章笔者将对这一问题进行探讨。

第六章 "保护的责任"的制度构建

"保护的责任"在2005年世界首脑会议之时获得了150多个国家的认可,由此迅速成为全球范围内被广泛接受的国际干预新规范。近十年来,随着联合国主导下的国际人权保护实践机制的逐步完善及区域组织、各个主权国家及非政府组织的广泛参与,国际社会已经开始建构起初步的"保护的责任"制度。为了使"保护的责任"在国际干预问题上更好地发挥作用,我们有必要对其制度进行完善。在对"保护的责任"制度进行构建和完善的过程中,国际社会不可避免地会面临一些难题。如何克服这些难题,以寻求到与"保护的责任"制度发展相适应的途径?本章将就这一问题进行分析和探讨。

第一节 "保护的责任"制度构建的必要性

自"保护的责任"被写入2005年《世界首脑会议成果》并得到国际社会中各种行为体的广泛接受以来,"保护的责任"制度已经得到初步的建立。随着近些年来人权问题的严重性增加,作为新的国际干预规范的"保护的责任"的重要性及局限性日益凸显,构建和完善"保护的责任"制度就显得非常有必要。在对"保护的责任"制度构建和完善的过程中,国际社会已经在"保护的责任"的概念含义、合法性依据和政治意愿等方面展开了激烈的争论。联合国、区域组织、主权国家及民间组织等主体应达成共识,并能建构起完整的"保护的责任"的制度体系,使其能够不断完善和发展。

一、当前国际社会中人权问题的严重性

笔者认为,"保护的责任"制度构建的必要性首先主要基于这样一个现实:当前的国际安全面临更多更复杂的威胁,特别是与人的安全密切相关的非传统安全领域的问题凸显,平民越来越经常受到严重的伤害,人权问题的严重性日益增加。

冷战结束后,国际安全环境发生了重大的变化。一方面,剑拔弩张的以美苏为首持续近半个世纪的东西方关系走向缓和,伴随着苏联的解体,以军事联盟对抗和大规模战争为特点的国际安全威胁开始消失。国家之间的传统战争发生的概率明显减少,但一国内部的冲突则明显上升。国家内部冲突的一个重要特点是:冲突发生的烈度高、破坏性大,受其影响的平民的人权面临严重的威胁,特别是由此引发的"难民潮"外溢到周边国家和地区,进而影响整个世界的和平与稳定。❶ 另一方面,经济全球化在迅速而全面发展,促使全球问题日益受到重视,世界各国相互依赖得到程度不断加深。由此,各种因素相互交织到一起,使得一国受到的威胁可能迅速扩散成为对其所在区域甚至全世界国家都面临的威胁。在这种情况下,曾经一直被忽视的经济、社会和环境等"低政治"领域的非传统安全问题日益显现。

所谓非传统安全,是指"由非政治和非军事因素所引发、直接影响甚至威胁本国和别国乃至地区与全球发展、稳定和安全的跨国性问题以及与此相应的一种新安全观和新的安全研究领域"。❷ 非传统安全是相对传统安全的一种新的安全理念。与传统安全相比,它具有以下特征。其一,跨国性。传统安全注重的是主权国家所在领土范围内的安全。而非传统安全则超越了一国的范围,它强调当一国受到某种安全威胁的时候,其他国家也会不同程度地受到这种威胁,并迅速影响到区域甚至全世界。其二,多主体性。传统安全的主体是主权国家,而非传统安全的主体不仅仅包括各个国家,还包括区域组织、非政府组织和个人、社会团体等。其三,多领域性。传统安全关注的领域比较狭隘,仅局限于军事和政治安全。而非传统安全关注的领域则广泛得多,主要涉及经济安全、环境安全、信息安全、能源安全、文化安全、粮食安全和公共卫生安全等多个领域。其四,非军事性。传统安全军事实力和对抗及战争,而非传统安全强调的是运用综合性的应对措施,其中合作是重要的解决方式。❸

与非传统安全相关的一个重要概念是人类安全。这一概念最早是由联合国发展计划署提出的。1994年,联合国发展计划署发表《人类发展年度报告》,提出了人类安全的七个方面,分别是经济安全、粮食安全、健康安全、环境安全、人身安全、共同体安全和政治安全。❹ 根据一些西方学者的观点,人类安全强调的

---

❶ 魏宗雷,邱桂荣,孙茹.西方"人道主义干预"——理论与实践[M].北京:时事出版社,2003:191.
❷ 陆忠伟.非传统安全论[M].北京:时事出版社,2003:20.
❸ 王帆,卢静.国际安全概论[M].北京:世界知识出版社,2010:24-25.
❹ United Nations, Human Development Report 1994 [R]. New York: United Nations Development Program, 1994.

是人权,即关注的重点是现实中的人的安全和尊严,并认为它们应当是在政府权力和国家权威之上。❶ 人类安全的理念有一个重要的假定是,安全威胁的最大敌人不是来自外部,而是本国自身的问题。由此,众多学者围绕这一假定对人类安全进行保护的主体、目标、手段及内容等问题进行讨论,这些问题的提出也在传统安全与非传统安全之间划出了一条界线,并使冷战后国家安全与全球安全议程发生了根本性的变化。❷ 1999 年科索沃事件后,西方倡导的"新干涉主义"陷入困境,国际社会在干预和主权关系上展开了激烈的争论。在联合国大会第54 届会议上,时任联合国秘书长的安南提出人类安全问题是这一争论的中心内容,并倡导国际社会以此为基础形成新的国际共识。❸ 在此背景下,2001 年加拿大"干预和国家主权国际委员会"(ICISS)发布了《保护的责任》的报告,并将人类安全提升到了非常重要的位置。该报告认为,之前对于安全的传统和狭义的理解忽略了普通人对其日常生活最基本和合理的关注。它也将大量的国家财富和人力资源转入军备和武装力量,而国家未能使其国民免受饥饿、疾病、庇护场所不足、犯罪、失业、社会冲突和环境威胁的长期不安定之苦。人类安全的基本成分——面对生命、健康、生活个人安全和人类尊严的威胁的人民的安全——有可能因外部侵略或因一个国家内部的各种因素而处在危险之中。❹ 随后,联合国发布的与"保护的责任"相关的报告和文件中也多次提到人类安全问题,并以此为基础提出应对战略和措施。通过对这些报告或文件进行分析,可知当前人类安全面临许多威胁,人权问题的严重性不容小觑。这主要体现在以下五个方面。

其一,由于主权国家国内局势的失控而对区域和国际的和平及稳定所造成的威胁,主要包括经济安全、社会安全、粮食安全及难民等问题。在社会安全层面,在近些年爆发的各类地区冲突中,因民族矛盾、种族仇恨、宗教和领土等引发的冲突层出不穷,由此造成了大量的人员伤亡。以叙利亚危机为例,近四年来其国内冲突已经造成 20 万人死亡,根据联合国难民组织(UNHCR)的统计,截止2014 年年初,周边国家的叙利亚难民已有 330 万,而国内的流离失所者竟高达

---

❶ Amitav Acharya.Human Security in Asia Pacific :Puzzle,Panacea or Peril? [J]. Canadian Consortium on Asia Pacific Security Bulletin,2000,(27):1.

❷ Non Traditional Security Issues-East Asia, Peace and Governance Program, United Nations University [EB/OL]. http://www.unu.edu/p&g/.

❸ ICISS.The Responsibility to Protect[R].Ottawa:International Development Research Center,2001:10.

❹ ICISS.The Responsibility to Protect[R].Ottawa:International Development Research Center,2001:11.

760万。这给整个中东甚至世界的和平稳定造成了极大的威胁。[1] 在经济安全和粮食安全层面,根据2014年联合国千年发展目标报告,极端贫穷人口的绝对数量从1990年的19亿降到2010年的12亿。从总体来看减贫已取得进展,但这种进展不平衡。东亚、东南亚和拉丁美洲等地已实现了一些具体的目标,但撒哈拉以南非洲依然普遍落后。根据世界银行的预测报告,撒哈拉以南非洲的国家不可能在2015年实现具体目标。另外,世界约有8.42亿人或1/8人口遭受长期饥饿。这些人中的绝大多数(8.27亿)居住在非洲撒哈拉以南的地区。[2]

其二,人类社会为了可持续发展而产生的安全问题,包括环境安全、资源利用和公共卫生安全等。在环境安全方面,近些年来,自然灾害发生的频率和强度明显提高,造成了大量的人员伤亡。例如,2004年年底,印度洋地区发生罕见的大海啸,致近30万人丧生。2008年5月12日,四川省阿坝藏族羌族自治州汶川县发生里氏8.0级地震,地震造成近7万人遇难。除此之外,可再生水资源越来越稀缺,北非和西亚的阿拉伯半岛的可再生水资源的抽取率超过75%,这是水资源可持续利用的临界点。2012年仍有7.48亿人依赖不安全的饮用水源,这意味着全球仍有1/10的人口连最基本的健康权都难以得到保障。[3]

其三,非国家行为体对现有的国际秩序发起的挑战和冲击,比如国际恐怖主义。国际恐怖主义把联合国等普遍性的国际安排视为其发展的障碍,并寻求以恐怖袭击的手段在造成大规模伤亡的同时引起社会的恐慌。"基地"组织在2001年对美国实施的"9.11"恐怖袭击事件的死亡人数,超过了在"二战"时日本偷袭珍珠港时美军死亡的人数。近几年来,国际恐怖主义的强度有所增加,范围也逐渐扩大。2013年全世界共发生了近1万件恐怖袭击事件,比2012年增长了44%。其中,这一年有近1.8万人死于恐怖袭击,恐怖主义导致的死亡人数比上年增加了61%。这些死亡事件多由"伊斯兰国"(Islamic State)、基地组织(al-Qaeda)、博科圣地组织(Boko Haram)和塔利班组织(Taliban)所造成。就目前的情况来看,伊拉克是受恐怖主义影响最严重的国家。[4]

其四,跨国有组织犯罪,尤其是毒品贩运和海盗活动。据估计,跨国犯罪组

---

[1] 联合国.关注叙利亚局势[EB/OL].[2014-12-20].http://www.un.org/zh/focus/northafrica/syria.shtml.

[2] 联合国千年发展目标报告(2014)[EB/OL].http://www.un.org/zh/millenniumgoals/pdf/Chinese 2014.pdf.

[3] 联合国千年发展目标报告(2014)[EB/OL].http://www.un.org/zh/millenniumgoals/pdf/Chinese 2014.pdf.

[4] 报告——2013年全球恐怖袭击死亡人数增长61%[EB/OL].[2014-12-21].http://world.chinadaily.com.cn/2014-11/18/content_18935789.htm.

第六章 "保护的责任"的制度构建

织最大的收入来源是麻醉品贩运,它们每年从中获利3000亿~5000亿美元。在有些地区,通过此种活动所获利润之高,甚至相当于某些国家的国内生产总值,因而威胁了国家的权威、经济发展和法制。[1] 2008年,索马里及其附近海域共有135艘船只遭抢,600多名船员遭绑架。[2] 这意味着不到三天时间就有一艘船遇到抢劫,足见索马里海盗活动十分的猖獗。

其五,由于人类科技发展以及全球化所产生的安全脆弱性问题,包括网络安全和信息安全等。近些年来,各国相继遭受到了大规模网络安全和信息安全事件,其中最著名的莫过于2013年美国爆发的"棱镜门"事件。美国前中情局(CIA)职员爱德华·斯诺登公开表示,美国国家安全局有一项代号为"棱镜"的秘密项目。这一项目要求许多电信公司必须每天上交数百万用户的通话记录。另外,美国的联邦调查局和国家安全局通过进入谷歌和微软等网络巨头的服务器,监控美国公民的电子邮件和聊天记录等秘密资料。网络安全和信息安全的威胁不容小视。如果有个人或组织利用互联网进行网络犯罪和网络恐怖主义,极有可能造成社会混乱,甚至会危及人的生命。

以上五个方面就是当前国际安全威胁下特别是非传统安全领域与人权相关的一些安全问题。通过上述分析可知,当前国际社会中人权问题变得更为复杂,其严重性也有所增加。基于这种原因,脆弱性程度较高的一些发展中国家越来越缺乏能力或意愿来保障其国民的人权。以联合国为首的国际社会就要考虑人类安全的角度对这类国家的安全问题进行干预,而这正是"保护的责任"所体现的内容。在此背景下,"保护的责任"的重要性日益凸显。

二、"保护的责任"实施的重要性和局限性

冷战结束到"保护的责任"理念产生之前,国际社会的人道主义干预行动实际上可被分为两类,在此基础上也形成了两种不同干预理念。一类是联合国主导的人道主义干预,包括维和行动和制裁行动。它是后冷战时期国际人道主义干预的主要组成部分。但这类干预行动并没有得到国际社会的广泛认可。发展中国家认为,安理会的相关决议都是在西方大国的推动下通过的,很难评估西方大国是否为了一己私利开展干预行动。第二类是联合国机制之外的人道主义干预,更确切地说是以美国为主导的西方国家及其组织(北约)以"人权高于主权"

---

[1] 联合国威胁、挑战和改革问题小组:《一个更安全的世界:我们共同的责任》,联合国文件(A/59/565),第47页,2004。
[2] 王帆,卢静.国际安全概论[M].北京:世界知识出版社,2010:348.

为旗号进行的干预行动。例如,以美国为主导的北约就是以"制止大规模种族灭绝"为由对科索沃进行了军事打击。这类干预因未经过联合国安理会授权而肆意践踏一国主权和人权而受到了国际社会中广大发展中国家的广泛谴责。

进入21世纪以来,随着非洲和中东等区域的国家国内冲突的持续升级,人道主义侵害的案例也在逐步增加,人权问题也变得愈加严重。而与此同时,因西方大国主张的"新干涉主义"陷入困境,国际社会亟须一种新的国际干预规范。2001年,"保护的责任"就在此背景下应运而生。"保护的责任"彻底摒弃了西方大国极力辩护和推动的"新干涉主义",只认可联合国安理会授权的干预为合法干预,并对联合国主导的国际干预体制进行了修正和完善。十多年来,随着与"保护的责任"相关的四种特定罪行的干预案例的明显增加,"保护的责任"作为一种国际干预规范在国际社会的地位显得越来越重要,而对其制度的构建和完善也显得越来越有必要。2005年的世界首脑会议的最后成果文件将"保护的责任"列为世界范围内各国广泛认可的新的国际干预理念。并且自2009年以来,联合国秘书长潘基文每年都会在联合国大会上做一个与"保护的责任"相关的报告。这些报告越来越侧重将"保护的责任"由理念转化为实践行动,并根据其三大支柱制定了具体的实施策略。与此同时,国际社会越来越关注"保护的责任"实施的相关问题,众多国家及学者开始将当前愈加严重的一些人权问题与"保护的责任"联系到一起。根据阿莱克斯·贝拉米(Alex Bellamy)的考察和分析,在过去10年中,国际社会中至少有13个人道主义干预案例与"保护的责任"有关(见表5-2)。而在冷战期间的近50年的时间内,人道主义干预的案例总共不过8个。尽管这些案例可能与"保护的责任"的文本所规定的实施内容并不完全一致,但它们也为"保护的责任"的合法实施提供了重要的参考。

表5-2　21世纪以来与"保护的责任"相关的人道主义干预案例

案例名称	请求/实施干预的主体	国际社会的反应	干预后果
苏丹达尔富尔危机(2003—)	安理会	没有明显的分歧	和平行动部署(UNAMID)
肯尼亚选举(2007—2008)	科菲·安南、弗朗西斯·邓和安理会	非盟委员会对危机的严重性表示质疑	经过国际斡旋最终结束暴力
格鲁吉亚事件(2008)	俄罗斯	众多国家和学者的广泛质疑	俄罗斯的行动得不到支持,欧盟谴责冲突双方

续表

案例名称	请求/实施干预的主体	国际社会的反应	干预后果
缅甸"纳尔吉斯"热带风暴（2008）	法国及一些NGO组织	法国的主张受到东盟、中国、英国和联合国的广泛谴责，国际社会一致认为"保护的责任"不适用于自然灾害引发的人道主义危机	法国的主张得不到支持，联合国、东盟及缅甸政府共同合作应对此事件引发的人道主义危机
加沙事件（2009）	巴勒斯坦权力机构、卡塔尔、伊朗和世界基督教联合会	未受到国际社会广泛关注	联合国有一个关于此次事件是否涉及战争罪的辩论报告
斯里兰卡问题（2008—2009）	印度、挪威	斯里兰卡政府强烈拒绝	大规模暴行并未发生
民主刚果	联合国安理会	没有一般性辩论和分歧	和平行动部署（MONUC）
朝鲜	哈维尔/邦德维克/威瑟尔委员会	没有一般性辩论	无
缅甸罗兴亚人问题	缅甸流亡政府、"保护的责任"全球/亚太研究中心	没有一般性辩论	无
利比亚战争（2011年3-10月）	联合国安理会、北约	国际社会对干预中武力的使用表示广泛质疑	利比亚卡扎菲政权被推翻，卡扎菲被俘获，随后因伤重死亡
科特迪瓦危机（2011年3月）	联合国安理会、法国	没有一般性辩论和明显分歧	科特迪瓦巴博政权被推翻
马里内战（2013年1月）	联合国安理会、法国	没有一般性辩论和明显分歧	联合国派驻马里国际支助团
中非共和国危机（2013年12月至今）	联合国安理会、法国	没有一般性辩论和明显分歧	联合国派驻中非国际支助团，随后被替换为联合国驻中非维和部队

资料来源：Alex J Bellamy.The Responsibility to Protect—Five Years On,Ethics& International Affairs[EB/OL]. http://responsibilitytoprotect.org/Bellamy.pdf，笔者综合相关资料对原表进行了部分修改。

根据表 5-2 的内容可知,21 世纪以来西方学者所认可的与"保护的责任"相关的人道主义干预案例多集中在亚洲和非洲的一些欠发达国家,而联合国安理会成为主要的请求或实施干预的主体越来越发挥积极性的影响,而国际社会在这些国家的人道主义干预问题上趋向于达成共识。这说明"保护的责任"——作为当前唯一被世界各国所广泛认可的国际干预理念的重要性在增加。然而,随着近些年来"保护的责任"被广泛应用于实践,它的局限性也逐渐呈现出来。这主要体现在以下两个方面:

一方面,"保护的责任"所能干预的人权问题仅仅限于种族灭绝、族裔清洗、战争和反人类四种罪行,这远远不能满足当前日益严重的人权问题亟须解决的现实需求。根据前文的分析,当前的人权问题所涉及的领域越来越多,特别是经济、生态环境、公共卫生、跨国界犯罪、恐怖主义和网络信息等非传统安全问题对于普通民众的人权的损害也愈加严重。广大发展中国家特别是脆弱国家越来越缺乏能力或意愿来保护本国国民的人权,国际社会则越来越更多地介入这些脆弱国家的内部事务以充分保障人权。"保护的责任"作为当前唯一被世界各国所广泛承认的国际干预理念,自然得到了国际社会的广泛应用。然而,国际社会仅仅干预种族灭绝、族裔清洗、战争和反人类四种特定的罪行是远远不够的。例如当前愈发猖獗的国际恐怖主义活动。当前"伊斯兰国"在中东地区进行的恐怖主义活动已经对伊拉克和叙利亚等国的国家安全和民众的人权造成了非常严重的损害。由于伊拉克和叙利亚都仍处于内战状态,它们的政府尚难以实现国内的和平与稳定,更何况去谈保护民众的人权。在这种情况下,国际社会是否可以考虑拓宽"保护的责任"的实施所能涉及的特定罪行。

另一方面,当前"保护的责任"尚不是具有约束力的国际法规范,这不利于"保护的责任"的实施及其未来的发展。当前"保护的责任"处于比较尴尬的境地。即国际社会已经广泛运用它对利比亚、科特迪瓦、马里和中非共和国进行了军事干预,但它还不是广泛意义上的国际法规范。当前国际社会所认可的国际法规范是联合国宪章及相关国际人权法及条约,但它们都是几十年以前所制定的,可以肯定的是它们涉及的人权问题的相关内容已经不能满足当前人权保障的需要。例如,没有任何国际人权法对于人道主义干预进行了规定和阐释。而想要更好地解决当前日益严重的人权问题,必须"保护的责任"更往前一步,使其成为国际社会所广泛接受的国际法规范。

基于当前人权问题的严重性及"保护的责任"的重要性和局限性,国际社会中的各种行为主体有必要构建起完善的"保护的责任"制度。然而,"保护的责任"制度构建面临许多难以逃避的问题。

三、"保护的责任"制度构建面临的问题

关于"保护的责任"的制度构建和完善的问题,许多学者提出了自己的观点。阿莱克斯·贝拉米(Alex Bellamy)和保罗·威廉姆斯(Paul Williams)认为,在当前"保护的责任"制度的构建必须要克服"新保护政治"(a new politics of protection)背景下的诸种挑战。这种"新保护政治"对"保护的责任"的制度构建带来的挑战共包括以下四个方面:

其一,国际社会在如何解释联合国安理会授权的问题上存在激烈的争论。联合国安理会的授权内容一般都比较模糊,这就为某些别有用心的大国提供了可供操作的空间。以2011年的利比亚战争为例,早在2011年3月联合国安理会的1973号决议出台之前,众多国家就对是否应该在利比亚设立"禁飞区"的问题上持犹豫不决的态度。随后,2011年5月,众多国家在讨论如何保护人权时再次提到了关于联合国安理会授权的解释问题。印度提出"谁来监督实施军事干预的主体"的问题,并对"保护人权的人道主义原则被解释为地面的军事行动表示十分的担忧"。[1] 而中国也强烈反对"任意解释安理会的决议的尝试或采取超出决议规定内容外的行动"。[2] 这些言论实际上表达了众多国家希望"保护的责任"的语言应被表达得更加准确,特别是联合国安理会的相关决议涉及授权内容时应当规定武力或非武力手段被使用的规模或类型。这会带来两个潜在的消极影响:一是会使联合国各成员国在人权保护问题更难达成一致的共识;二是当联合国安理会决议被通过时,联合国的和平行动会受到更多限制,"保护的责任"所涉及的武力手段的使用可能会使情况进一步恶化,联合国安理会决议难以得到有效的贯彻。

其二,人权保护与其他目标(政权更迭)之间的关系受到严峻的挑战。一些国家抱怨人权保护往往成为某些国际组织或大国为实现自身利益的幌子。巴西提出,"对保护平民这一概念的过度和宽泛的解释……会使人们形成这样一种看法,即它只是被用作干预或政权更迭的烟雾弹而已"[3]。南非则强调,与"保护的责任"相关的行动"不应超越安理会决议的字面含义和内在精神(letter and spirit),推翻政权也不应当成为人权保护的目标"[4]。其实不难理解这些国家为何如此关切人权保护和政权更迭的重合问题,因为人权保护往往成为西方大国

---

[1] 联合国安理会会议逐字记录,S/PV.6531,第10页。
[2] 联合国安理会会议逐字记录,S/PV.6531,第21页。
[3] 联合国安理会会议逐字记录,S/PV.6531,第11页。
[4] 联合国安理会会议逐字记录,S/PV.6531,第18页。

在干预过程中进行政权更迭的正当理由。虽然众多的发展中国家、非政府组织及媒体都认为西方国家对利比亚等国的干预是出于一己私利,比如为获得石油等资源,但我们似乎很难找到切实的证据来支持这一说法。不过可以明确的是,某些大国出于别有用心的动机对某些国家进行干预必然会增加国际社会在为保护人权使用武力问题上达成共识的难度。中国总结了众多国家希望实现的关于这一问题的基本原则:"干预者不应当试图推翻政权或假借保护人权的名义卷入被干预的内战"❶。

其三,人权保护需要外部行为体来介入被干预国的内战及内政,这就会使保护与其他议题如政权更迭的界限更加模糊。我们往往希望人权与其他议题分开,这在政治上可被理解而且在概念上具有吸引力,但是这在现实中很难做到。如果一国政府的原因导致其国民的人权遭到侵犯,联合国授权区域组织或大国对其进行干预,在某些条件下如果不推翻该国的政府是很难评判干预是否达到预期的效果。联合国、区域组织、大国及民间组织需要在"保护的责任"的操作层面上展开更多的对话。

笔者认为,当前"新保护政治"背景下对"保护的责任"带来的挑战实际上反映了"保护的责任"制度构建过程中更深层次的一些问题。这些问题主要表现为以下三个层面:

首先是关于"保护的责任"的概念含义问题。国际社会对"保护的责任"本身的含义还存在着不小的争议。国际社会对"保护的责任"的概念有两种普遍性的、基本的理解:一种是狭义地看待"保护的责任"的概念,认为它仅仅是强制性的军事干预;另一种误解是过于广义地看待该概念,将之延伸至任何平民处于危机的形势,从自然灾害到气候变化和艾滋病等。❷ 事实上,在"干预和国家主权国际委员会"的报告及联合国的相关文件中,"保护的责任"的概念仅仅是把军事干预当作预防失效后进行反应的手段,而且只能在发生诸如灭绝种族、战争罪、族裔清洗和危害人类罪等四种特定罪行时适用"保护的责任"。"保护的责任"的概念之所以有争议,主要是其在理论上还存在很多模糊的地方:比如干预的范围和标准,对于国内内乱的状况很难界定,支撑保护的责任的是软法,而保护的责任中将人权加入外交、安全政策及有关使用武力的阐述影响很大。❸ 只要国际社会在这些问题上达不成共识,有关"保护的责任"的概念的争论仍会继续。

---

❶ 联合国安理会会议逐字记录,S/PV.6531,第20页。
❷ 黄超.框定战略与"保护的责任"规范扩散的动力[J].世界经济与政治,2012(9):71.
❸ Neil Macfanlane.The Responsibility Protect:Anyone Interested in Humanitarian Intervention[J].Third World Quarterly,2004,25(5):977-992.

其次是关于"保护的责任"实施的合法性依据问题。"保护的责任"实施的合法性依据包括国际法(国际人道法、人权条约和宣言等)的相关原则和《联合国宪章》关于实施国际干预的相关规定。然而这些合法性依据本身就存在问题。当前,国际习惯法对国际干预的影响越来越大,但其内容较模糊容易被滥用。而对联合国宪章的内容进行仔细分析后可以发现,它所倡导的一些理念及条款存在难以调和的冲突。比如对人权保护的促进和对一国管辖权的尊重的关系,这两者之间的紧张关系因国家实践的不断演进而日趋复杂。另外,国际社会在哪些主体来实施"保护的责任"的问题上还存在着争议。正如上一章所提到的,虽然联合国安理会为合法干预的合法性来源,但其作为这一来源本身的合法性就存在问题。以"保护的责任"为名义实施的干预需要涉及很多行为体,诸如主权国家、地区组织、非政府组织及联合国。如果是以联合国和地区组织来主导实施"保护的责任",很多发展中国家尤其是非洲国家认为它们最多也只是维持现状。如果是以大国来主导实施"保护的责任",很多发展中国家同样担心它们会对没有真正发生人道主义危机的国家或地区进行军事干预。如何建立一套良好的制度使得这些行为体能够有机地结合起来应对相关国家或地区出现的问题,这是国际社会所面临的制度性挑战。

最后是关于"保护的责任"的政治意愿问题。"保护的责任"的实施还需要涉及政治意愿、权威性和执行能力等三个要素[1],但目前国际社会在最起码的政治意愿上都难以达成一致的共识。如果实施"保护的责任"的主体没有政治意愿,即使其权威性再高,谈执行能力也是无意义的。政治意愿是与主体内部的决策体制相关联的,而一项政策从提出、讨论到最后通过并付诸实施带有很大的不确定的。也就是说,当国际社会出现了需要实施"保护的责任"的国家或地区的时候,并不能保证一定会有相关的行为体有意愿对其进行干预。这也从侧面反映了"保护的责任"需要不断完善并成为有约束力的国际法规范。

四、"保护的责任"制度构建的可能性

当前,"保护的责任"的制度体系的构建陷入了困境。笔者认为,这一困境的是在"保护的责任"从全球扩散到各个区域并付诸实施的过程中逐步形成的。更进一步说,如何将全球层次的"保护的责任"理念更好地转化为适合各个区域具体情况的本土化的"保护的责任"理念是破解这一困境的关键。

---

[1] Rebecca Hamilton.The Responsibility To Protect:From Document To Doctrine-But What Of Implementation? [J].Harvard Human Rights Law Journal,2006,(1):19.

根据阿米塔夫·阿查亚(Amitav Acharya)的观点,理念的本土化是一个复杂的过程,这一过程表现为外来理念可能与本土理念存在矛盾,但最终外来理念必然成为本土理念的一部分。理念本土化的重要一步是,本土存在一个话语权足够多且可信度较高的行为者能够将本土的利益和价值与外来理念很好地联系到一起。❶ 而区域组织能够很好地充当这一角色。具体到"保护的责任"而言,正如上面所提到的贝拉米和威廉姆斯的观点,区域组织能作为"看门人"(gatekeeper)进一步增强"保护的责任"实施的合法性。❷ 那么该如何增强区域组织在"保护的责任"中的地位和作用呢?笔者认为有必要回到"保护的责任"的原始文献中去寻找答案。

2005年《世界首脑会议成果》至少从七个方面探讨了区域组织如何在"保护的责任"实施的过程中发挥重要的作用。该文件认为区域组织应当做到:其一,鼓励和帮助区域内的主权国家履行其国家保护的责任;其二,支持联合国建立早期预警能力;其三,帮助区域内的主权国家建立起保护其国民免受种族灭绝、族裔清洗、反人类和战争罪等人道主义侵害的能力;其四,协助冲突爆发前处于紧张状态的本区域内的国家;其五,支持联合国秘书长下辖的防止种族灭绝问题特别顾问的工作和任务;其六,根据联合国宪章第七条在发生四种特定罪行时利用和平手段进行及时果断的反应;其七,应与联合国安理会展开合作,当区域内的主权国家疏于保护其国民的责任且和平手段不再奏效之时,可根据联合国宪章第七条运用武力手段进行干预。❸

2005年之后,众多国家的政府及国际组织要求国际社会应更加关注区域组织在"保护的责任"实施中的地位和作用。在2009年联合国大会关于"保护的责任"的大辩论中,众多国家(印度尼西亚、菲律宾和韩国等国)反复提及区域组织在"保护的责任"实施中的重要性。它们认为区域组织在"保护的责任"实施中涉及五个具体的工作领域:一是区域组织可以建立共同监督机制以帮助区域内的国家确认和实施其国内保护的责任;二是区域组织可以与联合国展开合作以加强区域内主权国家的国家能力的建设;三是区域组织应增强处理平民事务的能力以及时对区域内的主权国家处于紧张状态时提供帮助;四是区域组织应与联合国在提升预警和评估能力方面展开合作;五是区域组织需要为增强地区

---

❶ Amitav Acharya. How ideas spread: whose norms matter? Norm localization and institutional change in Asian regionalism'[J]. International Organization, 2004, 58(2): 241.

❷ Alex Bellamy, Paul Williams. The new politics of protection? Cote D'Ivoire, Libya and the responsibility to protect'[J]. International Affairs, 2011, 87(4): 826.

❸ 《世界首脑会议成果》,联合国文件(A/RES/60/1),第138-140段,2005年。

间关于"保护的责任"实践经验的学习交流和深化与联合国的伙伴关系提供一个有效的工具。❶

那么该如何增强区域组织实施"保护的责任"的能力和意愿呢？詹姆斯·帕提森（James Pattison）认为需要考虑五个因素：一是必须摆脱对外部资金和援助的严重依赖，因为这些援助只是临时的且不可持续；二是必须增强对区域和次区域组织联合军队的训练，比如可参照全球和平行动计划（Global Peace Operations Initiative）参与维和行动；三是增强区域和次区域组织的军事力量；四是加强区域组织内部机构与各成员国的协调；五是对区域组织现有的条约和宪章进行改革，使其在其区域内进行的人道主义干预更为合法。❷

值得注意的是，区域组织在将"保护的责任"转化为其本土化理念的过程中为本区域内"保护的责任"的实施带来了诸多积极的影响。首先，它有助于促进形成本土化的"保护的责任"的理念，这一理念与传统的区域理念能保持一致；其次，它有助于为联合国和区域机构之间的合作建立正式的渠道，以及获得更广泛的资金和技术支持；再次，它能够增强该区域在"保护的责任"问题上的话语权以及从其他区域的主体那里学习"保护的责任"相关实践经验的能力；最后，它有助于提升区域内组织及主权国家应对"保护的责任"问题的能力，能使主权国家更好地履行其国内保护的责任，并且有可能促进用区域办法解决该区域内的"保护的责任"问题。❸

在此基础上，笔者认为"保护的责任"制度体系构建的可能性还涉及两个方面：一是全球、区域及各个国家的人权保护制度的不断完善，二是国际社会现存的或正在发展中的其他人权保护理念对"保护的责任"的补充和修正。其中第一个方面在第三章已有所涉及，此处就不再详细赘述。而第二方面的内容更能反映"保护的责任"制度体系构建中的一些问题，并且它在一定程度上代表未来国际人权保护理念发展的方向，由此笔者将重点对其进行阐释和分析。

第一个理念是"保护过程中的责任"（Responsibility While Protect, RWP）。在 2011 年 9 月联合国大会关于利比亚战争及叙利亚局势专门会议的辩论过程中，巴西总统罗塞夫提出"保护的责任"不是"保护过程中的责任"，需要将这两

---

❶ Asia Pacific Centre for the Responsibility to Protect. Asia Pacific in the UN General Assembly Dialogue, October 2009.

❷ James Pattison. Humanitarian Intervention and the Responsibility To Protect: Who Should Intervene? [M]. Oxford: Oxford University Press, 2012:237-239.

❸ Pacific Forum CSIS, Issues & Insights, Responsibility to Protect: Delivering on the Promise[R]. by Alexander Bellamy, with Carolina Hernandez, Pierre Lizee, and Rizal Sukma, 2011.

种理念一起发展。随后在安全理事会于 2011 年 11 月 9 日举行的关于在武装冲突中保护平民的公开辩论中,巴西常驻联合国代表维奥蒂阐述了"国际社会在行使其保护责任时,必须在保护过程中展现高度责任感"[1]的观点,并向联合国秘书长呈交了题为《保护过程中的责任:制定和推广一个概念的各项要素》的文件,由此正式提出了这一理念。上述文件特别强调干预会对被干预国及其民众带来消极的后果,而且越来越多的人相信"保护的责任"概念会被滥用以实现保护人权之外的目的(如政权更迭)。因此,国际社会在实施"保护的责任"时,应发展"保护过程中的责任"以保持高度的责任感。要同时发展这两个理念,必须制定和推广一系列基本原则、必备要素和程序作为基础。具体来说,它们包括九个方面的内容:一是注重预防的责任和预防性外交政策,它能减少武装冲突中人员的伤亡;二是国际社会应以最大限度地使用非武力手段来达到保护平民人权的目的;三是在不得已的情况下使用武力之时,国际社会须获得联合国安理会的授权或在特殊情形下由联合国大会授权;四是联合国安理会使用武力的授权必须在法律依据、行动范围和时间上受到严格的限制,如必须严格遵守国际法,行动范围要遵从授权文件的字面内容和文字精神,干预时间必须是一国没有履行其保护责任并且所有非武力手段均不奏效之时;五是武力的使用所造成的伤害不能超过授权所允许的范围;六是武力的使用必须有适当的目标,即保护平民的人权,而不能用作推翻政权等其他目的;七是必须严格遵守在授权期间的规定及准则,授权到期则表明这些规定及准则即失效;八是必须强化联合国安理会的决策程序,以便能更有效地对其决议的方式进行监督和评估;九是联合国安理会必须能确保授权使用武力的干预者为自身的行为承担必要的责任。[2] 由此可见,实际上"保护过程中的责任"理念在"保护的责任"理念基础上发展起来的,并对"保护的责任"理念进行了修正和补充。它试图为国际社会在武力使用的准确标准问题上建立共识,特别是对及时果断的反应设立严格的限制。[3]而且,"保护过程中的责任"理念有意于充当中间人的角色,为"保护的责任"的支持者及反对者之间建立沟通的桥梁。[4] "保护过程中的责任"理念获得了国际社会的广泛

---

[1] 2011 年 11 月 9 日巴西常驻联合国代表给秘书长的信,联合国文件(A/66/551 - S/2011/701),2011 年 11 月。

[2] 2011 年 11 月 9 日巴西常驻联合国代表给秘书长的信,联合国文件(A/66/551 - S/2011/701),2011 年 11 月。

[3] Melinda Negrón-Gonzales, Michael Contarino. Local Norms Matter: Understanding National Responses to the Responsibility to Protect[J]. Global Governance, 2014, (20):255-276.

[4] Yang Kassim. The Geopolitics of Intervention Asia and the Responsibility to Protect[M]. Singapore: Springer, 2013:4.

认可,特别是广大发展中国家的认可,在一定程度上体现了发展中国家对国际干预中武力使用问题的立场。

第二个理念是"负责任的保护"(Responsible Protection,RP)。2012 年,当叙利亚危机处于十字路口之时,中国学者阮宗泽提出中国有必要倡导这一理念来应对西方大国有可能滥用"保护的责任"干涉叙利亚内政的情况。他认为,这一理念主要包括六个方面的内容。一是对谁负责的问题。国际社会进行干预是为了保护平民的人权,因此应当是对被干预国的民众负责,而不是为该国的政权或反对派负责。二是实施主体合法性的问题。"负责任保护"合法的实施主体只有两个:一国政府和联合国安理会。联合国安理会在一国政府"无力或不愿"保护其民众人权的情况下介入并履行国际保护的责任,其他行为体都没有这个资格。三是实施手段的问题。实施"负责任保护"的前提必须是非武力手段如外交和政治解决的手段已经被证明不再奏效,肆意使用武力只能造成更大的人道主义灾难。四是实施目标的问题。实施"负责任保护"的目标是要有利于减轻当事国民众所承受的人道主义侵害,不能以此为借口推动该国政权更迭,即以"保护"之名义,行"干涉"之事实。五是干预后国家重建的问题。"负责任保护"的实施者在"后保护"时期必须承担起援助该国重建的责任。六是实践机制的问题。联合国应该发挥主导性作用,应确立完善的监督、评估和事后问责机制,以确保以上五个问题都能得到有效的解决。❶

第二节 "保护的责任"制度的体系构建

当前,"保护的责任"已经成为国际社会普遍接受的人道主义干预规范。为了使"保护的责任"在国际干预问题上更好地发挥作用,我们有必要对其制度进行构建和完善。由于全球、区域及各个国家的人权保护制度的不断完善和其他人权保护理念对"保护的责任"的补充和修正,完整的"保护的责任"制度体系的构建有其可能性。面对当前及未来的"新保护政治"(a new politics of protection)的状况,"保护的责任"的制度体系的构建和完善会遇到多重挑战。笔者认为,主权国家特别是发展中国家应增强其国家能力的建设和提升其承担"保护的责任"的意愿,而区域组织应更好地在"保护的责任"制度中充当"看门人"(gatekeeper)的角色,以此实现将全球层次的"保护的责任"理念更好地转化为适合各

---

❶ 阮宗泽.负责任的保护:建立更安全的世界[J].国际问题研究,2012(3):21.

个国家及区域具体情况的本土化的"保护的责任"理念,从而促进"保护的责任"制度体系的构建和完善。

一、国家:制度体系的构建

虽然"保护的责任"在理论上是所有主权国家都面临的重要问题,但在实践中发展中国家往往成了"保护的责任"的实施对象。这一方面是由于西方发达国家依靠其强大的经济实力和良好的治理能力可以很好地保障其国内的人权,并在"保护的责任"理论话语体系中占有主导的地位;另一方面是因为发展中国家的"脆弱性"大大高于发达国家,特别是那些经济和政治发展落后的某些国家由于自身条件所限极有可能出现种族灭绝、战争、族裔清洗和危害人类等罪行,而这四种罪行正是国际社会对其进行干预的现实前提条件。因此当前国家"保护的责任"体系构建的问题实际上主要涉及发展中国家特别是其中的"脆弱国家"如何更好地保障其国民的人权。以此为基础,同时再根据"保护的责任"相关文献的内容,笔者认为当前在国家内部"保护的责任"的体系需要从立法、执行和监督等三个层面进行构建:

首先,主权国家应对其国民的人权进行立法保护,建立起有效且独立的人权保护司法制度。这主要包括两个方面的内容:一方面,主权国家可以将人权保护写入宪法(几乎所有的国家都已经做到)或进行宪法保护,以创建无歧视的社会,最大限度地保障国内所有人的人权。例如,南非的宪法确认习惯法与人权原则具有一致性,从而支持了对不同文化、语言、宗教和传统的社区给予全面权利保护的制度。中国在 2004 年也将"国家尊重和保障人权"作为一项基本原则写入宪法,并于 2009 年公布贯彻及落实这一基本原则的纲领性文件——《国家人权行动计划》。《加拿大权利和自由宪章》植根于加拿大宪法,这一宪章具体规定了不同特性的人享有平等的内容,为宪法保护人权进行了有力的补充和完善。克罗地亚的《关于少数民族权利的宪法文件》则确保了少数群体在不同区域和机构中享有的代表权,为减少不同群体之间的误解和冲突铺平了道路。另一方面,主权国家可以将其在国际人权的相关法律下承担的责任和义务纳入到国内进行立法。例如,葡萄牙、越南和玻利维亚等国已经将种族灭绝、战争和反人类等罪行列入国内刑事犯罪的范围。中美洲的危地马拉还以反人类和种族灭绝的罪名在其国内对前国家元首进行了刑事起诉,这在当前国际社会中尚属首例。另外,国内立法还可以规定将棘手的案件送交国际刑事法院进行审理。如中非共和国、马里、民主刚果和乌干达等《罗马规约》的缔约国就将在其领土发生的局势移交给了国际刑事法院进行处理。上述两个方面的观点及案例能为各国立法以更好地保护人权提供有益的借鉴和参考。

其次,主权国家应促进国家机构采取切实的措施执行人权保护的相关法律,并建立和健全国家的问责机制。这包括三个方面的内容。其一,要不断对国家机构特别是与人权相关的机构进行优化和改革。例如,各级机构可吸纳不同群体的工作人员以促进人权平等,对工作人员特别是执法人员加强关于国际人权相关法律的培训,制定和实施不同层级的关于促进人权保护的方案等。国家人权机构的完善有利于促进国际和国内人权法律的执行,从而增强国家预防人权侵害罪行的能力。其二,建立和健全国家问责机制,以确保不同人群特别是国家机构的工作人员及军队不会实施侵害人权的罪行。例如,一旦某个人或特定人群触犯了人权保护的法律,就应对其进行起诉和审理。国家机构的工作人员机军队要加强内部纪律,它们的行为应经常受到审查,如果发现其有实施侵害人权的行为应对其进行调查并进行处理。其三,对于已经发生了侵害人权罪行的国家,应及时建立过渡司法机构,用于对个人或群体的起诉、赔偿和审查等,以促进说明真相和侵害者受到应有的惩罚。例如,南非和东帝汶等国建立的真相与和解委员会作为法定的独立的人权机构为它们内部各群体之间的和解发挥着积极的作用。

最后,主权国家应确保其人权保护的法律及执行得到有效的监督。当前,实施这一监督的主体主要包括两个:媒体和非政府组织。主权国家应促进媒体和非政府组织的独立性和多元化发展,保障其言论和新闻出版等自由,使其不必因监督而受到报复或迫害。世界上许多国家都通过宪法保障了媒体和非政府组织的言论和出版自由。例如,墨西哥通过一项法律建立了保护记者和非政府组织的新机制,并成立了一个政府特别咨询委员会对它们的权利进行保障。在当今国家社会,媒体和非政府组织对于人权保护的影响日益重要,主权国家应重视这些力量并能使其自由且良好地进行运作。

值得指出的是,当前主权国家特别是发展中国家构建"保护的责任"制度体系的关键在于增强其国家能力的建设和提升其承担"保护的责任"的意愿。正是因为发展中国家作为整体具有的脆弱性,才使国际社会特别是西方大国无须付出大量资源就能对其国内形势产生重大的影响。一般来说,国家能力是国家从社会积聚资源并将之转化为可资运用的力量,实施对社会的统治和管理,应对他国竞争与挑战的整体效能。[1] 国家能力应当包括国家在对内和对外两个层面的能力。对内层面,国家能对国内的政治、经济和社会等方面进行有效的统治和管理,以防出现政治腐败和经济混乱等现象,维护国家整体的正常运转。对外层

---

[1] 黄清吉.论国家能力[M].北京:中央编译出版社,2013:25-26.

面,国家应提升其抵御外部力量的武力威胁和军事进攻的能力,能充分利用内外资源以保障其国家利益的实现。总的来说,发展中国家的国家能力的提升应在政治上加强制度建设,倡导以和平及合法的方式来解决国内及与其他国家的利益纠纷;同时应加快经济增长和促进社会进步,解决贫困和失业等问题,实现整个社会的长久可持续发展。除此之外,发展中国家应提升其承担"保护的责任"的政治意愿。发展中国家政治意愿的提升需要考虑以下五个因素:一是不断增强对问题的认识,二是有采取相应行动的考虑,三是有认为采取行动能改善现状的信心,四是有能把这些认识、考虑和信心真正转化为相应行动的制度进程能力,五是要有较强的领导力。[1] 其中最后一个要素是实现其他几个要素的前提。这就要求发展中国家的政府需要变得更加开放、透明和高效,以获取足够的政治支持和资源来采取早期预防行动,而这正是"保护的责任"实施的重点。

二、区域:制度体系的构建

近些年来,区域组织更多地充当"看门人"角色。即在"保护的责任"的推广和实施的过程中,区域组织成为其地理范围内"保护的责任"实施的有效监督者、评判者甚至是执行者。根据近几年的一些干预案例显示,当联合国和区域组织形成密切的合作关系之时,国际社会为保护人权所作出的及时果断的反应是最有效的。此外,区域组织渐渐充当起的"看门人"的角色为联合国安理会的决策与区域的利益和理念保持一致提供了一个可信的渠道。然而,区域组织作为"看门人"角色也带来一些新的挑战。其一,当区域组织不同意域外大国或国际组织对该区域进行干预时该怎么办?当前国际社会的一个重要趋势是,各个主权国家倾向于在"挑选法院"(Forum shopping)[2]时选择区域组织作为最能反映其地位及合法性的目标。如果区域组织不同意干预,必然会对未来该区域的"保护的责任"实施构成一定的阻碍。其二,区域组织作为"看门人"角色会利用强有力的工具来保护人权,但它也可能选择拒绝采取及时果断的行动。例如非洲有许多国家(如民主刚果、南苏丹和乍得等)长期存在人道主义危机,但当地的区域组织却没有采取有效的措施来试图解决这些问题,联合国和域外大国也只是选择性进行干预。其实按照这样的逻辑发展下去的话,可能会造成这样的状况:联合国和域外大国不对发生"保护的责任"相关的四种特定罪行的国家进

---

[1] Gareth Evans,The Responsibility to Protect:Ending Mass Atrocity Crimes Once and For All[M].Washington,D.C.:Brookings Institution Press,2008:224.

[2] 挑选法院(Forum shopping)是英美法系的术语,又被译作"择地行诉"或"选购法院",指的是当事者从众多拥有管辖权的法院中选择一个对自己最有利的法院进行起诉,从而使对手陷入不利的境地。

行干预,而区域组织又不积极承担起"看门人"的角色,这就有可能造成1994年在卢旺达发生的那样的人类悲剧。如何使联合国安理会更开放地有效运作,同时区域组织能够主动地承担起"看门人"的角色将联合国主导的合法干预行动与该区域的利益及理念很好地融合到一起,这是未来"保护的责任"制度构建需要面临的一个重要的挑战。

2005年的《世界首脑会议成果》的第139段提到了区域或次区域组织可通过若干方法帮助一国防止特定四种罪行的发生,并在极端的情况下采取反应行动。"保护的责任"的后续执行文本中,也强调区域和次区域组织履行保护责任的重要作用。综合这些文本,笔者认为区域"保护的责任"的制度体系需要在促进和加强国家保护的责任、国际援助与能力建设和及时果断的反应等三大支柱的基础上进行构建。

其一,在国家保护的责任方面,区域和次区域组织要帮助和支持各国政府认识到相关国际公约规定其应履行的责任和义务,在发生暴力或暴行之前发现并解决社会中的问题根源。当前存在的很多区域和次区域组织在这方面做出了重要的努力。2009年东盟成功启动了政府间人权委员会,从而使亚洲首次出现了区域人权保护机构。为了长期防止暴行的发生和缓和社会群体之间的紧张的关系,欧洲安全与合作组织专门设立了少数民族事务高级专员办公室,并在欧盟帮助下对侵犯人权的暴行进行预防和追究。非洲国家则是在非洲发展新伙伴计划的帮助下对该区域的同行审议机制进行了完善,这一机制对非洲各国处理与"保护的责任"问题时提供具体的政策建议。在美洲地区,通过美洲国家组织和美洲人权委员会及美国人权法院的积极合作,该地区存在的人权问题的解决获得了更多的制度保障。

其二,在国际援助与能力建设方面,区域和次区域组织可以发挥"助推器"的作用,为国家和全球决策者之间的信息沟通提供保障,以减少各方产生误解的风险。虽然当前的发展援助都是由全球机构、双边或大国进行提供,区域和次区域组织难以提供实质性的物质支持,但它们在危机预警和信息沟通方面的优势是显著的。它们能率先觉察到区域内的哪些国家可能出现严重的人权问题,而且也能为国际社会如何给相关国家提供最有效的援助提供参考。欧盟和欧安组织设立了专门的对人权问题进行观察和分析的情况室,非盟则成立了智者小组,这些机构都为各国及联合国在危机前采取预防行动提供了可能性。

其三,在及时果断的反应方面,随着"保护的责任"已被应用于实践,区域和次区域组织应该根据具体的情况探索出合理的且灵活的应对措施。例如阿拉伯联盟和非洲联盟在2011年暂停了利比亚卡扎菲当局的成员国资格,而欧盟则为新成员国的加入提供了严格的人权标准,这些多样化的措施都有助于缓解人权问题。另外,区域组织可以采取有针对性的制裁措施,例如"保护的责任"的一些报告中所提到的武器禁运以及对于相关国家领导人采取的资产冻结和旅行禁令等措施。这些措施都易于被国际社会广泛接受,但在执行的过程中需要加强与联合国以及国际刑事法院等国际机构的合作。

另外,当前各区域或次区域组织(特别是发展中国家成员较多的组织)最为重要的莫过于应重点提高其进行人道主义干预的能力,在此基础上增加其进行干预的意愿。尤其是像非盟和西共体这样经常应对人道主义危机的组织,提升其干预的能力和意愿需要考虑五个因素:一是必须摆脱对外部资金和援助的严重依赖,因为这些援助只是临时的且不可持续;二是必须增强对区域和次区域组织联合军队的训练,比如可参照全球和平行动计划(Global Peace Operations Initiative)参与维和行动;三是增强区域和次区域组织的军事力量;四是加强区域和次区域组织内部机构与各成员国的协调;五是对区域和次区域组织现有的条约和宪章进行改革,使其在其区域内进行的人道主义干预更为合法。❶ 区域和次区域组织可以通过以上五种方式不断增强其进行人道主义干预的能力和意愿,同时使得这些干预变得更为有效。

三、全球:制度体系的构建

基于前面提到的"保护的责任"制度构建面临的问题以及国家和区域组织所作出的努力,笔者认为全球"保护的责任"制度体系的有赖于理念和实践两个层面。

理念层面,要完善和发展"保护的责任"的概念及国际法。这体现在以下两个方面:

一方面,要进一步完善和发展"保护的责任"的相关概念。前文提到,"保护的责任"对于国际社会关于国际干预争论的主要贡献在于概念领域。❷ "保护的责任"的核心概念为"负责任的主权"。虽然十多年来已有十个与该概念相关的文件或报告对其内涵不断进行完善,但这些文件或报告越来越倾向于在具体操作层面进行探索,而疏于对理论层面进行更深入的研究。须知"保护的责任"的整个体系都是在这一概念的基础上建立起来的,完善和发展这一概念是"保护

---

❶ James Pattison, Humanitarian Intervention and the Responsibility To Protect: Who Should Intervene? [M]. Oxford: Oxford University Press, 2012:237-239.

❷ Amitav Acharya, Redefining the Dilemmas of Humanitarian Intervention[J]. Australian Journal of International Affairs, 2002, 56(3):373-381.

的责任"制度构建和拓展最首要且最重要的前提。

另一方面,要进一步完善和发展与"保护的责任"相关的国际法。第四章提到,现存国际法内容的不完善为某些别有用心的大国滥用"保护的责任"提供了空间。简单说来,解决这一问题的关键在于让国际法的字面内容和实质精神跟得上时代发展的步伐。国际法要符合当前国际社会的价值观,所规定的内容要真正能让各国民众的人权得到切实的保障。除此之外,根据二战结束以来国际法的演进和国际法编纂来源的偏好的情况,国际法的不断完善在一定程度上有赖于国际机制的完善和发展。因此极有必要对当前推行"保护的责任"规范主导者——联合国安理会进行改革。

在实践层面,加强联合国在"保护的责任"制度体系中的作用最为关键,同时也要对大国和非政府组织等主体的行为进行规范。

首先要对联合国安理会进行改革。根据"保护的责任"的相关文献可知,任何军事干预行动只有经过联合国安理会的授权才能被认定为合法的。但也有可能发生这样一种状况,那就是如果军事干预行动和某个或多个联合国安理会常任理事国的切身利益相关时,联合国安理会就会难以正常运作,更别谈对军事干预行动进行授权了。对此,2001年干预与国家主权委员会的报告提出了替代方案:一是依照"联合一致共策和平的程序"召开联合国大会紧急特别会议来对此时进行审议,二是区域或次区域组织根据联合国宪章第八章(区域办法)规定在其区域内采取行动随后必须请求安理会予以授权。❶ 即使这样,仍不能掩盖现有联合国安理会存在不小的缺陷。联合国安理会是通过五大常任理事国的"大国一致"的原则来处理实质问题(决策、宪章修改和任命联合国秘书长等),如何对"大国一致"原则的具体操作进行完善是解决这一问题的关键。为此,有学者提出"不否决的责任"(responsibility not to veto,RN2V)以提高处理与"保护的责任"相关问题的有效性。❷

其次,联合国应提升其对四种特定罪行提出预警和进行评估的能力。对于建立和提升联合国的预警和评估能力,"保护的责任"的相关文献已经进行了详细的阐释。在2005年的《世界首脑会议成果》的第138段明确指出国际社会应支持联合国建立预警能力。2009年的《履行保护的责任》报告进一步这种能力的具体内涵包括三个方面:一是向联合国秘书长和安理会常任理事国及时提供

---

❶ ICISS.The Responsibility to Protect[R].Ottawa:International Development Research Center,2001:8-9.
❷ Ariela Blatter, The Responsibility to Veto: A way forward[EB/OL]. Washington D.C: Citizens for Global Solutions(CGS), Octo. 2012, http://globalsolutions.org/files/public/documents/RN2V_White_Paper_CGS.pdf

关于煽动、准备或实施四种特定罪行的准确、权威、可靠的信息;二是秘书处具备评估信息的能力和适当了解事件背景的能力,三是使与秘书长办公厅联系更加便利。[1] 2010 年的《预警、评估及保护责任》报告则具体涉及了建立和提升联合国预的警和评估能力的机制。这一机制大体上包括:秘书长防止灭绝种族罪行问题特别顾问办公室(OSAPG),其职责是收集信息、建议和协调,旨在提升联合国分析和管理关于种族灭绝罪或相关罪行的信息的能力;联合国政治事务部(DPA),其职责是监督和评估全球形势及发展趋势并就采取可能会促进和平的行动提供咨询;联合国人道主义事务协调厅(人道主义事务部)(OCHA),其下辖的预警与应急规划科通过各种定性和定量的方法评估世界各地发生人道主义侵害的风险情况;机构间常设委员会(IASC),其下辖的备灾工作分组通过与联合国其他机构的合作,会在每个季度发布有关人道主义问题相关的报告;联合国开发计划署(UNDP),其下辖的预防危机和复原局有一个部门间预警和预防行动协调框架(框架小组),用于协调联合国各部门为预防人道主义侵害的信息分享和分析工作。除此之外,联合国的维持行动部(DPKO)、儿童基金会(UNICEF)设有情报中心用于随时接收世界各地提供的信息。联合国难民事务高级专员办事处(UNHCR)和联合国人权事务高级专员办事处(OHCHR)则主要负责监督和评估"保护的责任"的实施及发展情况。联合国人权理事会(HRC)和各人权条约机构特别报告员也在某些情况下起到一定的作用。以上所提到的各项机制都有利于世界各地的信息向联合国总部汇集,如果各部分运转良好,联合国预警和评估能力会得到很大的提升。

最后,联合国可以通过改革加强其对危机的反应能力。联合国的危机反应能力的提升可能比第一个能力更为重要,它应该是破解"保护的责任"中联合国面临困境的关键。前文提到,联合国作为干预主体的合法性最高,甚至在某种程度上说可以说是合法性的来源,但其干预的有效性却是最低的。究其原因,就是联合国系统太过庞大,其运转需要大量的资金支持,而且用于维和的、有限的军事力量被分散到世界各地很难发挥实质性的作用。当前一些学者为提升联合国的危机反应能力提出了两种途径:一是加快联合国机构的改革,二是增强联合国自身的军事能力。联合国机构的改革的争论主要是围绕联合国安理会的决策机制展开。有学者认为,当前安理会的决策机制的低效使其难在人道主义侵害面前有所作为,应当由联合国大会来执行"保护的责任"实施的决定权,并且它比

---

[1] 潘基文:《履行保护的责任》,联合国文件(A/63/677),第 10 段,2009 年 1 月。

安理会更具代表性。❶ 也有学者认为,当前安理会的决策机制经常陷入困境,最好的解决办法是创造一个新的实体对干预问题进行判定,这一实体必须由民主国家联合而成。❷ 关于如何增强联合国自身的军事能力,西方学者给出的建议最多的是建立某种意义上的国际军队,或者说建立更广泛意义上的联合国军事力量,这种军事力量真正具有世界性特征:军队的成员都是自愿的而不是应征的;他们不再只忠诚某一国;而且他们是受到人道主义关切的驱动而聚集到一起。❸ 当然这要在联合国机构成功改革的情况下才能够实现。

同时,作为当前"保护的责任"实施的最主要的执行者的大国,确切地说是美、法等西方大国,应当严格遵守国际社会公认的国际法原则和国际关系的基本准则,在联合国框架下实施"保护的责任"。当前西方大国对"保护的责任"的具体实践在表面上是合法的,但在实质上是非法的,这一问题已在第四章涉及,在此部分就不再赘述。值得指出的是,相关非政府组织在"保护的责任"体系中的地位仅仅是对以上三个主体的补充,在实践中根本不能发挥实质性的作用。但大赦国际和人权观察等非政府组织对"保护的责任"的实施日益产生重要的作用,我们应当重视这些非政府组织的相关言论和报告。特别是这些非政府组织应当更多考虑发展中国家如何应对"保护的责任"的问题,这也可成为其往良性方向发展的重要途径。

接下来,笔者将以东盟为案例来探求"保护的责任"制度如何得以构建并不断得以完善。

第三节 "看门人":东盟"保护的责任"制度的构建及启示

东盟国家多数是发展中国家,都有过被西方大国殖民或半殖民的历史,因此在第二次世界大战结束后纷纷独立时坚决奉行不干涉内政原则。然而在2005年联合国世界首脑会议上,众多东盟国家却认可了含有外部干预内容的"保护

---

❶ Jean Krasno, Mitushi Das. The Uniting for Peace Resolution and other ways of Circumventing the Authority of the Security Council[M]//Cronin B, Hurd I. The UN Security Council and the Politics International Authority. London: Routledge, 2008: 186.

❷ Allan Buchanan, Robert Koehane. The Preventive Use of Force: A Cosmopolitan Institutional Proposal[J]. Ethics and International Affairs, 2004, 18(1): 18.

❸ Stephen Kinloch-Pichat. A UN "Legion": Between Utopia and Reality[M]. London: Frank Class, 2004: 219.

的责任"理念。许多学者试图构建本土化的框架(localization framework)来解释这一现象,并一致认为东盟这一重要的区域安排是"保护的责任"理念在东盟地区得以扩散的决定性因素。❶ 基于东盟国家的历史与现实,在该区域"保护的责任"制度的构建的确有其必要。然而不可否认的是,由于区域内不同成员国有着不同利益的考量,东盟"保护的责任"这一制度的构建存在不小的障碍。值得指出的是,东盟现有框架内部结构已有一些积极因素来促进其区域保护的责任"制度生成可能性。尤其是东盟作为"看门人"逐渐成为其地理范围内"保护的责任"实施的有效监督者、评判者甚至是执行者。东盟"保护的责任"制度的构建需要从长远来考虑,特别是注重东盟与联合国、各国政府和民间组织等主体的多层次互动。接下来,笔者将就这些问题进行论述和分析。

一、东盟"保护的责任"制度构建的必要性

东盟地区是当今世界相对稳定的地区之一,但在这一区域内仍存在爆发局部战争的危险。特别是菲律宾、泰国和印度尼西亚等国的政府与其内部的武装反对派保持长期的军事对峙的状态,而且往往这一状态所引发的冲突往往和人道主义问题相关,因此在这一区域构建"保护的责任"制度极其必要。东盟地区"保护的责任"制度的构建须由东盟主导。东盟框架下"保护的责任"制度构建的必要性主要基于两点考虑:一是东盟国家有经受外部干预的历史教训,二是东盟国家在当前和未来有受到外部行为体尤其是西方大国意图实施"保护的责任"的现实威胁。

在历史上,尽管自东盟成立起该地区已爆发许多国内性的武装冲突,但其中只有两个事件是涉及了外部干预。一个是1991年柬埔寨问题的解决,另一个是1999年东帝汶的独立。东盟在20世纪80年代一直反对越南对红色高棉恐怖统治下的柬埔寨的占领,并坚持在国际上对柬埔寨问题进行斡旋,最终促使18个国家对柬埔寨进行干预。干预的结果是柬埔寨国内四方代表在1991年10月召开的巴黎国际会议上达成政治和解,各方共同签订了《柬埔寨和平协定》。在1999年东帝汶的独立事件中,由于考虑到东盟国家对外部干预的敏感性,东盟特别注重联合国安理会授权而进行的干预。这一干预行动是应印度尼西亚单方

---

❶ 关于这方面的讨论可参见以下论文:Alex Bellamy, Drummond C, The Responsibility to Protect in Southeast Asia: between non-interference and sovereignty as responsibility[J].The Pacific Review ,2001,24(2): 179-200; Alex Bellamy, Beeson M, The responsibility to Protect in Southeast Asia: can ASEAN reconcile humanitarianism and sovereignty, Asian Security, 2010, 6(3): 263-279; Alex Bellamy, Davies S, The responsibility to Protect in Pacific region[J].Security Dialogue ,2011,40(6):547-574.

面同意和要求,最终在联合国安理会授权下派驻了以澳大利亚为首多国部队,由此开启了联合国、地区组织和区域内部及外部国家多边联合干预的新模式。虽然柬埔寨问题的解决和东帝汶的独立在时间上是早于"保护的责任",但它们为当前和未来东盟地区的人道主义干预提供了样板。❶ 这两个干预行动都是以联合国为主导,区域组织和区域内国家积极参与,在开展维持和平行动的同时注重战后重建和冲突后预防工作。由此,在"保护的责任"框架外,在普遍的人道主义干预的背景之下,联合国和东盟已经在东盟地区形成了一种关于冲突协调和合作的新框架。这一框架也为近几年来东盟在应对该地区发生的与"保护的责任"类似的问题时提供了重要的参考。

进入21世纪以来,东盟地区的菲律宾、泰国和印度尼西亚等国仍时常爆发局部冲突,不仅直接地造成了大量的人员伤亡,也间接地给个人安全带来了不利的影响。以印度尼西亚政府和反政府的自由亚齐运动之间的冲突为例,两者在冷战结束后15年内爆发的冲突引发的人员死亡大约为11000人,而两者在冷战结束前15年爆发的冲突引发的人员死亡仅为4000多人。值得注意的是,这些冲突中造成的死亡人员多数是平民。而在菲律宾南部棉兰老岛地区,自冷战结束以来,在政府军与旨在分离叛乱的阿布沙耶夫组织之间的冲突所引发的人员死亡已超过73000余人。另外,在2004—2008年泰国南部的国内冲突引发的人员死亡也超过了3000人,而且其中大多数也是平民。❷ 虽然这些冲突可能引发人道主义危机,但就这些国家的表现来看,冲突还处于可控的范围之内。而自2005年"保护的责任"成为普遍性的国际理念以来,东盟地区所发生的一些与此相关联的事件引发了国际社会关于东盟与"保护的责任"的广泛争论。

第一个事件是2008年缅甸救灾引发的争论。2008年5月,特强热带风暴"纳尔吉斯"(Nargis)突袭缅甸,造成了大量的人员伤亡。根据缅甸政府的官方统计,该自然灾害的遇难者高达77738人,并有55917人失踪,除此之外还有250万灾民处境十分艰难。❸ 缅甸政府在救灾工作中的不作为引发了国际社会的广泛谴责,特别是法国提出以"保护的责任"名义对缅甸进行干预。法国的这一倡议使国际社会在"保护的责任"是否应用于自然灾害的问题上展开了广泛的讨论。东盟对法国试图运用"保护的责任"对缅甸进行人道主义干预的行径感到

---

❶ Yang Kassim,The Geopolitics of Intervention Asia and the Responsibility to Protect[M].Singapore:Springer,2013:60.
❷ Stockholm International Peace Research Institute (SIPRI),2010:62-63.
❸ 缅甸将于20日开始全国哀悼3天[EB/OL].[2008-05-20].http://www.gmw.cn/content/content_777197.htm.

极为震惊。东盟认为法国的这一行径是对其长期坚持的不干涉内政原则的恶意冒犯,因此极力反对法国的主张,并认为"保护的责任"针对的是大规模侵犯人权的罪行而不是自然灾害。东盟最终寻求与联合国及缅甸政府的三边合作来解决缅甸灾后的人道主义援助问题。

第二个事件是2012年在缅甸若开邦(Rakhine)爆发的冲突引发的争论。这涉及该地区长期存在的一个问题——罗兴亚人问题(Rohingya issue)。罗兴亚人是从南亚的印度和孟加拉等国外迁入缅甸若开邦的民族。它们与信仰佛教的当地人不同,它们信仰伊斯兰教。罗兴亚人在缅甸长期受到政府和当地原住民族的歧视,并由于人数居少数而在与当地原住民族的冲突中受到严重的侵害。2012年6月至10月,罗兴亚人在与若开邦当地民族的数次冲突中至少有200多人死亡。[1] 2012年11月底,众多国家在联合国大会上表示了对罗兴亚人权利问题的关切,并一致敦促缅甸政府采取行动以改善罗兴亚人的处境,特别是保护他们的人权,包括其作为公民最起码的权利。[2] 东盟对于罗兴亚人问题的处理较为谨慎,它主张对缅甸的干预及援助须经过缅甸政府的请求。东盟在此问题上有两点顾虑:一是如果随意允许其他国际组织或大国对该区域国家的干预,这会对其长期坚持的不干涉内政原则构成严重的挑战;二是如果干预最终没有促进问题的解决,只能使罗兴亚人更为激进,从而影响整个东盟地区的和平与稳定。[3] 有学者提出,东盟在罗兴亚人问题上的态度使其在应对人道主义干预问题上陷入了困境。因为它不仅要保护本区域国家的公民免受人道主义侵害,而且还要坚持不干涉内政原则,这两者很难在实践中达到一致的平衡。[4] 笔者认为,造成这一困境的主要原因是东盟内部诸成员国的利益难以协调,各国对"保护的责任"持有不同的态度和立场,再加上缺乏强制力的东盟决策方式,这些共同构成了东盟框架下"保护的责任"制度构建的主要障碍。

二、东盟"保护的责任"制度构建面临的主要问题

到目前为止,东盟作为一个区域组织尚未表明其对"保护的责任"理念的官

---

[1] 缅甸教派冲突引发骚乱致多人死亡[EB/OL].[2012-06-15]. http://gb.cri.cn/27824/2225s3729136.htm.

[2] Nicolas M.UN committee expresses concern for Myanmar's Muslims, Reuters[EB/OL].[2012-11-26]. http://www.reuters.com/article/us-myannmar-un-idUSBRE8AP16Y.

[3] Yang Kassim, Plight of Rohingya : ASEAN credibility at stake, RSIS commentaries 20/2012[EB/OL]. http://www.rsis.edu.sg/publications/perspective/RSIS2072012.pdf.

[4] Karim F, ASEAN Responsibility to Protect[EB/OL].[2012-08-03]. http://www.thejakartapost.com/news/asean-responsibility-to-protect.html.

方立场。❶ 但在"保护的责任"于 2005 年被写入《世界首脑会议成果》时,众多东盟国家对这一理念总体上保持基本认可的态度。值得注意的是,东盟国家对"保护的责任"的认可是有条件的。它们只承认 2005 年《世界首脑会议成果》及后来秘书长报告关于这一理念的相关内容的规定,而对 2001 年干预与国家主权国际委员会的报告的部分内容是持保留态度的。特别是该报告规定国际社会能未经被干预国同意而进行干预,东盟国家普遍认为这是对不干涉内政原则的严重侵犯。这也能部分说明为什么"保护的责任"难以在东盟地区有效推广。除此之外,独一无二的"东盟方式"也是制约"保护的责任"制度在这一区域构建与拓展的主要因素。因此,东盟"保护的责任"制度的构建主要面临两个问题:

其一,东盟国家对"保护的责任"的普遍怀疑的态度不利于提高东盟在应对"保护的责任"相关问题时的能力和意愿。

依照对"保护的责任"态度的不同,东盟国家可以分为四种类型:第一类是拥护者(R2P advocate),这一类型仅只有菲律宾一个国家。但菲律宾对"保护的责任"前后的态度并不是高度一致的,时常会根据现实减少或增加"保护的责任"的话语。第二类是参与者(R2P engaged),这一类型的国家包括新加坡、印尼和越南等国。这些国家是支持的仅仅是 2005 年《世界首脑会议成果》对"保护的责任"的相关规定,并且对这一理念的实施持谨慎的态度。第三类是骑墙派(fence-sitters),这一类型的国家包括柬埔寨、马来西亚、文莱、老挝和泰国等国。第四类是反对者(opponent),这一类型仅只有缅甸一个国家。❷ 实际上,第二类和第三类实际上都对"保护的责任"是广泛质疑的。因此,总体而言,大多数东盟国家对"保护的责任"持保留或谨慎的态度。而且,迄今为止尚未有一个东盟国家像某些拉美或非洲国家那样将"保护的责任"列为其外交政策的一部分,并且也没有一个东盟国家主张在该区域实施这一理念。即使要涉及"保护的责任"的相关讨论,东盟国家也往往是选择该理念中的一部分内容进行支持。更进一步说,东盟国家普遍认可"保护的责任"的第一支柱(国家保护的责任)和第二支柱(国际援助和能力建设),而对第三支柱(及时果断的反应)持一种保留或谨慎的态度。❸ 由此,由十个国家组成的东盟就很难有政治意愿来讨论及应对

---

❶ David Capie.The Responsibility to Protect Norm in Southeast Asia :Framing,Resistance and the Localization Myth[J].The pacific Review ,2012,25(1):80.

❷ Alex Bellamy,Davies S.The responsibility to Protect in Pacific region[J].Security Dialogue,2011,40(6):547-574.

❸ David Capie.The Responsibility to Protect Norm in Southeast Asia :Framing,Resistance and the Localization Myth[J].The pacific Review,2012,25(1):83.

"保护的责任"的相关问题。再加上前文所提到的东盟构建"保护的责任"制度的必要性,可以说东盟国家现在的处境是非常危险的。

其二,东盟独特的决策方式也在一定程度上不利于该区域"保护的责任"制度的构建。这主要体现在两个方面。

一方面,东盟的决策由国家占主导,社会积极参与进行的。东盟较之欧盟的总体的一体化程度是略低的,作为地区组织的独立决策能力比较有限,许多问题还是要拿到东盟的各国首脑或部长级会议上去解决。但是东盟的许多国家的政府都是强有力的政府,这就能保障有些制度安排甚至比欧盟都能更有效地实施。而且,东盟内部的社会组织也在东盟的地区治理中发挥积极的作用。比如著名的东盟战略与国际研究所,它由各国成员国国内有名的智库组成,是它成功地促成了东盟地区论坛的建立,推进了东盟地区一体化的深入发展。但也不容忽视的是,一旦需要决策的问题与一国或多国的利益切身相关时,东盟的决策必然会陷入困境。如果东盟某一国出现了需要应用"保护的责任"适用的情形时,东盟的这种决策方式也必然会直接影响到该地区的人权、安全和发展问题的解决。

另一方面,东盟在决策的过程中,比如进行共同决策和制度安排时,往往采用共同协商、达成共识的方式,使得带有弱决策、弱制度的特征,但这也体现的是一种儒家文化传统的价值观念。东盟在决策时就是在各国首脑会议上,而且程序上不采用更具法律意义的投票表决方式,而是通过不断进行协商,直到达成共识为止。我们可以看到,东盟并没有强制性的法律文件来约束各个成员国,往往都是共同宣言,共同声明等这样非强制性的书面文件,而不是像欧盟动辄都是以法令、条约等限制成员国的行为。虽然东盟进行决策的这种模式带有其自身的文化特点,但这也充分说明其地区整合程度没有欧盟高,很多制度还在探索和完善之中。这也不可避免地影响到该区域"保护的责任"制度的构建。

三、东盟"保护的责任"制度构建的启示

虽然东盟"保护的责任"制度的构建存在一些障碍,但东盟现有人权保护框架的发展却为该区域"保护的责任"制度的构建供了现实条件。

冷战结束以来,特别是 1997—1999 年亚洲金融危机之后,东盟及其成员国开始注重"人的安全"的理念。由于"人的安全"多涉及非传统安全问题,这一类型的问题不再只是一国能够解决的问题,东盟地区的国家及非国家行为体希望东盟作为这一区域最为权威的组织能够承担起解决"人的安全"相关问题的重任。而东盟以其特有的东盟方式将人权保护作为其解决该地区"人的安全"相关问题的核心。

第六章 "保护的责任"的制度构建

当前,东盟地区的人权保护框架是以东盟宪章(ASEAN Charter)为指导,同时再加上东盟政治安全共同体委员会(APSC),东盟政府间人权委员会(AICHR)和东盟促进与保护妇幼权益委员会(ACWC)等机构得以正常运作。这一框架通过给各国嵌入人权保护文化和冲突预防理念来促进了东盟地区人权保护议题的设定和拓展,并且注重提高国家预防和应对人道主义侵害的能力以更好地保护人权。❶

2007年11月,东盟十国首脑在新加坡召开会议并签署了《东盟宪章》(《东南亚国家联盟宪章》),从而确立了东盟成立40年来第一份普遍意义上的法律文件。该宪章重申了东盟关于尊重国家主权和不干涉内政原则的国家中心主义的理念。虽然这一传统理念对"保护的责任"在该区域的推广造成了一定的阻碍,但该宪章也包含了尊重人的基本自由及促进和保障人权的相关内容。随后,东盟政治安全共同体委员会(APSC)的建立及《政治安全共同体蓝图》的签署试图在该区域内建立一种预防文化,同时提供了一些旨在提高国家保护人权意愿和能力的一些方法。东盟政治安全共同体委员会(APSC)不仅仅是推进各成员国在民主、人权及更广泛参与的基础上进行安全合作的工具,同时也是一个旨在根据民主、法律规则、良治及人权等理念塑造东盟的政治计划。而《政治安全共同体蓝图》提出东盟在应对人权保护问题时需要考虑五个因素:冲突预防,冲突解决,冲突后和平建设,政治发展和理念塑造及分享。另外,为了推进和保护人权,《政治安全共同体蓝图》还提出要建立一个地区人权保护机构。在此背景下,2009年10月,东盟政府间人权委员会(AICHR)应运而生。过去五年间,该机构主要在移民、商业及妇女儿童权益等问题上推进和保护该区域的人权事务。❷ 除此之外,东盟还有一个与东盟政府间人权委员会(AICHR)平行的机构——东盟促进与保护妇幼权益委员会(ACWC),该机构于2010年9月得以有效运作,并为预防人权侵犯及冲突升级提供一些旨在提升能力建设的措施。东盟政府间人权委员会(AICHR)和东盟促进与保护妇幼权益委员会(ACWC)能为东盟地区的人权保护提供更有效的制度基础,两者可以展开合作并互为补充。东盟政府间人权委员会(AICHR)被授权可为东盟其他部门提供人权相关的技术服务,也能帮助东盟促进与保护妇幼权益委员会(ACWC)在东盟的社会文化及经济支柱下解决妇女和儿童的权益问题。而东盟促进与保护妇幼权益委员会

---

❶ Mely Caballero – Anthony. The Responsibility to Protect in Southeast Asia: opening up spaces for advancing human security[J].The pacific Review,2012,25(1):126.

❷ Mely Caballero – Anthony. The Responsibility to Protect in Southeast Asia: opening up spaces for advancing human security[J].The pacific Review,2012,25(1):128.

(ACWC)也能为东盟政府间人权委员会(AICHR)在应对该区域的妇女和儿童的权益问题时提供更专业的建议。以上这些机制的形成和发展标志着21世纪以来人权保护框架正在不断完善。笔者曾在第二章提到目前亚洲缺乏整体性的人权保护框架,而在东盟所形成的这个框架则为未来亚洲整体性框架的建立奠定了良好的基础。

关于如何推进东盟"保护的责任"制度的构建及完善,包括东盟地区论坛(ASEAN Regional Forum,ARF)在内的东盟官方部门及文件都尚未提供具体的措施,而作为亚太地区最为重要的"第二轨道"(track-two)安全合作组织——亚太安全合作理事会(Council for Security Cooperation in the Asia Pacific,CSCAP)却试图在此问题上给出合理的且可操作的方案。在2011年7月,该半官方组织发布的《保护的责任:兑现的承诺》报告为"保护的责任"在东盟地区的实施提供了明确的结论及具体的建议。该报告提供了三个重要的结论,即东盟在面临"保护的责任"时应持有的立场:一是"保护的责任"是和东盟地区的相关理念及不干涉内政的原则是保持一致的,这些理念和原则是东盟存在和运作的基石;二是呼吁东盟地区论坛研究亚太安全合作理事会关于"保护的责任"的建议,并为在东盟地区实施"保护的责任"做好准备;东盟国家所组成的区域性安排须在"保护的责任"的实施过程中发挥重要的作用,以提升该区域的和平与稳定。[1]

值得注意的是,虽然亚太安全合作理事会的这一报告针对的是整个亚太区域,但也明确提到它所提及的所有政策建议的支点是东盟,特别是东盟地区论坛。毕竟东盟地区形成了亚太范围内唯一的人权保护机制,以其为支点才会更利于整个地区人道主义问题的解决。亚太安全合作理事会的报告从三个层面具体阐述了在该地区关于"保护的责任"实施的建议:

第一个层面是各国政府。该报告认为各国政府在应对"保护的责任"时可以采取以下三个措施:一是各国政府应当考虑任命一名"保护的责任"的专员以体现对该理念的重视;二是各国政府应当充分利用资源以提高其国内民众关于"保护的责任"的意识;三是各国政府应当通过教育使民众树立和平解决国际争端的价值观。

第二个层面是区域性安排。该报告认为亚太的区域性安排(尤其是东盟地区论坛)在应对"保护的责任"时可以采取以下七个措施:一是应考虑建立一个风险减少中心,这一中心有助于建立与种族灭绝、族裔清洗、反人类和战争罪等

---

[1] Pacific Forum CSIS,Issues& Insights,Responsibility to Protect:Delivering on the Promise[R].by Alexander Bellamy,with Carolina Hernandez,Pierre Lizee,and Rizal Sukma,2011.

相关早期预警和评估机制,并且也能以此加强与联合国的合作;二是应考虑加强其运用外交政策进行调解及在冲突升级前解决问题的能力;三是应考虑建立一种持续的能力,这种能力能够有效预防种族灭绝、族裔清洗、反人类和战争罪的发生,并在这些罪行发生后能做出及时果断的反应;四是参与者应自愿提供有效的情报;五是应考虑建立有关于小型或轻型武器问题的会间会(Inter-Sessional Meeting);六是应建立一个协商机制,这一机制能为联合国和平建设委员会的行动提供监督和咨询,并能支持旨在预防四种特定罪行的国家能力的建设;七是应考虑加强名人及专家团体的建设,并能确保他们在"保护的责任"实施时发挥重要的作用。

第三个层面是全球机构和伙伴关系。该报告认为全球机构和伙伴关系在应对"保护的责任"时可以采取以下两个措施:一是区域组织和联合国应该在"保护的责任"相关的四种特定罪行的预防和有效反应问题上展开有效的合作;二是应该加强地区间及地区内部的对话机制的建设,这一机制有助于在保护的责任"实施的过程中及时获得更多的经验和教训。[1]

通过对以上内容的分析后不难发现,亚太安全合作理事会出台这一报告的主要是想让各国政府、区域性安排、全球机构及伙伴关系和其他与"保护的责任"相关的行为主体明白这样一个道理:即国际社会关于保护平民免遭种族灭绝、族裔清洗、反人类和战争四种特定罪行侵害的工作能否取得成功,在很大程度上取决于这些主体能否兑现以上承诺。东盟"保护的责任"制度的构建及完善是一项复杂的工程,但其对国际社会关于该问题的启示在于:寻求将东盟——这一重要的区域组织作为其战略不断向前推进的支点是非常有必要的。在此基础上,只要实现东盟与联合国、其他国际组织、区域内的主权国家和第二轨道外交团体的多层次互动,东盟"保护的责任"制度的构建和完善终会走上良性的发展轨道。

---

[1] Pacific Forum CSIS, Issues & Insights, Responsibility to Protect: Delivering on the Promise[R]. by Alexander Bellamy, with Carolina Hernandez, Pierre Lizee, and Rizal Sukma, 2011.

结　论

冷战结束之初,随着战略竞争对手的消失,以美国为首的西方国家以强势的姿态推行其人权外交,并使国际干预进入了一个新的发展阶段。为了给自己干预他国的行动提供依据,西方提出了"新干涉主义"的理论主张,并以此为旗号介入地区冲突和相关国家的内部事务。1999年科索沃事件后,"新干涉主义"的推行受到严重的批评。为了解决国际社会在人道主义干预问题上的分歧,联合国采纳了由西方国家首倡的"保护的责任"的理念以替代"新干涉主义",并试图将其发展为21世纪国际社会进行人道主义干预的新规范。

简单而言,"保护的责任"的基本含义可概括为:每个主权国家均有责任保护其人民免遭种族灭绝、战争罪、族裔清洗和危害人类罪之害,但如果这个国家"无力"或"不愿"来承担这一责任,国际社会就可以介入并以适当方式保障该国人民的人权。❶ 自2001年"保护的责任"概念产生以来,围绕这一概念所建立的理论体系一直在不断完善和发展。目前,"保护的责任"的相关文本已多达10个,其中包括4个基础性文件,6个实施性文件。尤其是2005年世界首脑会议的最终成果文件重点关注"保护的责任",让这一理念得到了150多个国家的认可。近几年来,"保护的责任"开始由理论探讨转化为实践运作。特别是2011年以来,美法等西方大国以"保护的责任"的名义先后对利比亚、科特迪瓦、马里和中非共和国实施了军事干预。这些干预行动并没有成功达到保护被干预国民众的人权的目的,反而促使该国及其所在地区的安全局势的复杂化和自主安全合作的弱化,因此引发了国际社会关于"保护的责任"理论与实践问题的争论。其中,最具争议的是"保护的责任"理论与实践存在严重的矛盾。笔者试图以"保护的责任"理论本身所包含的问题为出发点,同时考察近几年国际社会关于"保护的责任"的实践,从理论基础、实施主体、武力使用的合法性和制度构建等

---

❶ ICISS.The Responsibility to Protect[R].Ottawa:International Development Research Center,2001:8; UN Doc.A/59/565,A More Secure World:Our Shared Responsibility,p66.UN Doc.A/59/2005,In Larger Freedom:Towards security,Development and Human Rights for All,第35页;UN Doc.A/RES/60/12005,World Summit Outcome,第30页。

四个方面来对"保护的责任"的理论进行解构,在此基础上对其具体实践进行评判。由此,笔者有以下结论:

其一,"保护的责任"的理论基础是主权和人权的关系。"保护的责任"的主权观体现在:国家主权意味着责任和国家主权应当被加强而不是被削弱。"保护的责任"的人权观是:人权具有"普遍性、不可分割性、互相依存性及相互关联性";人权与发展和安全有着更为紧密的联系;尊重人权是负责任主权的一个要素,主权国家必须承担保障本国公民人权的首要责任。"保护的责任"采用了"负责任的主权"的概念,试图在主权和人权关系上寻求一种适当的平衡。但实际上"保护的责任"和国家主权及国际人权保护各自都在理论和实践上存在不小的矛盾。正是这种矛盾促使"保护的责任"下的国家主权和人权问题向着更为复杂的方向发展。笔者以中非共和国为例试图来探讨"保护的责任"下主权和人权问题,认为国际社会以"保护的责任"的名义对中非共和国进行的军事干预不仅使其国家主权进一步被弱化,而且也未使该国的人权状况得到真正地改善。由此,无论国际社会做出何种决策和展开何种行动,都必须以提升被干预国自身承担国家保护责任的能力为前提,在主权的框架下去解决人权问题。

其二,"保护的责任"的实施主体主要包括两个层次,一是各个主权国家自身,二是国际社会。国际社会涉及"保护的责任"的实施主体又可以进一步被分解为联合国、区域组织、大国及非政府组织。主权国家在其领土范围内承担保护其国民人权的主要责任,当在特定情形(种族灭绝、战争、族裔清洗和危害人类)下主权国家不能或不愿承担这一责任时,国际社会可以介入并以适当方式承担一种补充的或辅助性的责任。从主权国家的国家职能与人权保护以及国际社会和国际人权干预的关系的分析可知,"保护的责任"在理论和实践上存在不小的矛盾。这表明主权国家和国际社会在承担"保护的责任"时存在一些问题。主权国家的问题体现在:由于被干预国都是发展中国家甚至是脆弱国家,并且"无力或不愿"作为国际社会介入的标准难以判定,这就促使它们在保护的责任"中处于被动的地位。国际社会的问题体现在:因为其涉及多种实施主体,一旦要国际社会实施干预时,往往其落脚点为大国进行干预,而且其采取的方式往往最终是军事干预。笔者以叙利亚危机说明大国博弈如何使局势进一步陷入困境,其解决的途径在于强调国家的责任优先于国际保护的责任,非军事手段优先于军事手段。

其三,"保护的责任"实施的合法性问题主要涉及武力是否被合法地使用,如何更好地解决这一问题是弥合国际社会在"保护的责任"相关问题上分歧的关键。笔者认为,干预者运用"保护的责任"想要获得更多的合法性,就必须提高干预的有效性。在理论层面,国际法相关原则(如人权保护的相关宣言、条约等,难民法和国际人道法等)和是联合国宪章的相关内容(第一章、第二章、第六章至第八章等)为其提供了重要的保障。而在实践层面,联合国安理会的授权以及"保护的责任"所确定的干预的标准和方式是国际社会进行军事干预最重要的前提。实际上,国际法相关原则、联合国宪章、联合国安理会的授权以及"保护的责任"所确定的干预的标准和方式等都是存在争议的,也就是说"保护的责任"下武力使用的合法性是存疑的。特别是联合国安理会作为授权军事干预的合法性来源本身可能都不合法,以及"保护的责任"所涉及的干预的标准在实践中也缺乏操作性。笔者以利比亚战争为例选取干预的标准为视角对2011年西方大国对利比亚的军事干预的合法性进行评估,其结果是:西方大国对利比亚的军事干预从表面上看只符合联合国安理会授权这一标准,而是否符合其他标准则是难以判定的。这也很好印证了上文所提的观点。

针对以上关于"保护的责任"在理论和实践产生矛盾所体现问题,国际社会有必要建构完整的"保护的责任"的制度体系。这主要基于以下原因:冷战结束后人权问题的严重性日益增加,人道主义干预发生的频率上升,特别是近几年来涉及"保护的责任"相关的四种特定罪行的干预案例有明显增加的趋势。但由于受概念含义、实施合法性依据及政治意愿等问题,"保护的责任"制度建构及完善受到限制。当前,"保护的责任"制度体系的构建和完善可以通过国家、区域和全球等三个层次得以实现。在国家层面,主权国家应加强人权的立法保护,并能促进国家机构切实执行人权的相关法律,同时还能使媒体和非政府组织发挥有效的监督功能。在区域层面,区域和次区域组织应更好地充当"看门人"的角色,在更好地参与"保护的责任"三大支柱的建设的同时,提高其人道主义干预的意愿和能力。在全球层面,理论上要进一步完善"保护的责任"的概念以及相关的国际法,在实践中最关键的是要加强联合国在"保护的责任"制度体系中的作用。要对联合国安理会进行改革,并且要提升其对四种特定罪行提出预警和进行评估的能力及对危机的反应能力。除此之外,大国和非政府组织等主体的行为也应得到规范。笔者最后以东盟为例,探讨了区域组织作为"保护的责任"制度由全球层次拓展到到地区层次的重要支点的必要性和可能性,并认为只有区域组织和联合国、其他国际组织、区域内的主权国家及民间组织等实现了多层次互动并能兑现其承诺,"保护的责任"制度才能得到不断地完善和发展。

虽然"保护的责任"及其实施面临着诸多争议,广大的发展中国家在2011年利比亚战争后对这一国际规范越来越倾向于谨慎和保留的态度,但我们必须面对这样一个现实:当前国际社会并没有其他的人道主义干预规范能替代"保护的责任"。况且,"保护的责任"在其产生和发展的过程中也有发展中国家的贡献。因此,发展中国家在面对"保护的责任"应持这样的态度:在其理论建构和实践运用中不断增加发展中国家的内容,并团结一致地提升发展中国家在"保护的责任"中的话语权。只有如此,当发展中国家在真正面临国际干预时才能更好地抵御其带来的消极影响,也不至于在干预后成为第二个利比亚。

参考文献

(一) 中文著作

[1][美]彼得·卡赞斯坦.国家安全的文化:世界政治中的规范与认同[M].宋伟,刘铁娃,译.北京:北京大学出版社,2009.

[2][美]彼得·卡赞斯坦,等.世界政治理论的探索与争鸣[M].上海:上海世纪出版集团,2006.

[3][美]理查德·哈斯.新干涉主义[M].殷雄,徐静,等译.北京:新华出版社,2000.

[4][美]卡伦·明斯特.国际关系精要[M].潘忠岐,译.上海:上海世纪出版集团,2007.

[5][美]科斯塔斯·杜兹纳.人权与帝国——世界主义的政治哲学[M].南京:江苏人民出版社,2010.

[6][美]玛莎·芬尼莫尔.干涉的目的:武力使用信念的变化[M].袁正清,李欣,译.上海:上海世纪出版集团,2009.

[7][美]迈克尔·沃尔泽.正义与非正义战争——通过历史实例的道德论证[M].任辉献,译.南京:江苏人民出版社,2008.

[8][英]巴里·布赞,[英]奥利·维夫.地区安全复合体与国际安全结构[M].潘忠岐,等译.上海:上海人民出版社,2010.

[9][英]赫德利·布尔.无政府社会—世界政治秩序研究[M].张小明,译.世界知识出版社,2003.

[10][英]马丁·怀特,赫德利·布尔,卡斯滕·霍尔布莱德.权力政治[M].宋爱群,译.北京:世界知识出版社,2004.

[11][英]尼古拉斯·惠勒.拯救陌生人:国际社会中的人道主义干涉[M].张德生,译.北京:中央编译出版社,2011.

[12]郭寒冰.当代国际社会合法使用武力问题研究[M].北京:时事出版社,2012.

[13]韩德培.人权的理论与实践[M].武汉:武汉大学出版社,1995.

[14]贺鉴.霸权、人权与主权:国际人权保护欲国际干预研究[M].湘潭:湘潭大学出版社,2010.

[15]贺文萍.非洲国家民主化进程研究[M].北京:时事出版社,2005.

[16]胡宗山.政治学研究方法[M].武汉:华中师范大学出版社,2007.

[17]黄仁伟,刘杰.国家主权新论[M].北京:时事出版社,2004.

[18]黄清吉.论国家能力[M].北京:中央编译出版社,2013.

[19]李安山.非洲民族主义研究[M].北京:中国国际广播出版社,2004.

[20]李先波.主权·人权·国际组织[M].北京:法律出版社,2005.

[21]刘波.秩序与正义之间——国际社会人道主义干预问题研究[M].北京:中国社会出版社,2011.

[22]刘鸿武.非洲地区发展报告(2012—2013)[M].北京:中国社会科学出版社,2013.

[23]刘杰.人权与国家主权[M].上海:上海人民出版社,2004.

[24]刘明.国际干预与国家主权[M].成都:四川人民出版社,2000.

[25]刘青建.发展中国家与国际制度[M].北京:中国人民大学出版社,2010.

[26]刘中民,朱威烈.中东地区发展报告-中东变局的多维透视[M].北京:时事出版社,2013.

[27]刘中民,朱威烈.中东地区发展报告——转型与动荡的二元变奏[M].北京:时事出版社,2014.

[28]刘中民.中东政治专题研究[M].北京:时事出版社,2013.

[29]罗艳华.国际关系中的主权和人权——对两者关系的多维审视[M].北京:北京大学出版社,2005.

[30]马晓霖.阿拉伯剧变:西亚、北非大动荡深层观察[M].北京:新华出版社,2012.

[31]莫翔.当代非洲安全机制[M].杭州:浙江人民出版社,2013.

[32]钮松.欧盟的中东民主治理研究[M].北京:时事出版社,2011.

[33]时殷弘.新趋势·新格局·新规范[M].北京:法律出版社,2000.

[34]田野.国家的选择——国际制度、国内政治与国家自主性[M].上海:上海人民出版社,2014:17.

[35]汪波.中东与大国关系[M].北京:时事出版社,2013.

[36]王沪宁.国家主权[M].北京:人民出版社,1987.

[37]王京烈.解读中东:理论构建与实证研究[M].北京:世界图书出版公

司,2011.

[38]王林聪.中东国家民主化问题研究[M].北京:中国社会科学出版社,2007.

[39]王绍光.安邦之道:国家转型的目标与途径[M].北京:生活·读书·新知三联书店,2007.

[40]王逸舟.创造性介入:中国外交新取向[M].北京:北京大学出版社,2011.

[41]魏宗雷,邱桂荣,孙茹,等.西方"人道主义干预"——理论与实践[M].北京:时事出版社,2003.

[42]夏安凌.西方新干涉主义研究[M].北京:中国社会科学出版社,2013.

[43]肖佳灵.国际主权论[M].北京:时事出版社,2003.

[44]徐晓明.全球化压力下的国家主权——时间与空间向度的考察[M].上海:华东师范大学出版社,2007.

[45]杨成绪.新挑战——国际关系中的"人道主义干预"[M].北京:中国青年出版社,2001.

[46]杨光.中东非洲发展报告 No.13(2010—2011)[M].北京:社会科学文献出版社,2011.

[47]杨光.中东黄皮书:中东发展报告 No.14(2011—2012)[M].北京:社会科学文献出版社,2012.

[48]杨光.中东黄皮书:中东发展报告 No.14(2012—2013)[M].北京:社会科学文献出版社,2013.

[49]杨泽伟,秦小轩,盛红生.武力的边界[M].北京:时事出版社,2003.

[50]余国庆.大国中东战略的比较研究[M].北京:中国社会科学出版社,2013.

[51]俞可平.全球化与国家主权[M].北京:社会科学文献出版社,2004.

[52]张宏明.非洲发展报告 2012—2013[M].北京:社会科学文献出版社,2013:259.

[53]张蕴岭.西方新国际干预的理论与现实[M].北京:社会科学文献出版社,2012.

[54]赵洲.主权责任论[M].北京:法律出版社,2010.

[55]周鲠生.国际法(上册),北京:商务印书馆,1976.

[56]朱锋.人权与国际关系[M].北京:北京大学出版社,2000.

(二)中文论文

[1]白云真.欧盟对非洲民族冲突干预的特点及对中国的启示[J].教学与研究,2013(3).

[2]曹阳.21世纪初美国对外干预模式的嬗变:以"非对称冲突"理论为研究视角[J].当代世界,2012(11).

[3]陈拯.金砖国家与"保护的责任"[J].外交评论(外交学院学报),2015(1).

[4]陈拯,朱宇轩.中国政府与"保护的责任"辩论:基于安理会相关辩论发言的分析[J].当代亚太,2015(5).

[5]付海娜,姜恒昆.保护的责任与国家主权的实质——兼论达尔富尔冲突及其出路[J].国际关系学院学报,2012(2).

[6]郭冉."保护的责任"的新发展及中国的对策[J].太原理工大学学报(社会科学版),2012(5).

[7]贺鉴.冷战后美国的武力干涉对国际干预的影响[J].学术界(双月刊),2007(1).

[8]贺之杲,巩潇泫.规范性外交框架下的"保护的责任"[J].教学与研究,2016(8).

[9]黄超.框定战略与"保护的责任"规范扩散的动力[J].世界经济与政治,2012(9).

[10]黄海涛.人道主义干涉的历史进程评析[J].国际论坛,2012(4).

[11]黄涧秋.人道主义干涉与不干涉内政原则[J].燕山大学学报:哲学社会科学版,2003(2).

[12]黄瑶.从使用武力法看保护的责任理论[J].法学研究,2012(3).

[13]李杰豪,龚新连.保护的责任法理基础析论[J].湖南科技大学学报(社会科学版),2007(5).

[14]李平.布什任期美国对非洲安全战略的演变[J].西亚非洲,2008(7).

[15]李少军.干涉主义及相关理论问题[J].世界经济与政治,1999(10).

[16]刘波.美国战略东移的行动特点[J].国际关系学院学报,2012(5).

[17]刘波,戴维来.中东剧变与人道主义干预的新发展[J].现代国际关系,2012(4).

[18]刘青建.国家主权理论探析[J].中国人民大学学报,2004(6).

[19]刘青建,王勇.当前西方大国对非洲干预的新变化:理论争鸣与实证分

析[J].西亚非洲,2014(4).

[20]刘永涛."民主"语言和强权行动:冷战后美国海外军事干预[J].世界经济与政治,2012(11).

[21]卢静."保护的责任":国际关系新规范?[J].当代世界,2013(2).

[22]罗艳华.保护的责任的发展历程和中国的立场[J].国际政治研究,2014(3):16.

[23]罗艳华.美国与冷战后的"新干涉主义"[J].国际政治研究,2002(3).

[24]莫翔.非洲安全机制建设的指导理论、构建模式与干预机制[J].世界经济与政治论坛,2012(5).

[25]莫翔.人道主义干预在理论与实践中的困境[J].重庆社会科学,2006(2).

[26]蒲俜.国际干预与新干涉主义[J].教学与研究,2000(5).

[27]秦亚青.国际体系秩序与国际社会秩序[J].现代国际关系,2005(6):5.

[28]邱美荣,周清."保护的责任":冷战后西方人道主义介入的理论研究[J].欧洲研究,2012(2).

[29]曲星.联合国宪章、保护的责任与叙利亚问题[J].国际问题研究,2012(2).

[30]阮宗泽.负责任的保护:建立更安全的世界[J].国际问题研究,2012(3).

[31]沈志雄.西方学者有关人道主义干涉的理论争论评析[J].国际论坛,2003(3).

[32]时殷弘.国际政治中的对外干预——兼论冷战后美国的对外干预[J].美国研究,1996(4).

[33]宋杰."保护的责任":国际法院相关司法实践研究[J].法律科学,2009(5).

[34]唐世平,龙世瑞.美国军事干预主义:一个社会进化的诠释[J].世界经济与政治,2011(9).

[35]万玉兰.非盟与非洲安全体系的构建[J].西亚非洲,2007(6).

[36]汪舒明."保护的责任"与美国对外干预的新变化——以利比亚危机为个案[J].国际展望,2012(6).

[37]王立新.试论美国外交史上的对外干预——兼论自由主义意识形态对美国外干预的影响[J].美国研究,2005(2).

[38]王逸舟.发展适应新时代要求的不干涉内政学说——以非洲为背景并

以中非关系为案例的一种解说[J].国际安全研究,2013(1).

[39]韦宗友.西方正义战争理论与人道主义干预[J].世界经济与政治,2012(10).

[40]吴征宇.主权、人权与人道主义干涉——约翰·文森特的国际社会观[J].欧洲研究,2005(1).

[41]颜海燕.保护的责任解析[J].西部法学评论,2010(1).

[42]杨永红.论"保护的责任"对利比亚之适用[J].法学评论,2012(2).

[43]元简.美国对外干预政策调整面临的国内政策环境[J].国际问题研究,2011(6).

[44]袁武.试论中国在非洲内部冲突处理中的作用——从"保护的责任"理论谈起[J].西亚非洲,2008(10).

[45]曾向红、王慧婷.不同国家在"保护的责任"适用问题上的立场分析[J].世界经济与政治,2015(1).

[46]张磊.解析国际法上"保护的责任"理论的发展态势[J].苏州大学学报,2012(6).

[47]赵洲.在国内武装冲突中履行"保护的责任"的规范依据及其适用[J].法律科学,2012(4).

[48]赵洲."保护的责任"的规范属性及其所塑造的治理结构[J].南京社会科学,2016(2).

[49]郑先武.非洲内部冲突的区域化趋势:一种综合安全观[J].国际论坛,2011(5).

[50]周丕启.国际社会与国家——国际政治理论的一个视角[J].太平洋学报,1998(4):65-66.

[51]周谭豪.中非 vs 马里,法国缘何厚此薄彼[J].世界知识,2013(3).

(三)外文著作

[1] Aidan Hehir. Humanitarian intervention: An introduction [M]. London: Palgrave Macmillan,2013.

[2] Aidan Hehir. Libya,the Responsibility to Protect and the Future of Humanitarian Intervention[M].London:Palgrave Macmillan,2013.

[3] Aidan Hehir.The Responsibility to Protect:Rhetoric,Reality and the Future of Humanitarian Intervention[M].London:Palgrave Macmillan,2012.

[4] Aidan Hehir, Neil Robinson. State - Building [M]. New York:

Routledge,2007.

[5] Alex Bellamy.Just War:From Cicero to Iraq[M].London:Polity,2006.

[6] Alex Bellamy.Responsibility to Protect:The Global Effort to End Mass Atrocities[M].London:Polity Press,2009.

[7] Anne Orford.International Authority and the Responsibility to Protect[M]. Cambridge:Cambridge University Press,2011.

[8] Benedict Anderson.Imaged Communities:Reflections on the Origins and Spread of Nationalism[M].London:Verso,1997.

[9] Bruce Russet,et al.World Politics :The Menu for Choice[M].New York:St. Martins Press,2000.

[10] DanKuwali,Frans Viljoen.Africa and the Responsibility to Protect:Article 4 (h) of the African Union Constitutive Act,Routledge,2014.

[11] David Chandler.From Kosovo to Kabul:Human Rights and International Intervention[M].London:Pluto Press,2002.

[12] Francis Mading Deng,Sadikiel Kimaro,Terrence Lyons,et al.Sovereignty as Responsibility:Conflict Management in Africa [M].Washington, DC:Brookings Institute Press,1996.

[13] Gabriel Almond.A Developmental Approach to Political systems[J].World Poli,1965,17(2):183-214.

[14] Gareth Evans,The Responsibility to Protect:Ending Mass Atrocity Crime Once and For All[M].Washington,D.C.:Brookings Institution Press,2008.

[15] Howard Hill, Roosevelt and the Caribbean [M]. Los Angeles:Hunt Press,2008.

[16] Ian Forbes,Mark Hoffman,Political Theory.International Relations,and the Ethics of Intervention[M].New York:St.Martins,1993.

[17] Luke Glanville.Sovereignty and the Responsibility to Protect:A New History [M].Chicago:University Of Chicago Press,2013.

[18] Monica Serrano,Thomas G Weiss.The International Politics of Human Rights:Rallying to the R2P Cause? [M].New York:Routledge,2014.

[19] James Pattison. Humanitarian Intervention and the Responsibility To Protect:Who Should Intervene? [M]. Oxford:Oxford University Press; Reprint edition,2012.

[20]Joel Migdal.Strong Societies and Weak States :State-society Relations and

State Capacities in the Third World[M].New York:Princeton University Press,1988.

［21］Julia Hoffmann, AndreNollkaemper. Responsibility to Protect: From Principle to Practice[M].Amsterdam :Amsterdam University Press,2012.

［22］Patrick M Regan,Civil Wars.Foreign Powers:Outside Intervention in Intrastate Conflict[M].Ann Arbo:The University of Michigan Press,2002.

［23］Ramesh Thakur.The Responsibility to Protect:Norms,Laws and the Use of Force in International Politics[J].Routledge,2011.

［24］Ramesh Thakur.The United Nations,Peace and Security:From Collective Security to the Responsibility to Protect [M]. Cambridge: Cambridge University Press,2006.

［25］Robert Jackson.Quasi-states:Sovereignty,International Relations and The Third World[M].Cambridge:Cambridge University Press,1996.

［26］Stephen Kinloch-Pichat. A UN 'Legion': Between Utopia and Reality [M].London:Frank Class,2004.

［27］Victoria Holt,Berkman Tobias.The impossible Mandate? Military Preparedness,the Responsibility to Protect and Modern Peace Operations[J].Washington D. C.:Henry L.Stimson Center,2006.

［28］Yang Kassim.The Geopolitics of Intervention Asia and the Responsibility to Protect[M].Singapore:Springer,2013.

（四）外文论文

［1］Aidan Hehir.The Permanence of Inconsistency:Libya,the Security Council, and the Responsibility to Protect[J].International Security,2013,38(1).

［2］Alan J Kuperman. A Model Humanitarian Intervention? [J]. International Security,2013,38(1).

［3］Alex J Bellamy.Responsibility to Protect or Trojan Horse? The Crisis in Darfur and Humanitarian Intervention after Iraq[J].Ethics & International Affairs,2005, 19(2).

［4］Alex J Bellamy.The Responsibility to Protect—Five Years On[J].Ethics& International Affairs,2010,24(2).

［5］Alex Bellamy,C Drummond.The Responsibility to Protect in Southeast Asia: between non-interference and sovereignty as responsibility[J].The Pacific Review, 2011,24(2).

[6] Alex Bellamy, Beeson M. The responsibility to Protect in Southeast Asia: can ASEAN reconcile humanitarianism and sovereignty[J]. Asian Security, 2010, 16(3).

[7] Alex Bellamy, Paul Williams. The new politics of protection? Cote D'Ivoire, Libya and the responsibility to protect'[M]. International Affairs, Vol.87, No.4, 2011.

[8] Alex J Bellamy, Robert A Pape. Reconsidering the Cases of Humanitarian Intervention[J]. International Security, 2013, 28(2).

[9] Alex Bellamy, Davies S, The responsibility to Protect in Pacific region[J]. Security Dialogue, 2011, 40(6).

[10] Alica L Bannon. the Responsibility to Protect: the U.N. World Summit and the Question of Unilateralism[J]. The Yale Law Journal, 2006, 115.

[11] Allan Buchanan, Robert Koehane. The Preventive Use of Force: A Cosmopolitan Institutional Proposal[J]. Ethics and International Affairs, 2004, 18(1).

[12] Amitav Acharya. How ideas spread: whose norms matter? Norm localization and institutional change in Asian regionalism'[J]. International Organization, 2004, 58(2).

[13] Amitav Acharya. Redefining the Dilemmas o f Humanitarian Intervention [J]. Australian Journal o f International Affairs, 2002, 56(2).

[14] Anne-Marie Slaughter, Security, Solidarity, and Sovereignty: the Grand Themes of UN Reform[J]. American Journal of International Law, 2005, 99(3).

[15] Bill Richardson. a New Rights Agenda for the United States: New Realism, Human Rights, and the Rule of Law[J]. Harvard Human Rights Journal, 2008, 21(1).

[16] Catern Stahn. Responsibility to Protect: Political Rhetoric or Emerging Legal Norm? [J]. American Journal of International Law, 2007, 101(1).

[17] Christopher Joyner. the Responsibility to Protect: Humanitarian Concern and the Lawfulness of Armed Intervention [J]. Virginia Journal of International Law, 2007, (47).

[18] David Capie. The Responsibility to Protect Norm in Southeast Asia : Framing, Resistance and the Localization Myth [J]. The pacific Review, March 2012 (25):1.

[19] Dorota Gierycz. From Humanitarian Intervention(HI) to Responsibility to Protect (R2P)[J]. The Ethics of Intervention/Protection, 2010, 1(2).

[20] Eve Massingham. Military Intervention for Humanitarian Purposes: Does the

Responsibility to Protect Doctrine Advance the Legality of the Use for Humanitarian Ends[J].International Review of the Red Cross,2009(6).

[21]Francis Kofi Abiew.Humanitarian Intervention and the Responsibility to Protect:Redefining a Role for "Kind-hearted Gunmen"[J].The Ethics of Intervention/Protection,2010,(29):2.

[22]Gareth Evans,RameshThakur.Humanitarian Intervention and the Responsibility to Protect[M].International Security,2013,37(4).

[23]Gareth Evans.From Humanitarian Intervention to the Responsibility to Protect[J].Wisconsin International Law Journal,2006,24.

[24]Gerald Helman,Steven Ratner,Saving Failed states[J].Foreign Policy,1992(89).

[25]James N Rosenau.Intervention as a Scientific Concept[J].Journal of Conflict Resolution,1969,13(2).

[26]Jarat Chopra.Tom Weiss.Sovereignty is No Longer Sacrosanct[J].Ethics and International Affairs,2006,(16).

[27]Jean Cohen.Whose Sovereignty? Empire Versus International Law[J].Ethics and international Affairs,2004,(3).

[28]Jennifer Welsh.From Right to Responsibility:Humanitarian Intervention and International Society[J].Global Governance,2002:508.

[29]Welling J,Non-Governmental Organizations,Prevention,and Intervention in Internal Conflict:Through The Lens of Darfur[J].Indiana Journal of Global Legal Studies,2007,14(1).

[30]Jeremy Levitt.the Responsibility to Protect:a Beaver Without a Dam?[J].Michigan Journal of International Law,2003,25.

[31]Jutta Brunnee,Stephen Toope.Norms,Institutions and UN Reform:the responsibility to Protect[J].Journal of International Laws & International Relations,2005,2(1).

[32]Liu Tiewa.China and Responsibility to Protect:Maintenance and Change of Its Policy for Intervention[J].The Pacific Review,2012,25(1).

[33]Luke Glanville.On the Meaning of "Responsibility" in the "Responsibility to Protect"[J].Griffith Law Review,2011,20(2).

[34]Melinda Negrón-Gonzales,Michael Contarino.Local Norms Matter:Understanding National Responses to the Responsibility to Protect[J].Global Governance,

2014(20).

[35] Mely Caballero-Anthony.The Responsibility to Protect in Southeast Asia:opening up spaces for advancing human security[J].The pacific Review,2012,25(1).

[36] Mohammed Ayoob. Humanitarian Intervention and State Sovereignty[J]. The International Journal of Human Rights,2002,16(1).

[37] Monica Serrano.The Responsibility Protect and its Critics:Explaining the Consensus[J].Global Responsibility Protect,2011,3.

[38] Neil Macfanlane.The Responsibility Protect:Anyone Interested in Humanitarian Intervention[J].Third World Quarterly,2004,25(5).

[39] Paul Williams.Keeping the Peace in African:Why African Solutions Are Not Enough[J].Ethics& International Affairs,2008,22(3).

[40] Philip Cunliffe. Dangerous Duties:Power, Paternalism and the "Responsibility to Protect"[J].Review ofInternational Studies,2010,36.

[41] Rebecca Hamilton.The Responsibility To Protect:From Document To Doctrine-But What Of Implementation? [J]. Harvard Human Rights Law Journal, 2006,19.

[42] Robert A Pape.Humanitarian Intervention and the Responsibility to Protect [J].International Security.2013,37(4).

[43] Stanlake Samkange.African Perspectives on Intervention and State Sovereignty[J].African Security Review,2002(11).

[44] Stephan Krasner.Sharing Sovereignty:New Institutions for Collapsed and Failed States[J].International Security,2004,29(2).

[45] State-Society.Synergy for Accountability :Lessons for the World Bank[J]. World Bank Working Paper,2004.

后 记

十多年的时间,从本科到博士,从武汉到北京,再到贵阳,我一直从事国际关系相关专业的学习和研究工作。从对这个专业一无所知到博士论文书稿的最终完成,我要向一直支持、关心和帮助过我的人们表示最诚挚的谢意!

"教诲如春风,师恩似海深。"我要由衷地感谢各位老师对我的谆谆教诲,特别是我最为尊敬的导师刘青建教授。在我跟随她三年在中国人民大学攻读博士学位的时间里,她一直不断督促我,严格要求我,无论是学习、生活和思想等各个方面,都对我有很大的影响。本书从选题、收集资料、阅读、理思路到写作完成用了一年半以上的时间,这期间得到了刘老师悉心的指导,她总是在我困惑的时候给我指明前进的方向。刘老师渊博的知识、诲人不倦的态度、严谨的学术精神及高尚的人格将使我受益终生。我还要向我一直敬重的硕士生导师——现就职于上海外国语大学的刘胜湘教授,中国人民大学国际关系学院的宋新宁、时殷弘、田野、韩彩珍、李巍和吴征宇等老师,以及中南财经政法大学政治学系的宋叶萍、刘建华、刘新华、李格琴、邓红英、陈菲和刘明周等老师,表示最衷心的感谢。他们不仅是我求学途中的向导,也是我为人的标尺和榜样。

"独学而无友,则孤陋而寡闻。"我还特别要向所有同师门的兄弟姐妹们表示感谢。我永远不会忘记在那三年每个学期两周一次的读书会上,我与王朝霞、张凯、赵晨光、王志浩、魏力苏、赵雅婷、薛莲、方锦程、章洁、唐永香和卓振伟等师兄弟姐妹们一起讨论问题时的情景。

"少年乐相知,衰暮思故友。"我也要感谢我的同学和朋友们。葛昕、吴儒忠、竭仁贵、刘海潮、涂志明和孙西辉等同学,以及张腾军、周长禄、曹正军、张学朋和王栋栋等挚友,他们一直站在我的身边,与我彼此分享着学术上的心得和生活中的忧愁和快乐。

"谁言寸草心,报得三春晖。"我还要感谢我的父亲、母亲和哥哥,他们永远是我前进的动力。焉得谖草,言树之背,养育之恩,无以回报,他们永远健康、平安、快乐是我最大的心愿。

另外,我还要对当时百忙之中抽空参加本人博士论文答辩的中国现代国际关系研究院的李伟研究员、北京大学的李安山教授和北京外国语大学的李永辉教授表示衷心的感谢,正是老师们的批评教导督促我不断前进。

2015年夏天,本人博士毕业后有幸到贵州大学东盟研究院工作。在这段不算长的时间里,任钢建院长、崔海洋常务副院长和龙异副院长在工作和生活方面给予了我无私的关心和帮助,孔建勋教授和首尔大学前人类学系主任全京秀教授则在专业素养和品格方面深深影响了我,从而促使我能够不断地进步。本书的研究得到了贵州大学社科学术出版基金和贵州大学东盟研究院学术著作出版基金的资助。在本书完善的过程中,朱复明、江明俊、吴妍妍等同学和综合办公室的梁瑶老师为书中的案例分析查找了一些资料,十分感谢他们所提供的帮助。

年过三十而未立,心中有愧。我将倍加努力,以回馈各位的关心、支持与厚爱。

王 勇

2016年9月

于贵州贵阳花溪